D O C U M E N T O S

IMPRENSA DA UNIVERSIDADE DE COIMBRA
COIMBRA UNIVERSITY PRESS

EDIÇÃO
Imprensa da Universidade de Coimbra
Email: imprensa@uc.pt
URL: http//www.uc.pt/imprensa_uc
Vendas online: http://livrariadaimprensa.uc.pt

COORDENAÇÃO EDITORIAL
Imprensa da Universidade de Coimbra

CONCEÇÃO GRÁFICA
António Barros

IMAGEM DA CAPA
Sanches / Sanchez, Antonio Nunez Ribeiro (1699-1783)
Levillain, G. (Auteur de l'image)
[Cortesia da Biblioteca Municipal de Penamacor]

INFOGRAFIA
Mickael Silva

PRINT BY
CreateSpace

ISBN
978-989-26-1075-7

ISBN DIGITAL
978-989-26-1076-4

DOI
http://dx.doi.org/10.14195/978-989-26-1076-4

DEPÓSITO LEGAL
414506/16

© SETEMBRO 2016, IMPRENSA DA UNIVERSIDADE DE COIMBRA

Brian F. Head

# Plan pour l'éducation d'un jeune seigneur russe

MANUSCRITO DE RIBEIRO SANCHES (1766).
LEITURA, TRANSCRIÇÃO, TRADUÇÃO E
COMENTÁRIOS FILOLÓGICOS.

IMPRENSA DA UNIVERSIDADE DE COIMBRA
2016

à Larisa

*In memoriam*
Amadeu Torres

**SUMÁRIO**

Prefácio ........................................................................................... 11

Introdução ....................................................................................... 13

Manuscrito e transcrição ................................................................ 22

Tradução ........................................................................................ 135

As palavras russas num manuscrito de Ribeiro Sanches (1766) ........... 183

Comentários filológicos sobre o francês do manuscrito ..................... 267

# PREFÁCIO

O presente trabalho consiste num estudo de um ensaio da autoria de António Nunes Ribeiro Sanches, médico, filósofo e pedagogo do século XVIII. O ensaio encontra-se num manuscrito de 55 páginas que pertence a um conjunto de divesos manuscritos de Ribeiro Sanches, do Arquivo Distrital de Braga, com o título abrangente de *Colecção de Autographos inéditos do célebre médico portuguez António Riberio Sanches--Pensées sur l'éducation*. O objeto deste estudo é o número 2 da *Colecção*, das folhas 63 a 90, com o nome, para fins de catalogação, *L'éducation d'un Seigneur Russe*; o manuscrito data de 1766.

O presente estudo inclui uma introdução sobre a vida e obra de Ribeiro Sanches, a reprodução do manuscrito original, a transcrição do texto com base numa nova leitura, a tradução do manuscrito para português, comentários filológicos referentes ao francês do manuscrito, observações sobre a leitura e a tradução das palavras russas do manuscrito, com comentários filológicos referentes às palavras russas e às relações entre estas e palavras de outros idiomas, especialmente das línguas do Indo-Europeu.

Há vários estudos anteriores referentes às obras da autoria de Ribeiro Sanches. Faz poucos anos, Fernando Augusto Machado publicou o livro com o título *Educação e Cidadania na Ilustração Portuguesa--RIBEIRO SANCHES* (Porto: Companhia das Letras, 2006), o qual consiste principalmente de um ensaio original, seguido por um anexo com a reprodução do manuscito de Ribeiro Sanches (1766), com transcrição e tradução.

Encontram-se divergências substanciosas entre a leitura e a transcrição do referido livro e as do presente estudo. Tais divergências são referidas em notas deste trabalho.

A leitura e a transcrição do manuscrito de Ribeiro Sanches (1766) deste estudo estão de acordo com os princípios da edição diplomática, segundo os quais se procura fazer um representação fiel ao manuscrito original.

Devo ao saudoso colega e amigo o Professor Amadeu Torres o estímulo de preparar uma nova edição do manuscrito de Ribeiro Sanches (1766), *L'éducation d'un Seigneur Russe*. Por não ter podido terminar e publicar o presente estudo quando o ilustre Colega ainda estava em vida, dedico-lho agora.

INTRODUÇÃO.

António Ribeiro Sanches nasceu na Beira Interior, em Penamacor, em 1699 e faleceu na França, em Paris, em 1783.

Divide-se em três fases distintas a sua vida de 84 anos: (1) em Portugal e na Espanha, de 1699 a 1726, (2) em diversos países da Europa, incluindo-se a Rússia, de 1726 a 1747, e (3) em Paris, de 1747 a 1783.

Na primeira fase, destacam-se a preparação nos estudos formais e o exercício inicial da profissão de médico, em Portugal. Aos treze anos de idade, saiu de Penamacor e foi morar na Guarda, no intuito de adquirir maior conhecimento da música e das Letras. Na Guarda, onde morava na casa de um dos tios, nasceu o seu interesse pela medicina, ao contrário das esperanças do pai e do tio, que queriam que se tornasse advogado.

De 1716 a 1719, morou em Coimbra, onde estudou Letras, Direito e Filosofia. Por ser pouco adequado para os estudos o ambiente de Coimbra na ocasião, devido a atitudes reacionárias entre os estudantes e ao caráter retrógrado do ensino na Universidade, decidiu continuar os estudos no estrangeiro, seguindo o conselho de Martinho de Proença, membro da Real Academia de História e Bibliotecário Régio. Optou por estudar medicina na Universidade de Salamanca, onde completou o grau de doutor em 1724, com uma dissertação intitulada *Venae rubrae nunquam absorvent*, da qual não se conhecem exemplares actualmente.

Regressou a Portugal, onde exerceu a profissão de médico em Lisboa durante alguns meses, a tratar doentes da febre amarela durante uma epidemia que havia na época. Em 1725, foi nomeado médico na aldeia de Benavente, onde combatia febres intermitentes comuns na região. Preocupado com a Inquisição e desejando adquirir novos conhecimentos, decidiu sair do país. Embarcou para Génova em 1726, onde iniciou a segunda fase da vida.

Depois da Itália, foi à Inglaterra, onde assistiu a aulas de medicina e de matemática em Londres. Devido ao agravamento de uma doença devido ao clima húmido, regressou ao Continente, onde visitou algumas universidades francesas. Foi a Marselha para encontrar-se com o Doutor Bertrand, que lhe proporcionou conhecimentos da atividade do Doutor Boerhaave, de Leida, cujas aulas eram frequentadas por médicos de renome. Bertrand mostrou o livro de Boerhaave sobre aforismos médicos a Ribeiro Sanches, incentivando este a deixar a França e ir aos Paises Baixos e inscrever-se na Universidade de Leida, onde assistiu a aulas de química, física e farmacologia, além das aulas de Boerhaave.

Ribeiro Sanches destacou-se tanto entre os estudantes que Boerhaave o escolheu em resposta a um pedido da Czarina Ana Ivanova, que havia solicitado enviar os nomes de três dos melhores alunos para ocuparem postos médicos honorários no Império Russo. Segundo versão lendária, Boerhaave transmitiu à Czarina o nome de Ribeiro Sanches, recomendando a este que terminasse o bacharelato o mais rápido possível. Foi só então que o médico português revelou ao mestre que já era doutor em medicina pela Universidade de Salamanca.

Em outubro de 1731, com 32 anos de idade, Ribeiro Sanches foi para a Rússia, onde foi imediatamente nomeado para o posto de médico principal em Moscovo. Com 34 anos, foi convocado a São Petersburgo, sede da corte russa. Em 1735, assumiu o posto de médico principal do exército Imperial, atividade que exerceu durante seis anos, com participação da campanha contra a Polónia e da guerra entre a Crimeia e a Turquia, de 1735 a 1737, assim como de conflitos posteriores com a Ucrânia.

Ao regressar a São Petersburgo, foi nomeado médico do Corpo Imperial de Cadetes, seguido, em 1740, pelo posto de médico da Corte Russa, o qual manteve durante sete anos, até ao fim da estadia na Rússia.

Durante o período de residência na Rússia, Ribeiro Sanches não se limitava à atividade clínica, mas também manteve uma procura constante de novos conhecimentos. Manteve correspondência com as principais instituições culturais e com pessoas doutas, colocando-se entre os humanistas mais esclarecidos da época.

Através de caravanas que ligavam São Petersburg a Pequim, mantinha contacto com os missionários da corte chinesa, de quem obtinha plantas orientais e informações sobre os seus usos medicinais, assim como outras práticas da medicina chinesa. Costumava trocar livros de medicina por tratados de astronomia. Do cirurgião de uma missão na Pérsia recebeu diversas plantas de uso médico, além de um sal colhido em Astracã que Ribeiro Sanches pensava ser uma espécie de bórax e mandou analisá-lo.

A experiência da participação em campanhas militares levou-o a propor a ventilação dos hospitais e das prisões, ao contrário das práticas comuns na época. De anotações roubadas durante o cerco de Azofe, colheu numerosas observações sobre doenças frequentes entre militares. Ao seu antigo professor de farmacologia de Leida, que estava então em Viena, revelou as vantagens observadas no tratamento de sífilis pela administração de cloreto de mercúrio.

Comunicou os resultados de algumas das suas pesquisas etnográficas a Buffon, que os incluiu na sua *Histoire Naturelle*. Com frequência trocava cartas com Macran, que o nomeou sócio correspondente da Academia das Ciências da França. Interessavam-lhe todos os domínios do saber, desde a medicina até a física, da história até a política, da etnografia até a pedagogia, o que o levava a manter correspondência com numerosos especialistas da Europa. Em 1737, por intermédio da Academia Imperial de São

Petersburgo, enviou uma coleção das suas obras à Real Academia de História de Portugal.

Em 1740, foi pedida a intervenção de Ribeiro Sanches no tratamento da Czarina Ana Ivanova, durante a fase final da vida. Ao contrário da opinião de outros médicos em atendimento, Ribeiro Sanches diagnosticou a doença da Czarina como nefrolitíase e fez um prognóstico sombrio. Havia iniciado a sua participação no tratamento demasiadamente tardio para impedir a morte. A autópsia confirmou a opinião de Ribeiro Sanches, o que lhe valeu a admiração dos colegas.

Com o falecimento da Czarina, começou na Rússia um longo período de agitação sócio-política e de disputas sobre a sucessão à coroa imperial: Buhren, o antigo amante da czarina, governou durante três semanas, sendo depois demitido pelo Marechal Munique, que entregou a regência a Ana Leopoldina em nome do herdeiro Ivan IV; um novo golpe, chefiado pelo cirurgião Lestoy, resultou na demissão de Ana Leopoldina, passando o poder à Grã Duquesa Isabel, filha de Pedro o Grande. Só depois de muitos anos voltou estabilidade ao governo, com o reino de Catarina II.

Inevitavelmente, Ribeiro Sanches estava envolvido nas conspirações palacianas. Acusado de judaismo, passou algum tempo na prisão. Pediu exoneração de todos os cargos a fim de poder deixar a Rússia, mas o pedido foi negado. Devido à sua fama como clínico, foi obrigado a dar tratamentos a Ana Leopoldina e a Ivan IV, sendo posteriormente solicitados os seus cuidados para o Duque de Holstein, que resultaram num novo êxito depois de trinta dias de tratamento constante. Também cuidou da Princesa Anhalt-Zerst, que se tornou Catarina a Grande. Foi nomeado Conselheiro do Estado, mas o desejo de sair da Rússia permanecia, até que, finalmente em setembro de 1747, recebeu a necessária autorização.

Ao deixar a Rússia, optou por ir para a França, de forma que, com 48 anos de idade, iniciou a residência em Paris, onde passaria os seus últimos 36 anos, que constituem a terceira fase da vida de Ribeiro Sanches, um período caracterizado por intensas atividades no estudo e na escrita, em diversos domínios: a medicina, a pedagogia e algumas áreas sociais e políticas. Durante este período, manteve correspondência com várias pessoas ilustres, tais como: d'Alembert, Diderot, Buffon, Falconet, Fothergill, Pringle e Mertens. Doou a maior parte da sua rica e diversificada biblioteca à Academia Imperial das Ciências, que o nomeou sócio honorário.

Devido à sua fama como médico, não podia abandonar a atividade clínica durante o período na França, mas reduziu-a bastante, limitando-se ao atendimento de amigos, compatriotas, russos e pobres. Como resultado da consequente redução na renda, chegou a enfrentar dificuldades financeiras, que lhe causaram problemas durante os últimos anos da vida.

O governo de Portugal concedeu a Ribeiro Sanches uma pensão anual de trezentos mil reis e Catarina II da Rússia estabeleceu, em 1763, uma pensão anual de mil rúpias, além de conceder-lhe um brasão com a legenda *Non sibi se toti genitum* («Não para si próprio mas para todos»). Por pedido especial da Czarina, o Grão Duque Paulo visitou Ribeiro Sanches em 1782.

No âmbito da Medicina, uma das áreas principais dos seus interesses era o tratamento das doenças venéreas. Registava as manifestações clínicas do sífilis, indicando possíveis remédios, como o sublimato corrosivo. Acreditava que o sífilis podia ser hereditário, mas estava errado ao incluí-lo no mesmo grupo de diagnóstico que as outras doenças venéreas transmissíveis. Colaborou na *Encyclopaedie* de Didedot com um extenso artigo sobre doenças venéreas, o tema de um dos seus livros que provocava grandes discussões: *Dissertação sobre a origem da doença venérea*, traduzido para o inglês pelo Dr. Jacob de Castro Sarmento, que também apresentou à Sociedade Real de Londres a obra de Ribeiro Sanches sobre a «Observação da parálise do *caecum* intestinal.»

Ribeiro Sanches também se ocupava de diversos aspetos da higiene e saúde públicas. Estava preocupado com a higiene das latrinas urbanas e com a poluição do ar. Escreveu uma *Dissertação sobre os banhos russos*. A seguir ao grande terramoto de Lisboa em 1755, escreveu, a pedido do Marquês de Pombal, o *Tratado sobre a conservação da saúde de um povo*, com uma demonstração de como o clima de Lisboa havia melhorado depois da catástrofe. O *Tratado* foi traduzido para o italiano pelo irmão Marcelo, médico na Sicília.

Em Paris, junto com Payen, encarregou-se de uma pesquisa sobre o uso do barro de Mafra, que pensava ter benefícios no tratamento do cancro. Introduziu na França o uso de tintura de cantarides e a raiz de Colombo, até então desconhecido no Ocidente, que lhe fora revelado na Rússia. Também a pedido do Marquês de Pombal, fez um ensaio sobre a América portuguesa, do qual a maior parte está atualmente perdida. Os capítulos restantes são: (1) sobre as colónias, (2) a colónia portuguesa na América, (7) a plantação e o comércio do açúcar, (8) sobre o tabaco: preparação e comércio, além de alguns parágrafos sobre os jesuítas no Paraguai, o governo do Brasil, e bispos e padres.

No âmbito sócio-político, as suas escritas incluem, entre outras, uma *Dissertação sobre o método de preservar as conquistas e as colónias portuguesas*, *Algumas considerações sobre o casamento dos clérigos*, um livro sobre a *Origem dos termos antigo cristão e cristão novo*, e outro sobre *O cultivo das ciências e artes no Império Russo*.

Nos domínios da pedagogia e da educação, os seus trabalhos incluem os *Projetos para o estabelecimento de uma escola de agricultura*, o *Plano para a educação de um jovem fidalgo* e *Cartas sobre a educação da juventude*.

Na medicina, escreveu um *Memorial sobre o ensino da cirurgia patológica* por pedido da Escola de Medicina de Estrasburgo, além de algumas *Notas sobre pensamentos acerca do governo da comunidade médica e dos médicos*, que comunicou à Escola de Moscovo em 1754. A sua obra principal na área da pedagogia da medicina é o Método para aprender e estudar a medicina, escrito em Paris em 1763, em que Ribeiro Sanches se mostrava pioneiro pela ênfase da ligação entre os hospitais e as escolas de medicina e a união entre o ensino da medicina e a cirurgia. Ribeiro Sanches propunha que os estudos médicos seguissem os *Aforismos* de Aristóteles e as *Instituições médicas* de Boerhaave, de forma que unissem o tradicional com o inovador.

As ideias de Ribeiro Sanches tiveram grande influência junto ao Marquês de Pombal. Com base nelas, foi fundado em Lisboa em 1761 o Real Colégio dos Nobres, que seguia o *Plano para a educação de um jovem fidalgo* e *Cartas sobre a educação da juventude*. O *Método para aprender e estudar a medicina* inspirou a reforma pombalina da universidade portuguesa em 1772, mormente no tocante ao ensino da medicina.

Em novembro de 1782, tratou o embaixador de Portugal em Paris, D. Vicente de Sousa Coutinho. A sua dedicação e os seus conhecimentos inspiraram uma carta da Embaixada a considerar Ribeiro Sanches um dos maiores sábios na história do País.

Ribeiro Sanches deixou mais de 27 volumes de manuscritos inéditos. O seu amigo, o Dr. Andry, tratou da publicação de alguns desses manuscritos.

Segue-se uma lista de alguns dos trabalhos de Ribeiro Sanches.

## Obras publicadas:

*Dissertation sur l'origine de la maladie vénérienne, dans laquelle on prouve qu'elle n'a point été apportée d'Amérique, mais qu'elle a commencé en Europe par une épidémie.* Paris 1750, 1752, 1756 (com o título ligeiramente alterado). *A Dissertation on the Origin of the Venereal Disease* é a tradução inglesa de Jacob de Castro Sarmento, editada em Londres em 1751.

*Tratado da Conservaçao da Saúde dos Povos: obra útil, e igualmente necessária aos Magistrados, Capitães Generais, Capitães de Mar e Guerra, Prelados, Abadessas, Médicos e Pais de Familia; com um apêndice - Considerações sobre Terramotos, com a notícia dos mais consideráveis de que faz menção a História, e dos últimos que se sentiram na Europa desde 1 de Novembro de 1755.* Paris,1756, reimpressão: Lisboa, 1757, com tradução italiana de Marcelo Sanches.

*Cartas Sobre a Educaçao da Mocidade.* Köln, 1760.

*Método para Aprender e Estudar a Medicina, ilustrado com os Apontamentos para estabelecer-se uma Universidade Real na qual deviam aprender-se as Ciências Humanas de que necessita o Estado Civil e Politico.* Paris, 1763

*Examen historique sur l'apparition de la maladie vénérienne en Europe et sur la nature de cette épidémie.* Lisboa, 1774.

*Observations sur les maladies vénériennes, par le M. Antonio Nunes Ribeiro Sanches, publiées par M. Andry*, publicação póstuma pelo Dr. Andry. Paris, 1785.

«Affections de l'âme», artigo em *l'Encyclopédie Méthodique*; *Médecine*, 1787, v. 1, pp. 245-277.

«Observação da Parálise do Intestino Cego», com tradução para o inglês pelo Dr. Jacob de Castro, apresentada à Royal Society of London, *Phil. Trans.* n°494, art. XVI.

«Maladie vénérienne chronique», artigo no *Dictionnaire Raisonné des Sciences et des Arts.*

Dos manuscritos que passaram ao Dr. Andry, incluem-se, entre outros, os seguintes.

Sobre doenças venéreas e infecciosas:

«Pensées sur les effets de l'inoculation faite avec le poison de la petite vérole en différentes maladies et parliculierement dans la maladie vénérienne»,

«De cura variolarium Vaporarii opa apud Ruthenos omni memoria anliquioris usu recepta»

«Remarques sur l'ouvrage intitulé Parallèle de différentes méthodes de traiter la maladie vénérienne»,

«Réflexions sur les maladies vénériennes».

Filosofia, pedagogia, interesses políticos e sociais:

«Dissertação sobre as paixões d'alma», 1753.

«Lettre addressée à l'Université de Moscou sur la méthode d'apprendre et d'enseigner la médecine. Instruction pour le Professeur qui enseignera la chirurgie dans les Hôpitaux de S. Petersburg», 1754

«Plan sur la manière de nourrir et d'élever les enfants trouvés dans l'hôpital de Moscou», 1764 «Dissertation sur les beaux-arts, leur utilité, leurs inconvenients, leurs avantages», 1765

«Traité sur le rapport que les sciences doivent avoir avec l'Etat civil et politique, appliqué à l'état présent de l'Empire de Russie», 1765.

«Moyens pour conserver le commerce déjà établi en Russie et pour le faire fleurir à perpétuité», 1766.

«Moyens pour lier et attacher de plus en plus les Provinces conquises à l'empire de Russie de la même manière que fit Auguste par rapport aux Provinces de son Empire», 1766.

«Réflexions sur l'économie politique das Etats, appliquées particulièrement à l'Empire de Russie»

«Réflexions sur l'état désavantageux des Laboureurs de Russie, des Esclaves des Domaines et des seigneurs; lesquels souffrent les plus grands charges de l'Etat, de manière qu'ils díminuent tous les jours avec les moyens propres à pouvoir recruter les armées de terre et mer, sans y employer les laboureurs et récompenser les soldats et les officiers qui ont servi pendant 20 ans»

« Traité sur les moyens propres pour augmenter le commerce de Russie»

«Traité sur le commerce de l'empire de Russie», 1770

«Traité dans lequel on prouve que l'introduction d'une meilleure administration de la justice contribue à l'amélioration de la société»

«Projet pour rétablissement d'une Ecole d'agriculture»

«De l'origine des hôpitaux», 1772

«Du mariage des prêtres»

«Plan pour l'éducation d'un jeune seigneur»

«Lettre sur les moyens de faire entrer un cours de morale dans l'éducation publique»

«Dissertation dans laquelle on examine si la ville, appelée par les Romains Pax Augusta est celle de Beja au Portugal ou celle de Badajoz, en Castella» - «Origem da denominação de cristão velho e de cristão novo no reino de Portugal e das causas destas denominações, assim como da perseguição aos Judeus, com os meios de fazer cessar em pouco tempo esta distinção entre súbditos dum mesmo estado...»

- «Dissertação sobre os meios próprios para governar e conservar as conquistas e colónias de Portugal»

Outros textos da sua autoria:

*Venae rubrae nunquam absorvent*, 1724, dissertação de doutoramento, Universidade de Salamanca,

«Memória sobre as éguas de Penha Garcia»,

«Dissertação sobre os banhos Russos»,

«Pecúlio de várias receitas», sobre o sífilis

«Memória acerca do ensino da cirurgia patológica», por pedido da Escola Médica de Estrasburgo,

"Ramal de observações sobre todas as partes da Medicina e principalmente sobre a prática», «Discurso Sobre a América Portuguesa»,

«Fundamentos da Sociedade Cristã e Política», 1760,

Ribeiro Sanches também promoveu uma edição d'*Os Lusíadas* de Luis de Camões, Paris, 1759.

Em 1959 a Imprensa da Universidade de Coimbra publicou uma coletânea de trabalhos da autoria de António Ribeiro Sanches.

**MANUSCRITO**

**TRANSCRIÇÃO**

N.º 2.   Monseigneur

Si l'Excellence approuvera les pensées ci dessous, sur l'Education dont Elle m'a fait l'honneur de m'en charger, l'envie que j'ai de reussir, & le vif interet, que je prens, pour tout ce qui le regarde, fai-ront tout leur merité. Il faut naturellement être destitué d'humanité, d'amour, & de reconnoissance, pour n'etre pas touché vivement, et sur tout penetré du plus profond respect pour un Pere, qui prend tant à Coeur l'education de Sa famille, avec tant de soins, de peines et de depenses. Je tâcherai en mauvais françois, de contribuer autant qu'il me sera possible de seconder, de si excellentes, si nobles, et si aimables intentions:

63

Monseigneur

Si V Excellence approuverà les pensèes ci dessous, sur l'<u>Education</u>
dont Elle m'a fait l'honneur de m'en charger, l'envie que j'ai de
reussir, & le vif interet, que je prens, pour tout ce qui Le regarde, fai-
= ront tout leur merite: Il faut naturellement étre destitué d'
humanité, d'amour & de reconnoissance, pour n'etre pas touché
vivement et sur tout penetré du plus profond respect pour
un Pere, qui prend tant a coeur l'education de sa famille, avec tant de
soins, de peines et de depenses. Je tácherai
en mauvais francois, de contribuer autant qu'il me sera possible
de seconder, de si excellentes, si nobles, et si aimables intentions:


1. 1. approuverà; Machado: approuverâ.
1. 10. francois; Machado: françois (com cedilha, que não occorre no ms.).

25

avec le bonheur le plus parfait, augmenter mes peu de connoissances, en
le rendre plus constant, & qu'il s'etend à la posterité la plus reculée.

Je ne m'arreterai presentement a detailler les connoissances des langues étrangeres, et des Sciences elementaires, necessaires aux
Jeune Seigneur destiné a servir sa patrie pendant le tems de paix,
et pendant celui de guerre: Tout cela a été dejà ordonné & fait par
Vos ordres, Monseigneur; Celles que j'ai presentement ~~~~~~~~~~~~~, Je reduis
à éclaircir, et mettre en tout son jour, La proposition, qui voici

„ L'Education d'un Seigneur doit être diri-
„ gée pour obeïr, et commander dans les païs, ou
„ il est né, pendant la paix, & pendant la guerre.

Si ce Seigneur sera Russe il faut pour diriger son edu-
~~cation~~, connoître afond la Constitution de cet Empire, il faut
en connoitre son État Politique, son État Civil, son état
Economique, c'est a dire ses loix, ses Coutumes, & ses
Usages. Un Seigneur François destiné egalement a ser-
=vir sa patrie doit être elevé selon la Constitution de la Monar
chie Françoise; & afin de pouvoir comparer mieux ces deux
differentes educations, et en aprecier les resultats, il faut ici
en donner un succint detail.

63v

Je ne m'arreterai presentement a detailler les connoissan ces des langues étrangeres, et des sciences elementaires, necessaires a un Jeune Seigneur destinè a servir sa patrie pendant les tems de paix et pendant celui de guerre: Tout cela à eté dejà ordonné & fait par Vos ordres, Monseigneur; Celles que j'ai presentement, se reduisent a éclaircir, et mettre en tout son jour, la proposition, qui voici

«L'Education d'un Seigneur doit ètre diri-

gèe pour obeïr, et commander dans les pays, ou

il est nè, pendant la paix, & pendant la guerre».

Si ce Seigneur serâ Russe, il faut
connoitre a fond, la Constitution de cett'Empire pour diriger son education, il faut

en connoitre son ètat politique, son état civil, son état

Économique, c'est a dire ses loix, ses coutumes, & ses

usages.

Un Seigneur François destiné egalement a ser-
= vir sa patrie doit etre elevè selon la Constitution de la Monar chie Françoise; & afin de pouvoir comparer mieux ces deux differentes educations, et en aprecier les resultats, il faut ici en donner un succint detail.


1. 5. Vos; Machado: vos.
1. 11. Constitution; Machado: constitution (cf. 1. 16, Constitution).
1. 16. elevè; Machado: elevé.

Tous les sujets, qui composent cette considerable Monarchie sont partagés en trois classes.

    1. *La Noblesse*, employée dans le Militaire et dans l'Eglise

    2. *Les Gens de Robe*, employés dans la Magistrature

    3. *Les Citoyens*. employés dans l'Economie civile, et Politique, dans le Commerce, Arts &c.

    Tous les sujets ont par droit de la Monarchie *propriété* des biens, & *Liberté* determinée, et defendue par ses *Loix*.

    Il est facile alors de determiner les connoissances, et les sciences qui doivent entrer dans l'education de chacune de ces trois classes.

    Un Jeune Seigneur comme sa destination est de servir dans les armées, et sur les Flottes, ou dans l'Etat Eclesiastique: Comm'il est destiné a etre Courtisant & être employé dans le Ministere, Comme Secretaire d'Etat, Ambassadeur, Envoyé &c. Son education est executée generalement de la maniere qui voici.

    Comme l'education des Seigneurs est ordinairement chez leur Peres, Un ou plusieurs Maitres Subalternes instruisent Un Jeune Seigneur dans les Connoissances,

de la

Tous les sujets, qui composent cette considerable Monarchie sont partagés en trois classes.

    1. <u>La Noblesse</u>, employée dans le Militaire et dans l'Eglise

    2. Les Gens de Robe, employées dans la Magistrature

    3. Les Citoyens. employés dans l'Economie civile, et Politique, dans le Commerce, Arts &$^a$.

Tous les sujets ont par droit de la Monarchie <u>proprietè</u> des biens, & <u>Libertè</u> determinèe, et defendue par ses Loix.

Il est facile alors de determiner les connoissances, et les sciences que doivent entrer dans l'education de chacune de ces trois classes.

Un Jeune Seigneur comme sa determination est de servir dans les armèes, et sur les Flottes, ou dans l'Etat Eclesiastique: comm'il est destiné a etre courtisant & étre employé dans le Ministere, comme Secretaire d'Etat, Ambassadeur, Envoyé &$^a$. son education est executèe generalement da la maniere que voici.

Comme l'education des Seigneurs est ordinairement chez Leur Peres, un ou plusieurs Maitres subalternes instruisent un Jeune Seigneur dans les connoissances,

1. 8. proprietè; Machado: proprieté. 1. 14. armèes; Machado: armées. I. 16. étre; Machado: etre.

de la langue Maternelle, de la Langue Latine, Geographie, Elemens de l'Histoire, Blason, Dessein, Geometrie, Trigonometrie, l'Art Militaire.

C'est la premiere partie de Cette education: Et voici la Seconde. C'est l'art de plaire & de se rendre aimable tant à la Cour, comme parmi le grand monde; la danse, la musique, parler et ecrire sa langue avec propreté et elegance, & acquerir l'air facile, et dégagé, qu'on Contracte par la frequentation des gens de qualité, & principalement dans les Cercles de Dames pendant les bals, les Soupers, & le jeu.

La Noblesse Françoise n'est pas obligé d'apprendre dans Sa jeunesse, Ni le droit Naturel, ni le Civil, parce qu'Elle n'est pas destinée à la Magistrature, et moins encore à l'Economie Civile ou Politique, dans la quelle sont employés pour la plus grande partie les Bourgeois notable, ou les Citoyens. Son education est parfaitement calculée pour Servir Sa patrie Selon Sa constitution; ou chaque Sujet à la proprieté de Son bien, avouée par Ses loix & defendue par le Souverain: ou la Jurisdiction Royalle est deposée entre les mains de Ses Parlemens, qui Sont les executeurs & les Gardiens des Loix de Cette Puissante Monarchie. Où le Souverain emploie uniquement Sa Noblesse dans les Armées, dans les Flottes, dans Sa Cour, dans Son Ministere, & dans de la langue Maternelle, et de la Langue Latine, Geographie, Elemens de l'Histoire, Blason, Dessein, Geometrie, Trigonometrie, l'Art Militaire.

C'est la primiere partie de cette education: Et voici la Seconde. C'est l'art de plaire & de se render aimable tant a la Cour, comme parmi le grand monde; la danse, la musique parler et ecrire sa langue avec proprietè et elegance, & acquirir l'air facile, et degagè, qu'on contracte par la frequen tation des gens de qualite, & et principalement dans les cercles des Dames pendant les bals, les soupers, & le jeu.

La Noblesse Francoise n'est pas obligé d'apprendre, dans sa jeunesse, ni le droit Naturel, ni le civil, parce qu'Elle n'est pas destinèe a la Magistrature, et moins encore a L'Economie Civile ou Politique, dans la quelle sont employés pour la plus grande partie les Bourgeois notables, ou les Citoyens: Son education est parfaitement calculèe pour servir sa patrie Selon sa constitution; ou chaque sujet a la proprieté de Son bien avouèe par ses loix & defendue par le Souverain: ou la Jurisprudence Royalle est deposée entre les mains de ses Parlemens, que sont les executeurs & les Gardiens des Loix de cette Puissante Monarchie. Ou le Souverain emploie uniquement sa Noblesse dans les Armees, dans Les Flottes, dans sa cour, dans son Ministere, & dans

---

1. 4. primiere; Machado: premiere 1. 5. Seconde; Machado: seconde.
1. 10. & le jeu; Machado: et le jeu. 1. 11. Francoise; Machado: Françoise.
1. 12. droit; Machado: driot.
1. 17. Selon... proprietè; Machado: selon... proprieté (com acento agudo, acento grave no texto original). 1. 18. Son bien; Machado: son bien.

l'Eglise.

Et quoi que beaucoup de Noblesse suive la Magistrature & elle soit employée dans plusieurs emplois civils, la Constitution de l'Etat n'est pas alterée jamais par ce double emploi de la Noblesse; parceque la Grande & du primier ordre ne connoit d'autre emplois que la Cour & les Armées.

Il est tems de representer maintenant, la Constitution de l'Empire de Russie, faire Connoitre les differentes classes de ses Sujets & quelques unes de Ses loix fondamentales, afin de pouvoir determiner l'education qui convient à Sa Noblesse, & si l'Education Françoise ~~remplira les besoins pour ce~~ sera suffisante pour en être servi à son avantage.

Les Sujets de l'Empire de Russie sont partagés en deux classes: La primiere contient toute Sa Noblesse: plus par privilege, que par la Constitution de l'Empire; Cette primiere classe, a la proprieté de biens, & peut faire testament, nommer des heretiers: et quoique la liberté s'est commencée à montrer depuis que la Maison de Romanow est monté sur le trone, elle n'est pas encore avouée, ni maintenue par la loi.

La Seconde classe de Sujets est destitué totalement de proprieté de biens et de Liberté; et quoique par les privileges on y trouve quelques exceptions, La Constitution de l'Empire ne Connoit jamais, ni proprieté de biens, ni liberté.

l'Eglise.

Et quoi que beaucoup de Noblesse suive la Magistrature & elle soit employèe dans plusieurs emplois civils, la constitution de l'Etat n'est pas alterèe jamais par ce double emplois de la Noblesse; parce que la Grande & du primier ordre ne connoit d'autre emplois de la Cour & les Armees.

Il est tems de representer maintenant la Constitution de l'Empire de Russie, faire connoitre les differentes classes de ses sujets & quelques unes de ses loix fondamentales, a fin de pouvoir determiner l'education que convient a sa Noblesse, & si l'Education Francoise sera suffisante pour en etre servi a son avantage.

Les sujets de l'Empire de Russie sont partagés en deux classes: La primiere contient toute sa Noublesse: plus par privilege, que par la constitution de l'Empire; cette primiere classe a la proprietè de biens; Elle peut faire testament, nommer des heretiers: et quoique la <u>libertè</u> s'est commencèe a montrer depuis que la Maison de Romanow est montè sur la trone, elle n'est pas encore avouèe, ni mantenue par la loi.

La Seconde classe de sujets est destitué totalement de <u>proprieté</u> de biens et de <u>Liberté</u>; et quoi que par les privileges ou y trouve quelques exceptions, La constitution de l' Empire ne connoit jamais, ni <u>proprietè</u> de biens, ni libertè.


1. 5. primier; Machado: premier. 1. 6. Constitution; Machado: constitution.
1. 11. Francoise; Machado: Françoise (com cedilha onde nâo esta no ms.).
1. 14. primiere; Machado: premiere. 1. 15. primiere; Machado: premiere.
1. 19. avouèe; Machado: avouée. 1. 20. Seconde; Machado: seconde.

Par une loi de Pierre le Grand tout la Noblesse est obligée entrer dans le Service des Armées, ou de la Flotte al'âge de treize ans: comme par la Constitution de l'Empire le tiers Etat, C'est adire le Citoyen, ou Bourgeois notable n'y soit pas connû; Comme La Noblesse Russe n'embrasse jamais les Dignités Ecclesiasques, il s'en suit, que de Cette primiere classe sortent, tous Ceux, qui sont employés a la Cour dans les Grandes charges, dans le Ministere; de Cette Classe sortent les Generaux, & les Amiraux; les Magistrats, et tous Ceux qui sont employés dans l'Economie Civile & Politique de Ce vaste Empire. En France, et dans presque tous les Puissances d'Europe Ceux, qui Commandent les armées, Ceux qui administrent la Justice, & qui president a la recette & depense de l'Etat, sortent des trois classes de Sujets: De la Primiere Noblesse; de la Noblesse, et Bourgeoisie; et uniquement de la Bourgeoisie.

En Russie toutes les Charges, tous les Emplois Civils, Militaires, Economiques Politiques, de la Cour & du Ministere sont exercés par la Seule classe de la Noblesse, toute alistée ou élevée dans le Militaire

Par une loi de Pierre le Grand tout la Noblesse est
obligée entrer dans le service des Armèes, ou de la Flotte a l'
àge de de treize ans: comme par la constitution de l'Empire
le tiers Etat, C'est a dire le Citoyen, ou Bourgeois notable
n'y soit pas connû; comme La Noblesse Russe n'em
brasse jamais les Dignites Ecclesiastiques, il s'en suit, que
de cette primiere classe sortent tous ceux, qui sont employes a la cour dans les Grandes charges, dans le Ministere; de cette classe sortent le Generaux, & les
Amiraux; les Magistrats, et tous ceux qui sont em
ployès dans l'Economie civile & Politique de ce vaste
Empire.

En France, et dans presque toutes les Puissances d'
Europe ceux, qui commandent les armèes, ceux qui ad-
ministerent la Justice, & qui president a la <u>recette</u> & <u>depense</u>
de l'Etat, sortent des trois classes de sujets: De la
Premiere Noblesse: de la Noblesse, et Bourgeoisie; et unique
ment de la Bourgeoisie.

En Russie toutes les charges, tous les Emplois
civils, Militaires, Economiques Politiques, de la cour &
du Ministere sont exercés par la seule classe
de la Noblesse, toute alistée ou élevée dans le Militaire:

1. 4. C'est... le Citoyen; Machado: c'est... le citoyen. 1. 7. primiere; Machado: premiere. 1. 17. Primiere; Machado: Premiere.

En France Un Seigneur apres ~~ses campagnes~~, la Guerre où il reste dans le Militaire, ou il se retire sur ses terres. Les Grades de General Major de Lieutenant General pendant la paix ne retirent pas sallaire Militaire; ils peuvent etre employés a la Cour ou dans le Ministere; mais jamais ils entrent dans la Magistrature, dans les Intendancy de Province, dans les Charges de Finance, ni d'Economie.

En Russie Un General, un Felt-Marechall, un Colonel apres avoir Servi ~~pendant~~ à la guerre avec honneur & distinction, Sort du Militaire, il devient Senateur, President des Colleges de Guerre, de Justice, Grand Ewyer, Gouverneur de Province, Vaivode; ils sont employés dans tous les departemens de Finance, d'Economie, ou entre la recette & la depense de l'Empire.

On demanda a Aristippe, Ce qu'il falloit enseigner a un Jeune homme? Ce qu'il doit faire, repondi-t-il, Lors qu'il deviendra homme. Par cette reponse on sera convaincu que l'education Françoise est tres a propos pour la Noblesse Françoise; et que la meme non seulement est insuffisante pour la Noblesse Russe, mais qu'il en faut encore retrancher Une grande partie pour la remplacer par des autres Connoissances. Par l'exposé ci dessus, Un Noble Russe et Militaire Sera obligé devenir Magistrat, ~~Ministres~~ & gouverner les Finances de l'Empire: Il faut que dans son Education ~~entre~~

entrent

En France un Seigneur après la Guerre
ou il reste dans le Militaire, ou il se retire sur ses terres: Les
Grades de General Major de Lieu Tenant General pendant la paix
ne retirent pas sallaire Militaire; ils peuvent entre employés a
la Cour ou dans le Ministere; mais jamais ils entrent dans
la Magistrature, dans les Intendances de Province, dans les
charges de Finance, ni d'Economie.

En Russie un General, un Felt Marechall, un Colonel
apres avoir servi a la guerre avec honneur & distinction,
sort du Militaire, il devient Senateur, President des Colleges
de Guerre, de Justice, Grand Ecuyer, Gouverneur de Province, Vaivode, ils sont employés dans tous les departemens de Finance,
d'Economie, ou entre la recette & la depense de l'Empire.

On demanda a Aristippe, ce qu il falloit enseigner
a un jeune homme? Ce qu'il doit faire, repondi-t-il, lors
qu'il deviendra homme. Par cette reponse on sers convaincu
que l'education Francoise est tres a propos pour la Noblesse
Francoise; et que la meme non seulement est insuffisante
pour la Noblesse Russe, mais qu'il en faut encore retrancher
une grande partie pour la remplacer par des autres connoissances.

Par l'exposè ci dessus, un Noble Russe et Militaire
sera oblige devenir Magistrat, & gouverner les Finances de l'Empire: Il faut que dans son Education

1. 3. Major; Machado: Mayor.
1. 17. Francoise; Machado: Françoise. 1. 18. Francoise; Machado: Françoise.

entrent non seulement les Connoissances necessaires dans l'art Militaire, et de la Cour, mais encore celle de Magistrat, et de l'Economie des Etats interieure, & Etrangere.

Malgré l'evidence de Ces details entre la diferen- ce, qu'il doit avoir entre l'education de la Noblesse Russe et la Françoise, depuis vint ou vint & cinq ans la Russie est inondée des Essains d'Ȣuteurs, ou precepteurs François, ou Berolinois, qui pretendent que l'education dont ils sechar- gent rendra un Seigneur Capable de Servir Sa patrie et de se faire aimer & Considerer a la Cour, & ala ville.

Autant comme mon experience me fournit, Ces precepteurs ou Ȣuteurs font tout ce qui depende d'eux que Son éleve parle Correctement le françois, & qu'il en puisse ecrire une lettre; il lui fait apprendre par Coeur quelques fables de la Fontaine, lui fait Lire Telamaque, quelque Roman bien ecrit; quelque peu de geographie Sans principes, les Ele- mens de l'Histoire, qui Consiste dans le noms des Rois, des Empereurs; une Superficielle tincture du Blason, qu'il s'ef- force Lui montrer a le Colorer: apres Cela la danse, Com- mander comme il doit etre frisé pour la journé; & aussi tot quel'Eleve vient a Se marier, ou avoir un emplois aux gardes, al'armée, ou ala Cour, l'education est finie, & L'Eleve Sans entraves, oublie en peu de jours tout Ce qu'il a appris; Cependant il lit les livres de toilette pendant
une

entrent non seulement les connoissances necessaires dans l'art
Militaire, et de la Cour, mais encore celle de Magistrat,
et de l'Economie des Etats interieure, & Etrangere.

 Malgré l'evidence de ces details entre la diferen-
ce, qu'il doit avoir entre l'education de la Noblesse Russe
et la Francoise, depuis vint ou vint & cinq ans la Russie est
inondee des Essains d' учитили, ou precepteurs Francois, ou
Berolinois, qui pretendent que l'education dont ils se char-
gent rendra un Seigneur capable de servir sa patrie
et de se faire aimer & considerar a la cour, & a la ville.

 Autant comme mon experience me fournit, ces
precepteurs ou учителя font tout ce qui depende d'eux que
son eleve parle correctement le francois, & qu'il en puisse ecrire
une lettre; il lui fait apprendre par coeur quelques fables
de la Fontaine, lui fait lire Telamache, quelque Roman
bien ecrit; quelque peu de geographie sans principes, les Ele-
ments de l'Histoire, qui consiste dans le noms des Rois, des
Empereurs; une superficielle tincture du Blasson, qu'il s'ef-
force lui montrer a le coulorer: apres cela la danse, commander comm'il doit etre frisé pour la journé; & aussi
tot que l'Eleve vient a se marier, ou avoir un emplois aux
gardes, a l'armée, ou a la Cour, l'education est finie, &
L'Eleve sans entraves, oublie en peu de jours, tout ce qu'il
a appris; cependant il lit les livres de toilette pendant

1. 6. Francoise; Machado: Françoise. 1. 7. d'учитили; Machado: d'Читили, (omissào da primeira letra, uso indevido de maiúscu-lo). 1. 7. Francois; Machado: François.
1. 12. учитили; Machado: Читили, (omissão da primeira letra... v. l. 7.)
1. 13. francois; Machado: françois.1. 15. Telamache; Machado: Telemache.
1. 23. L'Eleve; Machado: l'Eleve.

une ou deux heures, et tems dedié chaque jour a se friser & poudrer.

Le Coeur me Saigne quand je Considere les pernicieux effets, qui s'en suivront un jour en Russie, Si Cette education des ≈≈≈≈≈≈ Continuera encore pendant un demi siecle! Il Saignoit aussi a la vue des Regimens Russes marchoient Sur la glace & Sur la niege avec des guettes de toile blanche, frisés, et poudrés. Je vous demande pardon Monsergneur, pour Cet ecart, Sorti de l'attachement que j'ai pour Votre patrie. Enfin Comme je Suis persuadé que j'ai demontré l'insuffisance de l'education francoise pour rendre Un Sergneur Russe Capable de servir sa patrie pendant la paix & pendant la guerre, j'ose proposer Celle qui me semble s'accorder mieux avec la Constitution de Russie.

### L'Art Militaire

Primiere partie de l'Education d'un Sergneur Russe

Je Compte qu'un Seigneur Russe al'age d'etre inscript au College de Guerre, ou aux Gardes, qu'il scait ecrire sa langue maternelle correctement, ecrire une lettre, et une relation. Il serait a Souhaiter qu'il sçu le Sclavon pour ecrire plus correctement & entendre les livres de Sa Religion. Je Compte qu'il parle et ecrit passablement le François, & l'Alemand. Je

Compte

une ou deux heures, tems dedie chaque jour a se friser & poudrer.

Le coeur me saigne quand je considere les pernicieux effects, qui s'en suivront un jour en Russie, si cette education des учители continuera encore pendant un demi siècle! Il saignoit aussi a la vue des Regimens Russes quand ils marchoient sur la glasse & sur la niége aves des guettes de toile blanche, frisés, et poudrés. Je Vous demande pardon
Monseigneur, pour cet ecart, sorti de l'attachement que j'ai pour Votre patrie! En fin comme je suis persuadé que j'ai demontre l'insuffisance de l'education francoise pour render un Seigneur Russe capable de server sa patrie pendant la paix & pendant la guerre, j'ose proposer celle qui me semble s'accorder mieux avec la Constitution de Russie.

L Art Militaire

Primiere partie de l'Education d'un Seigneur Russe

Je compte qu'un Seigneur Russe a l'age d'etre inscript au college de Guerre, ou aux Gardes, qu'il scait ecrire sa langue maternelle correctement, ecrire une letter, une relation.
Il seroit a souhaiter qu'il scu le selavon pour ecrire plus correctement & entendre les livres de sa Religion. Je compte qu'il parle et ecrit passablement le Francois, & l'Alemand: Je

ll. 4-5. учители; Machado: Читили (omissão da vogal inicial, maiúsculo sem motivo.) 1. 8. Vous; Machado: vous.
1. 10. Votre; Machado: votre. 1. 11. francoise; Machado: françoise.
1. 18. scait; Machado: sçait (com cedilha onde não há no original).
1. 20. scu; Machado: sçu (com cedilha onde não há no original).
1. 22. Francois; Machado: François (com cedilha onde não há no ms.).

Je Compte aussi qu'il sçait les principes du dessein, sans vouloir les pousser a devenir peintre: La Geographie, étude d'un mois, quand on la Sçait montrer sur le Globe terrestre Comparé avec les cartes geographiques, sans autre lecture que l'explication d'un Maître habile, Seroit la meilleure preparation pour Connoitre l'hystore profane, & Sacrée, au moins depuy la Naissance du Sauveur, ou d'Auguste Cesar, jusqu'a nos jours. on pouvoit etre instruit dans les primeres regles de l'Arithmetique et dans les primiers Six livres d'Euclides.

  Et lors que le Jeune Seigneur pourroit faire un examen de Ces Connoissances, on chercheroit un Engineur pour lui apprendre l'art de la Guerre au moins pendant deux ans. Une heure par jour employée dans l'instruction du Cabinet, & quelqu'unes dans le meme jour dans la practique de Cett'art.

  Si on aura le bonheur de trouver Un Engineur experimenté homme fait, & instruit, il n'est pas necessaire que j'entre ici dans Ce qu'il doit lui montrer dans le Cabinet: Lui apprendre la Geometrie Lineaire & des Solides, La Trigonometrie & les Sections Coniques, & au meme temps l'arithmetique les fractions les decimales & l'Algebre jusqu'a la resolution des equations Sourdes, Ce n'est pas un etude tres difficile ni tres long, Si le Maitre la Fortification, les principes de l'Architecture Civile, l'attaque & defense de places, et la Tactique, Ce n'est pas un etude difficile dans lequel il soit necessaire plusieurs années. Plutôt par la faute de Maitres que par l'incapacité des disciples ils ne profitent ordinaire-

ment

Je compte aussi qu'il scait les principes du dessein, sans
vouloir les pousser a devenir peintre: Le Geographie, étude
d'un mois, quand on scait montrer le globe terrestre
compareé avec les cartes geographiques, sans autre lecture que
l'explication d'un Maitre habile, seroit la meilleure
preparation pour connoitre l'histoire profane, & sacrée au moins depuis la
Naissance du Sauveur, ou d'Auguste Cesar, jusqu'a nos jours,
on pouvoit etre instruit dans les primieres regles de l'Arithmetique
et dans les primiers six livres d'Euclides.

 Et lors que le Jeune Seigneur pourroit faire un
examen de ces connoissances, on checheroit un Engineur
pour lui apprendre l'art de la Guerre au moins pendant deux ans.
Une heure par jour employèe dans l'instruction du cabinet, &
quelque'unes dans le meme jour dans la practique de cett'art.

 Si on aura le bonheur de trouver un Engineur experimenté,
homme fait, & instruit, il n'est pas necessaire que j'entre ici
dans ce qu'il doit lui montrer dans le cabinet: Lui apprendre la
Geometrie Lineaire & des Solides, La Trigonometrie &
les sections coniques, & au meme tems l'arithmetique les fractions
les decimals & l'Algebre jusqu'a la resolution des equations
sourdes,
la Fortification, les principes de l'Archtecture civile, l'
attaque & defense de places, et la Tactique, ce n'est pas un etude difficile
dans le quel il soit necessaire plusieurs années. Plutot par la faute
de Maitres que par l'incapacite des disciples ils ne profitent ordinaire-

1. 1. scait; Machado: sçait.
1. 2. Le Geographie; Machado: La Geographie. 1. 3. la scait; Machado: la sçait.
1. 6. & sacrèe; Machado: et Sacrée. ll. 22-23. l'attaque; Machado: d'attaque.

ment : ~~Alors~~ s'ils leur montreroit ce qu'ils enseignent avec ordre, avec ~~une~~ certaine ~~affabilité~~, aisance, & avec un envie amoureuse que Son éleve profite, tout cet etude Seroit achevé en moins de deux ans. Les Maistres qui Sont Conduits plus par leur vile interet que par le plaisir de Se rendre recommendables, lors qu'ils sont Surs qu'ils feront leurs ~~affaires avec~~ fortune avec leurs éleves ils ~~doivent~~ retardent leur avancement. Alors il faut prendre ses mesures, quand on accorde avec eux : Et cette methode devroit etre Suivie avec tous les Maistres, qui devoient etre employés dans l'education.

Si je voudrois faire un Academicien, un Professeur, ou un Scavant quelque Mathematicien habile pourroit enseigner ce que je viens de detailler ; Mais je veux former un General, un Marechal Capable de former, instruire, nourrir, et conserver un armée, & la rendre formidable a l'enemi, il faut que Son education ne Soit pas dans Son cabinet a calculer, dessiner fortresses et des machines, il Lui faut de la practique de l'art de la guerre chaque jour apres midy, ayant passé une heure ou deux le matin dans le cabinet avec Son Engineur.

Je Souhaiterois que les apres midy fussent toujours employés en Compagnie de Son ~~Engineur~~ Engineur a examiner par exemple, la fortresse de Peterburg, ou quelque autre, où on lui montreroit ~~la~~ quelle Sorte de fortification, & tous Ses parties en detail. Un autre jour aller au Corps du genie, y voir, observer, & examiner les modeles des fortresses, les plans des Campemens, les armes, les pontons,

les

ment: S'ils leur montreroit ce qu'ils enseignent avec <u>ordre</u> avec <u>une certaine aisance</u>, & avec un'<u>envie amoureuse</u> que son éleve profite, tout cet etude seroit achevé en moins de deux ans. Les Maitres qui sont conduits plus par leur vile interet que par le plaisir de se render recommendables, lors qu'ils sont surs qu'ils feront leur fortune avec leurs éleves ils retardent leur avancement: Alors il faut prendre ses mesures, quand on accorde avec eux: Et cette methode devroit étre suivie avec tous les Maitres, que doivent etre employes dans l'education.

 Si je voudrois faire un Academicien, un Professeur, ou un scavant quelque Matematicien habile pourroit enseigner ce que je viens de detailler; Mais je veux former un General, un Marechal capable de former, instruir, nourrir et conserver un armèe, & la rendre formidable a l'enemi; il faut que son education ne soit pas dans son cabinet a calculer, dessiner fortresses et des machines, il Lui faut de la pratique de l'art de la guerre chaque jour apres midi, ayant passé une heure ou deux le matin dans le cabinet avec son Engineur.

 Je souhaiterois que les apres midi fussent toujours employes en compagnie de son Engineur a examiner, par exemple, la fortresse de Peterburg, ou quelque'autre, où on lui montreroit quelle sorte de fortification, & tous ses parties en detail: Un autre jour aller au corps du genie, y voir, observer, & examiner les modeles des fortresses, les plans de campemens, les armes, les pontons,

1. 12. scavant; Machado: sçavant.
1. 17. Lui; Machado: lui.
11. 20-21. employes; Machado: employés.
1. 22. quelqu'autre; Machado: quelque autre.

Les fours de Campagne: on conçoit bien que la Curiosité de l'eleve animera Son Maitre a lui expliquer les usages, & la meilleure maniere de S'en servir.

Un autre jour, ou un autre semaine, ou mois, il faudroit la revue dans le train de l'arteillerie: y voir faire les epreuves de la force de la poudre à canon, Comme on charge les Canons, les mortiers, Comm' on charge le bombes, les grenades, & devenir instruit par la Simple vue, et remarques de Son Maitre de ce qu'on ne peut pas apprendre par les livres.

Un autre mois seroit employé de quelle maniere on habille, & on nourrit un armée, & encore avec la Connoissance de la meilleure maniere de Construire les Chariots ou Tumbril.

On voit clairement que je ne negligerois jamais Les exercices avec le fusil, le Sponton, & le fleuret, ni l'exercice militaire, ni ses evolutions. Si l'Engineur sera experimenté, plain de Son art & avec amour d'enseigner, il se portera facilement a cette instruction practique, qui lui servira, & a Son eleve de delassement de l'etude du matin.

C'est inconcevable Combien la practique des arts Nobles & des Sciences, Contribue pour Comprendre leur theorie: me disoit Un Excellent Engineur & tres experimenté ,, Les Domestiques des Engineurs, qui sont employés dans leur art, tous deviennent Engineurs. ~~des practiques~~ : Les disciples des Engineurs

Les fours de campagne: on conçoit bien que la curieusité de l'eleve animera son Maitre a lui expliquer les usages, & la meilleure maniere de s'en servir.

 Un autre jour, ou un'autre semaine, ou mois, il fairoit la revue dans le train de l'arteillerie: y voir faire les epreuves de la force de la poudre a canon, comme on charge les canons, les mortiers, comm'on charge le bombes, les grenades, & devenir instruit par la simple vue, et remarques de son Maitre de ce qu'on ne peut pas apprendre par les livres.

 Un autre mois seroit employe de quelle maniere on habille, & on nourrit un armee, & encore avec la connoissance de la meilleure maniere de construir les chariots ou палубы.

 On voit clairement que je ne negligerois jamais Les exercices avec le fusil, le sponton, & le fleuret, ni l'exercice militaire, ni ses evolutions. Si l'Engineur sera experimenté, plein de son art & avec amour d'enseigner, il se portera facilement a cette instruction pratique, que Lui servira, & a son éleve de delassament de l'etude du matin.

 C'est inconcevable combien la practique des arts Nobles & des sciences, contribue pour comprendre leur theorie: me disoit un Excellent Engineur & tres experimenté «Les Domestiques des Engineurs, que son employes dans leur art, tous deviennent Engineurs: Les disciples des Engi

---

1. 4. semaine; Machado: samaine.
1. 12. палубы; Machado: ползьи (leitura errada de quatro letras cirílicas: а, у, б, ы).1. 14. Les exercices... & le foret; Machado: les exercices... et le foret.1. 17. servirá; Machado: servira.
1. 18. delassament; Machado: delassement.

neurs elevés dans les Ecoles du genie tous deviennent Mathematiciens; Je pourrois dire autant de bien d'autres arts.

Je n'entrerai ici à detailler les livres necessaires pour comprendre cette Science; le Maitre habile doit les faire connoitre à Son eleve Je ne puis pas cacher un ouvrage de cette Science qui est publié depuis peu avec ce titre ,, Elemens de l'Art Militaire Antien et Moderne. Par M. Cugnot Antient Engineur. Paris. 1766,, Les Connoisseurs en font un grand Cas; & Ce livre pourra servir pour l'education que je viens de tracer.

## Morale Droit Naturel et Civil
### Seconde Partie de l'Education d'un Seigneur Russe

Heureusement, Monseigneur, que vous avés trouvé le digne Mr Schoepflin pour diriger les Etudes de Messieurs Vos Cheres Enfants: Lui qui connoit le prix de ces matieres indiquées dans le titre aura sans doute pris un soin particulier de les faire en instruire: Je me bornerai donc à l'application de ces Connoissances qui seront exercées en Russie. dans le Senat, dans le Collège de Justice dans l'Admirauté Dans les Gouvernemens de Provinces, et dans les Charges de ~~~~~~

Surement que par la Constitution de Cet Empire Le Souverain est l'unique loi: Malgré l'Oulogenie

mal-

neurs elevés dans les Ecoles du genie tous devennent Mathematiciens»: Je pourrois dire autant de bien des autres arts.

 Je n'entrerois ici a detailer les livres necessaries pour comprendre cette science; le Maitre habile doit les faire connoitre a son eleve
Je ne puis pas cacher un ouvrage de cette Science qui est publié
depuis peu avec ce titre «Elemens de l'Art Militaire Antien
et Moderne. Par M. Cugnoz Antient Engineur. Paris: 1766»;
Les connoisseurs en font un grand cas: & ce livre pourra
servir pour l'education que je viens de tracer.

Morale Droit Naturel et Civil
Seconde Partie de l'Education d'un Seigneur Russe

 Heureusement, Monseigneur, que Vous avez trouve le
digne Mr Schouplin pour diriger les Etudes de Messieurs Vos
Cheres Enfants: Lui qui connoit le prix de ces matieres
indiquèes dans le titre aura sans doute pris un soin particulier de les faire en instruire: Je ne bornerois donc a l'
application de ces connoissances que seront exercées en Russie.
Surement que par la Constitution de cet Empire
Le Souverain est l'unique loi: Malgrè l'<u>Oulogenie</u>

f. 69f. Sem motivo aparente, Machado transfere a transcriçâo das ùltimas
linhas da folha 68v. para o início da página com a transcriçâo da folha
69f (veja-se p. 139, *op. cit.*).
1. 2. autres arts; Machado: autre arts.
1. 4. son eleve; Machado: son eleve. (com ponto onde nâo há no ms.).
1. 7. Antient Engineur (cf. l. 6, Antient); Machado: Annent Engineur.
1. 8. & Ce livre; Machado: & ce livre. 1. 13. Vos; Machado: vos.

Malgré les OUKAZI de Pierre le Grand & de ses successeurs, le Souverain est le Maître de les abroger. ~~a été revoké~~ La proprieté des biens n'est pas connûe, comme aussi la liberté, parmi les sujets, que par grace & privilege. Les biens des Seigneurs anciennement étoient en fief: Pierre le Grand par sa grandeur d'âme ~~les~~ les a rendus Allodiaux, ou en propre: C'a été grace: mais ce n'est pas loi constitutive de l'Empire.

Il semble alors que dans une telle Constitution la Morale, le Droit Naturel, et le Civil y sont superflus. Le Souverain ne s'est jamais departi de sa Jurisdiction, jamais il l'a deposé entre les mains du Senat, ou de quelqu'autre Tribunal pour executer, & garantir les loix ou les Ukazk.

~~Cependant~~ Malgré ~~cette~~ l'inflexibilité de cette Constitution de l'Empire, la propriété & la liberté fait des progrès quoiqu'insensibles, et il ne tardera pas un Siecle, que les biens de la Societé ne se montrent avec eclat.

L'etat d'esclavage & de servitude est violent: La Nature violentée chaque jour fait ses efforts pour acquerir son etat naturel d'aisance, pour se conserver plus long tems.

Le premier chef ou Conquerant de Russie ayant conquis avec sa troupe ses voisins, ceux-ci se lui rendirent esclaves.

C'est

Maigre les <u>Oukazi</u> de Pierre le Grand & de ses successeurs,
Le Souverain est le Maitre de les abroger. La
<u>propriete</u> des biens n'est par connûe, comm aussi la <u>liberté</u>,
parmi les sujets, que par grace & privilege. Les biens des
Seigneurs antiennement etoient en fief: Pierre le Grand par
Sa grandeur d'ame les a rendus Allodiaux, ou en
propre; C'a eté grace: mais ce n'est pas loi constitutive
de l'Empire.

    Il semble alors que dans une telle constitution la Morale, le Droit Naturel, et le Civil y sont superflus. Le Souverain ne S'est jamais departi de Sa Jurisdiction, jamais il l'a deposé entre les mains du Senat, ou de quelqu'autre Tribunal pour executer, & garantir les lois ou les указы.

    Malgré l'inflexibilité de cette cons-
titution de l'Empire, la proprieté & la Liberte fait des progres
quoiqu'insensibles, et il ne tarderâ pas un siecle, que ces
biens de la Societé ne se montrent avec eclat.
L'etat d'esclavage & de servitude est violent: La Nature violentèe chaque jour fait les efforts pour acquerir son
etat naturel d'aisance, pour se conserver plus long tems.

    Le premier chef ou conquerant de Russie ayant conquis
avec sa troupe ses voisins, ceux-ci se lui rendirent esclaves,

---

1. 3. propriete ... liberté; Machado: propriete ... liberté (com itálicos, em vez de sublinhado). 1. 11. S'est; Machado: s'est.
1. 13. указы; Machado: ази [azi], com omissào da letra inicial y e erro na interpretação do sinal que representa a letra к. É de notar que a forma correspondente em francês é a palavra Oukasi, que ocorre na primeira
linha da mesma pâgina. 1. 21. primier chef; Machado: premier chef.

C'est adire, lui rendiront ses biens, tout leur pouvoir, et liberté a condition de leur Sauver la vie : ~~les quels~~ Presque toutes les Monarquies eurent les memes principes.

    Le Souverain alors tant par son propre interet, Comme pour satisfaire au Contract d'esclavage, epargna toujours la vie de Ses Sujets esclaves. La Loi de Pierre le Grand par la quelle il defend au Seigneur de tuer Son esclave, n'est pas vn effet de Sa clemence : C'est rendre justice a l'esclave. Le Souverain meme n'en est pas le Maitre, pendant qu'il conservera son innocence; il a fait present de tout ce qu'il avoit de cher et estimable a Son chef Conquerant, ou Ses ancetres, a condition de lui conserver la vie : il l'a conservé dans Ce moment là ; alors Sans injustice Ce meme chef ne peut pas l'en priver, pendant qu'il ne se rendra coupable.

    Lors que les Souverains de Russie (principalement depuis que la Maison Romanow monta sur le trône) Commencerent a faire des loix a faveur de Ses Sujets, Leur accordant faire donations entre vivans, faire testamens a faveur des parens, Contracter mariages Sans permission de Leurs Seigneurs, La Loi Naturelle prenoit peu a peu Ses droits & en meme tems relachoit la dureté d'esclavage : Ces graces et Ces privileges augmentent chaque jour en Russie par la Clemence des Souverains c'est a dire, lui rendirent ses biens, tout leur pouvoir, et liberté, a condition de leur sauver la vie: Presque toutes les Monarquies eurent les memes principes.

    Le Souverain alors tant par son propre interet, comme pour satisfaire au Contract d'esclavage, epargna toujours la vie de ses sujets esclaves. La Loi de Pierre le Grand par la quelle il defend au Seigneur de tuer son esclave, n'est pas un effet de sa clemence: C'est rendre justice a l'esclave: Le Souverain meme n'en est pas le Maitre, pendant qu'il conservera son inocence; il a fait present de tout ce qu'il avoit de cher et estimable a son chef conquerant, ou ses ancetres, a condition de lui conserver la vie: il l'a conservé dans ce moment là; alors sans injustice ce meme chef ne peut pas l'en priver, pendant qu'il ne se rendra coupable.

    Lors que les Souverains de Russie (principalement depuis que la Maison Romanow monta sur le trône) commencerent a faire de loix a faveur de Ses Sujets, Leur accordant faire donations entre vivans, faire testamens a faveur des parens, contracter mariages sans permission de Leurs Seigneurs, La Loi Naturelle prenoit peu a peu ses droits & relachoit au meme tems la dureté d'esclavage: ces graces et ces privileges augmentent chaque jour en Russie par la clemence des Souve-

1. 15. rendra; Machado: rendra. 1. 18. Ses Sujets, Leur (cf. Lors, 1. 15) ; Machado: ses sujets, leur. 1. 20. Leurs (cf Lors, 1. 15); Machado: leurs.
11. 20-21. La Loi Naturelle (cf Lors, 1. 15); Machado: la Loi Naturelle. 1. 21. relachoit au meme tems; Machado: au meme tems relachoit (ordem invertida)

rains, & autant que le Ministere, & les Courtisans seront plus eclairés, et plus instruits dans les droits de l'humanité, et de la saine Politique, ces graces et privileges seront bien plus frequens. Seulement l'ignorance de ces deux droits, seulement la mauvaise et barbare Education sont cause de la tyranie & du esclavage le plus dure : ~~Les Courtisans & les~~ Quand les Souverains ne parleront qu'avec des Ministres & des Courtisans bien elevés, et bien instruits, on peut esperer que leurs esprits Contracteront le meme tour de penser, et d'agir.

Comme la Noblesse Russe est destinée à sieger dans les Tribunaux de Judicature, dans le Senat, College de Guerre, & Aumirauté & dans les Gouvernemens des Provinces, Comme Elle est destinée egalement à servir la Cour, non seulement dans ses grandes Charges, mays encore dans Celles du Ministere tant dans l'Empire, Comme dans les Cours Etrangeres, il faut ~~que~~ que dans l'education d'un Seigneur Russe entre la Morale, le Droit Naturel, le Civil & le Politique : qu'il en scache les principes, & qu'il les apprenne autant qu'il sera possible par la practique des Tribunaux.

Mais le Maitre qui doit montrer ces Connoissances ne doit pas être un Yxитель : il faudra chercher un homme instruit

70v

rains, & autant que le Ministere & les Courtisans seront plus
eclairés, et plus instruits dans les droits de l'humanite, et de
la saine Politique, ces graces et privileges seront bien plus frequens
Seulement l'ignorance de ces deux droits, seulement la mauvaise
et barbare education sont cause de la tyranie & du esclavage
le plus dure: Quand les Souverains
ne parleront qu'avec des Ministres & des Courtesans bien
elevés, et biens instruits, on peut esperer que leurs esprits
contracteroient le meme tour de penser, et d'agir.

 Comme la Noblesse Russe est destinée a sieger dans
Les Tribunaux de Judicature, dans le Senat, College de Guerre, &
Aumireauté & dans les Gouvernemens des Provinces, comm'Elle est
destinée egalment a servir la Cour, non seulement dans Ses
grandes charges, mais encore dans Celles du Ministere
tant dans l'Empire, comme dans les Cours Etrangeres, il
faut que dans l'education d'un Seigneur
Russe entre la <u>Morale</u>, le <u>Droit Naturel</u>, Le <u>Civil</u> & le
<u>Politique</u>: qu'il en sache les principes, & qu'il les apprend
autant qu'il sera possible para la practique des Tribunaux.

 Mais le Maitre qui doit montrer ces connoissances ne
doit pas étre un учител: il faudra chercher un homme ins-

---

1. 8. biens; Machado: omissão da palavra. 1. 11. Les; Machado: les.
1. 13. Ses (cf. 1. 13, Senat); Machado: ses. 1. 14. Celles (cf. 1.
13, la Cours,
1. 15, les Cours); Machado: celles.
1. 21. учител; Machado:11 Чител [tchitiel] (omissão da leitura da
primeira letra da palavra, uso impróprio do maiúsculo).
1. 21. ins-; Machado: omissão do fim da última linha da folha 70v.

instruit, & qui auront été employé aupres quelque Ambassadeur, ou aupres quelque Tribunal, non seulement pour Conserver les principes qu'on a appris dans l'Université, mais pour augmenter les deve= loper par la practique, par la lecture de bons Auteurs (& les bons en sont rares) et par la Conversation d'un homme rompu dans les affaires politiques et Civils d'Europe: Un tel homme s'il auroit au meme tems les qualités du Coeur avec un hant pour aimer, & se faire aimer, Seroit un tresor dans Votre Maison Monseigneur: Il Seroit l'ami, le Directeur de la vraye & la Solide instruction, qui est en verité si rare.

   Je voudrois que le Jeune Seigneur alla seul ou accom= pagné à entendre debout derriere les Sieges des Senateurs, & Presidens de Colleges, les affaires Contentieuses qui s'y traitent et de Suivre une meme Cause, et un meme affaire civil, e= =conomique, ou Criminel depuy le Commencement de la procedu= re jusqu'a la fin: En Dinamarc cette loi est en vigueur: La Jeune Noblesse aprys avoir fait ses etudes dans les Droits, est obligée de frequenter les Tribuneaux du Royaume Comm. Audi= teurs.   Cette practique produiront dans l'esprit de ce Jeune Seigneur des effets considerables pour son bonheur & de sa patrie Il fairoit alors plus de Cas de Sa langue que des Etrangeres,

              il

instruit, & qui auroit eté employé aupres quelque Ambassadeur, ou aupres quelque Tribunal, non seulement pour conserver les principes qu'on a appris dans l'Université, mais pour les developer par la pratique, par la lecture de bons Auteurs (& Les bons en sont rares) et par la conversation d'un homme rompu dans les affaires politiques et civils d'Europe: Un tel homme sil auroit au meme tems les qualités du Coeur avec un liant pour aimer, & se faire aimer, seroit un tresor dans Votre Maison Monseigneur: Il seroit l'ami, le Directeur de la vraye & la solide instruction, que est en venté si rare.
Je voudrois que le Jeune Seigneur alla seul ou accompagné a entendre debout derriere les Sieges des Senateurs, & Presidents de Colleges, les affaires contentieuses qui s'y traitent et de suivre une meme cause et un meme affaire civile, e= conomique, ou criminel depuis le commencement de la procedure jusqu'a la fin: En Dinamarc cette loi este en vigeur: La Jeune Noblesse apres avoir fait ses etudes dans les Droits, est obligèe de frequenter les Tribunaux du Royaume comm'<u>Auditeurs</u>.

    Cette pratique produiroit dans l'esprit de ce Jeune Seigneur des effects considerables pour son bonheur & de sa patrie Il fairoit alors plus de cas de sa langue que des Etrangeres;

1. 5. Les bons; Machado: les bons. 1. 7. sil; Machado: s'il.
1. 12. Sieges (cf. Senateurs, na mesma linha); Machado: sieges.
1. 16. vigeur; Machado: vigueur. Il. 18-19. <u>Auditeurs</u>; Machado: Auditeurs (sem sublinhado).
1. 20. Cette (a iniciar um novo parágrafo); Machado: sem início de novo parágrafo com a palavra Cette.

il l'apprendroit & l'entendroit plus facilement que par la lecture, il viendroit dans la Connoissance des Loix, des usages de sa patrie, il viendroit dans la Connoissance des revenus, de depenses de L'Empire, & sur tout, il seroit rempli du merite des hom= mes respectables qui sont a la tête des affaires.

On pourra s'appliquer a l'Art de guerre, de la ma= niere marquée ci dessus, & au meme tems a l'Instruction du Droit Naturel et Civil avec la practique ci dessus mentionnée on trouvera asses du tems, si on aura envie de le mena= ger, & de profiter.

### L'Art de se rendre aimable
#### Troisieme Partie de l'Education d'un Jeune Seigneur

Si la Noblesse Russe seroit seulement destinée a servir la Cour, peut etre que l'education françoise seroit suffisante, pour remplir sa destination : Mais un *****  ne formera jamais plus qu'un singe d'un galant homme, digne de servir Une Cour. Les pauvres Peres qui ne Connoissent en quoi Consis= te l'education admirent les Singeries de Contorsions et des reverences de son enfant avec une volubilité de langage que le fils entend si peu Comme son Pere; tout ebahi!

Le Feu Prince Kourakin Grand Ecuyer, sçachant ce qui etoit

il l'apprendroit & l'entendroit plus facilement que par la lecture, il viendroit dans la connoissance des Loix, des usages de sa patrie, il viendroit dans la connoissance des revenues, de depenses de L'Empire, & sur tout, il seroit rempli du merite des hom
mes respectables que sont a la tete das affaires.

On pourra s'appliquer a l'Art de guerre, de la maniere marquèe ci dessus & au meme tems a l'Instruction du Droit Naturel et Civil avec la practique ci dessus mentionée; on trouvera asses du tems, si on aurâ envie de le menager, & de profiter.

L'Art de se rendre aimable
Troisieme Partie de l'Education d'un Jeune Seigneur
Si la Noblesse Russe seroit seulement destinèe a server la Cour, peut etre que l'education francoise, seroit suffisante, pour remplir sa destination: Mais un учитель ne formerá
jamais plus qu'un singe d'un galant homme, digne de servir une cour: les pauvres Peres qui ne connoissent en quoi consiste l'education admirent les singeries de contorsions et des reverences de son enfant avec une volubilité de langage que le fils entend si peu comme son Pere; tout ebay!

Le Feu Prince Kourakin Grand sçachant ce qui

1. 2. Loix; Machado: Lois. 1. 12. Jeune Seigneur; Machado: Seigneur Russe (*sic!*). 1. 13. destinèe; Machado: destinè. l. 14. francoise; Machado: françoise.
l. 15. учитель; Machado: Читель, omissão da letra inicial, emprego impróprio de maiúsculo.

etoit la Cour, si Orageuse de son tems, et qui elle etoit la Cause de la perte des Maisons, par le luxe, par le jeu, & par les intrigues, s'est determiné de faire inscrire Soldat aux Gardes, son fils unique a l'age de douze ans. Dans l'intention (me faisoit-il l'honneur de dire) qu'il lui donneroit une education plus mâle & moins dissipée que s'il le mettroit a la Cour. La mort l'a enlevé peu de tems apres, & son fils entra a la Cour a la fin, pour le derangement de sa maison.

    Cet exemple montre bien qu'un Seigneur Russe doit etre elevé, tel qu'il puisse servir la Cour: Il faut qu'il possede en quelque degré Cet art si estimé en France, se rendre aimable: se coiffer, dancer, prendre sa place dans les Cercles, a table, ni dire, ni faire chose qui blesse les usages, les Coutumes reçûs, ni encore meme en son habillement, son mantient & sa marche: tout doit etre arangé a la volonté de la Compagnie: aprendre Cet art au dernier degré en Russie, C'est difficile, les bals, les souppers, et les Cercles de Dames y etant plus rares qu'a Paris; Cependant, Ces lieux sont les meilleures ecoles pour devenir gradué dans l'art de plaire.

    Pendant ce temps là on doit faire plus grand cas de l'exercice du manège a la Cour & s'y exercer aussi souvent que ses functions lui permettront. tout le monde connoit la necessité, & utilité de Cet excellent exercice en tous les differens etats d'un Gentilhomme au service de sa patrie.

etoit la Cour, si orageuse de son tems, et qu elle etoit la cause de la perte des Maisons, par le luxe, par le jeu, & par l'intrigues, s'est determine de faire inscrire soldat aux Gardes, son fils unique a l'age de douze ans: Dans l'intention (me faisoi-t-il l'honneur de dire) qu'il lui donneroit un'education plus mâle & moins dissipèe que s'il le mettroit a la Cour: La mort l'a enlevè peu de tems apres, & son fils entra a la Cour a la fin, pour le derrangement de sa maison.

Cett'exemple montre bien qu'un Seigneur Russe doit etre elevè, tel qu'il puisse servir la Cour: Il faut qu'il possede en quelque degre cet'art si estimè en France, <u>se rendre aimable</u>: Se coiffer, dançer, prendre sa place dans les Cercles, a table, ni dire, ni faire chose qui blesse les usages, les Coutumes vecûs, ni encore meme en son habillement, son mantient & sa marche: tout doit etre arrangé a la volonté de la compagnie: apprendre cet'art au dernier degré en Russie, c'est difficile; Les bals, les souppers, et les cercles de Dames y etant plus rares qu'a Paris; cependant, ces lieux sont les meilleures écoles pour devenir gradué dans l'art de plaire.

Pendant ce temps là on doit faire plus grand cas de l'exercice du <u>manège</u> a la Cour & s'y exercer aussi souvent que ses functions lui permettront: tout le monde connoit la necessite, & utilite de cett'excellent exercice en tous les differens etats d'un Gentilhomme au service de sa patrie.

1. 1. et qu elle; Machado: et qui elle. 1. 2. Maisons; Machado: maisons. 1. 12. Cercles; Machado: cercles. l 13. Coutumes; Machado: coutumes (cf. Cour, 11. 5, 6, 8 supra). 1. 16. en Russie; Machado: en Russe. 1. 18. meilleures écoles; Machado: meilleurs écoles. 1. 20. temps là; Machado: tems lâ.

Voila pour l'exterieur, & pour ce qui regarde l'art de plaire: Mais pour jouër le role de Courtisan, il faut bien d'autres talens: Il faut connoitre l'homme a fond; animal le plus pernicieux entre tous les animaux, quand il est ignorant & feroce, ou Simulé: il est le meilleur de tous les vivans douüa des vertus agreables et bienfaisantes a Soi & aux autres. Le Courtisant traite avec des hommes composés de ce melange de vices, et de vertus. Il y faut de l'intelligence, de la prudence, du Secret, et de pacience, qui est le plus difficile dans le feu de la Jeunesse: Dans les Memoires de l'Histoire, & dans quelques Histoires, on peut lire & mediter les fonctions des Courtisans, & leur conduite, & un Jeune Seigneur ne perdra pas Son tems, S'il a parvenu a connoitre ce que est ce sejour, Si Seduisant pour Ceux, qui ne le connoissent pas. Ce, qui est la Cour.

 Il me semble, que Si la Bibliotheque d'un Courtisan Seroit composée des livres dont je mettrai ici le titre, qu'il epargneront beaucoup du tems & de peines en lisant d'autres.

 Toutes les Oeuvres de Plutarche par Dacier, &
  Amelot.
 Les Oeuvres de Tacite par Amelot de la Haussaye
 Science du Gouvernement par St Real. 8 volumes
  in 4°. ouvrage nouvellement Sorti de la presse
 On y trouve les Connoissances en general, pour un Courtisan

          pour

Voila pour l'exterieur, & pour ce qui regarde l'art de plaire:
Mais pour jouer le role de Courtisan, il faut bien d'autres talens:
Il faut connoitre l'homme a fond; animal le plus pernicieux entre tous les animaux, quand il est ignorant & feroce, ou simulé:
il est le meilleur de tous les vivans douüê des virtus agreables
et bien faisants a soi & aux autres. Le Courtisant traite avec
des hommes composes de ce melange de vices, et de vertus. Il y faut
de l'intelligence, de la prudence, du secret, et de pacience, qui
est le plus difficile dans le feu de la Jeunesse: Dans les Memoires
de l'Histoire, & dans quelques Histoires, on peut lire & mediter
Les fonctions des Courtisans, & leur conduite, & un Jeune Seigneur
ny perdra pas son tems, s'il a parvenu a connoitre ce qui
est ce sejour, si seduisant pour ceux, qui ne connoissent
ce, qui est la Cour.

 Il me semble, que si la Biblioteque d'un courtisan
seroit composée des livres dont je mettrai ici le titre, qu'il epargne-
roit beaucoup du tems & de peines en lisant d'autres.
    Toutes les Oeuvres de Plutarche par Dacier, &
    Ameloz.
    Les Oeuvres de Tacite = par Ameloz de lá Haussaye
    Science du Gouvernement par St. Real. 8 volumes
    in 4° / ouvrage nouvellement sorti de la presse
On y trouve des connoissances en general pour un courtisan

1. 5. virtus (cf. 1. 5, vivans, 1. 7, vices); Machado: vertus.
1. 9. Jeunesse; Machado: jeunesse (cf. Jeune Seigneur, 1. 11 *infra*).
1. 11. Les fonctions; Machado: les fonctions.
1. 12. ny; Machado: n'y. 1. 14. Cour; Machado: cour.

pour Un Ministre Etranger, & pour Un Secretaire d'Etat.

 Le danger des emplois de la Cour est d'y contracter l'aversion pour le travail, pour la reflexion; on tombe dans les vices opposées par la dissipation de mille objets, quelque foy frivoles, par la parure eblouissante, par la musique, par le theatre, quelque fois par la debauche; on tombe dans l'habitude de se lever tard, puis qu'on entre au lit a deux & a trois heures apres les Souppers. L'Economie sans ordre on tombe en dettes, on est reduit a des extremités. on souhait alors des changemens pour redresser ses affaires ruinnées, & le plus souvent pour changer son etat.

 Pour eviter ces dangers il faut s'efforcer de plus en plus que l'education de la Jeune Noblesse Soit la plus vertuese & la plus active: Et ce sera tout ce que je fais intention de detailler ci dessous.

## L'Economie civile & Politique de l'Empire de Russie, Quatrieme Partie de l'Education d'Un Seigneur Russe

 La Constitution de l'Empire de Russie demande que Sa Noblesse soit plus instruite dans l'Economie Politique, & particuliere, que celle du reste de l'Europe Tous ses Puissances ont devenüe Marchandes: La guerres se font de nos jours pour acquerir
le

pour Un Ministre Etranger, & pour Un Secretaire d'Etat.

Le danger des emplois de la Cour est d'y contracter l'aversion pour le travail, pour la reflexion; on tombe dans les vices opposées par la dissipation de mille objets, quelque fois frivoles, par la parure eblouissante, par la musique, par le theatre, quelque fois par la debauche; on tombe dans l'habitude de se lever tard, puis qu'on entre au lit a deux & a trois heures apres les souppers: L'Economie sans ordre on tombe en dettes, on est reduit a des extremités: on souhait alors des changements pour redser ses affaires ruinnés, & le plus souvent pour changer son ètat.

Pour eviter ces dangers il faut s'efforcer de plus en plus que l'education de la Jeune Noblesse soit la plus vertuese & la plus active: Et ce sera tout ce que je fais intention de detailler ci dessous.

 L'Economie civile & Politique de l'Empire de
   de Russie,
 Quatrieme Partie de l'Education d'un Seigneur Russe

La Constitution de l'Empire de Russie demande que sa Noblesse soit plus instruite dans l'Economie Politique, & particuliere, que celle du reste de l'Europe Tous ses Puissances ont devenû Marchandes: La guerre se font de nos jours pour acquerir

1. 1. Un Secretaire; Machado: un Secretaire (cf. Un Ministre, na mesma linha). 1. 10. ruinnès; Machado: minnés.
1. 12. vertuese; Machado: vertueuse. 1. 19. sa Noblesse; Machado: la Noblesse.

commer le plus étendû & le plus lucratif. Les Ministres Etrangers ne Sont occupés que de Traités de Commerce: Une Puissance calcule aujourdhui Sa Recette & Sa Depense comme Un Banquier & Un Marchand; Si Elle ne vend pas plus a l'Etranger, que Ce qu'Elle en achette, Elle envisage Sa perte, & Sa des-truction. Il faut donc que les Seigneurs Russes en charge soient au fait de Ces moyens de gouverner les Etats plus que Ceux des autres Puissances. Supposons que la Russie pour acheter de l'Etranger, que ce qu'Elle Lui vend, vient à manquer de revenûs. Elle ne pourra pas augmenter les impots Sur Les paysans Esclaves au delà de 70 Kepeks; car alors Ce seroit Les mettre dans la necessité ou de deserter, ou de n'etre pas payée: Mais Supposons que la necessité presse; Il faut alors que les Seigneurs de terres fournissent les fonds pour remédier aux necessités, telles qu'elles pourront arriver: Ils donneront double et triple recrues, ruineront leurs villages; Seront obligés de les nourrir, habiller, Conduire pendant la premiere, ou Seconde annèe: Ce fardeau ne tombera pas immediatement sur le peuple, Comme dans les Royaumes d'Europe: Il tombera uniquement Sur les Seigneurs de terres.

Un Seigneur Russe par la meme Constitution doit Etre plus Econome, que quelque autre d'Europe: Un Seigneur.

le commerce le plus étendû & le plus lucratif: Les Ministeres Etrangers ne sont occupés que de Traitès de Commerce: Une Puissance calcûle au jourdhui sa Recette & sa Depense comme un Banqueur & un Marchand; S'Elle ne vend pas plus que a l'Eranger, que ce qu'Elle en achette, Elle envisage sa perte, & sa des-
= truction. Il faut donc que les Seigneurs Russes en charge soient au fait de ces moyens de gouverner les Etats plus que ceux des autres Puissances: Supposons que la Russie pour acheter plus de l'Etranger, que ce qu'Elle Lui vend, vient a manquer de revenûs: Elle ne pourra pas augmenter les impots sur Les paysans Esclaves au delà de 70 Kepeks; car alors ce seroit Les mettre dans la necessitè ou de deserter, ou de n'etre pas payée: Mais supposons que la necessité presse; Il faut alors que les Seigneurs de terres fournissent les fonds pour remedeer aux necessités, telles que'elles pourront arriver: Ils donneront double ou triple recrues, ruineront leurs villa-ges; Seront obligés de les nourrir, habiller, conduire pen-dant la primiere, ou second annèe: Ce fardau ne tom-bera immediatement sur le peuple, comme dans les Royau-mes d'Europe: il tombera uniquement sur les Seigneurs de terres.

Un Seigneur Russe par la meme constitution doit étre plus Econome, que quelque autre d'Europe: Un Seigneur

1. 2. Traitès; Machado: Traités. 1. 6. Seigneurs Russes; Machado: seigneurs Russes.
1. 9. Lui; Machado: lui. 1. 11. Les paysans; Machado: les paysans (cf. Les Ministeres, 1. 1).
1. 12. Les; Machado: les (cf. Les Ministeres, 1. 1).
1. 18. primiere... annèe; Machado: premiere... année. 1. 23. étre; Machado: etre.

François, ou Alemand Catholique peut placer sa famile en trois ou quatre etats differents, sans ruiner sa maison: Il place un fils dans le Militaire, le Cadet dans l'Etat Ecclesiastique ou devient Chanoine, Evêque, Abbé Commendataire: Le Troisieme dans les Parlemens; Les Filles dans les Couvents ou Abbayes Royalles.

Un Seigneur Russe est destitué de toutes ces avantages: En France & en Alemagne les Grandes Maisons ont plusieurs biens Substitués, qui ne peuvent pas être alienés que par Crime d'Haute traison. en Russie les Substitutions sont inconnües: si le Pere a detruit sa maison ses terres sont vendues pour payer les Creanciers.

En France, et en Alemagne La Noblesse fait élever ses enfans de deux Sexes dans les Colleges, dans des Couvens, avec très peu de depense: En Russie il faut qu'un Seigneur les éleve avec des depenses Considerables.

Par ces raisons, & bien d'autres, qu'il ne faut pas detailler ici, Un Seigneur Russe doit etre elevé avec toute la Connoissance possible de l'Economie particuliere, celle de et de l'Etat.

Les

Francois, ou Alemand Catholique peut placer sa famille en trois ou quatre etats differents, sans ruiner sa maison: Il place un fils dans le Militaire, le Cadet dans l'Etat Ecclesiastique ou devient Chanoine, Eveque, Abbé Commandataire: Le Troisieme dans les Parlemens; Les Filles dans les Couvents ou Abbayes Royalles.

Un Seigneur Russe est destitué de toutes ces avantages: En France & en Alemagne les Grandes Maisons ont plusieurs biens <u>substitués</u>, qui ne peuvent pas etre aliénés que par crime d'Haute traison: en Russie Les substitutions sont inconnues: Si Le Pere a detruit sa maison ses terres sont vendues pour payer les Creanciers.

En France, et en Allemagne Les Noblesse fait élever ses enfans de deux sexes dans des Colleges, dans des Couvens, avec tres peu de depense: En Russie il faut qu'un Seigneur les éleve avec de depenses considerables.

Par ces raisons, & bien d'autres, qu'il ne faut pas detailler ici, un Seigneur Russe doit etre elevé avec toute la connoissance possible de l'Economie particuliere, et de celle de l'Etat.

1. 1. Francois... Catholique; Machado: François... catholique (cf. Cadet, 1. 3, Chanoine, 1. 4 *infra*).
1. 11. Le Pere; Machado: le Pere. 1. 13. Les Noblesses; Machado: les Noblesses.
1. 14. des Colleges; Machado: les Colleges. 1. 15. des Couvens; Machado: les Couvens.

Les Regles Economiques pour regler Une Maison, & Un Empire sortent d'un seul principe connû de Caton Censorin dans son livre d'Agriculture,, Il sied, & il convient ,, Dit ce Senateur, à un Pere de famille vendre, & faire ,, vendre autant qu'il lui sera possible, & d'acheter le ,, moins qu'il pourra.

On a negligeé jusqu'à present dans l'education de la Noblesse l'art de tenir livres de Recette & de Depense, qu'on peut apprendre en trois leçons par un habile Commis de Marchand, quand on est instruit dans l'Arithmetique ordinaire: Les Romains connoissoient Cet Instruction, & la practiquoient, malgré leurs grandes richesses, & leurs grandes possessions. La Constitution de Leur Republique & de leur Empire en etoit la Cause.

Un Jeune Chevalier, ou Patricien, devenû Centurion, ou au grade semblable à Celui de nos Colonels, vouloit se distinguer, & monter aux phy qui etoient ceux eclatans employs, de Pricteur, de Consul, et de Censeur.

Les Regles Economiques pour regler une Maison, & un Empire sortent d'un seul principe connû de Caton Censorin dans son livre d'Agriculture «Il sied, & il convient», dit ce Senateur, «a un Pere de famile vendre, & faire vendre autant qu'il sera possible, & d'acheter le moins qu'il pourra».

On a negligoit jusqu'a present dans l'education de la Noblesse l'art de tenir livres de <u>Recette</u> & de Depense, qu'on apprendre en trois leçons par un habile Commis de Marchand, quand on est instruit dans l' Arithmetique ordinaire: Les Romains connoissoient cet' Instruction, & la practiquoient, malgré leurs grandes richesses, & leurs grandes possessions. La Consti= tution de Leur Republique & de leur Enpire en etoient la cause.

Un Jeune Chevalier, ou Patricien, devenû Centurion, ou au grade semblable a celui de nos Colonels, vouloit se distinguer, & montrer aux plus eclatans emplois, qui etoient ceux de Preteur, de Consul, et de Censeur.


1. 1. Regles Economiques; Machado: regles Economiques.
11. 1-2. Une Maison & Un Empire; Machado: une maison & un Empire. 1. 4. Senateur; Machado: senateur.
11. 12-13. Constitution; Machado: constitution.

Il se presentoit candidat dans l'Assemblée du Peuple Romain, qui donnoit les emplois & les charges de la Republique; Il demandoit être <u>Questeur</u>, qui correspond à nos <u>tresoriers</u> du tresor Royal, du tresor de l'Armée, &ª

    Leur devoir principal, et le plus difficile, C'etoit de provisionner un armée de tout ce qui lui étoit necessaire en Campagne & en quartiers : S'il rendoit ses Comptes a la Satisfaction du Senat, il avoit l'entrée de Cet Auguste Corps, & il avoit franchi le chemin pour arriver aux plus hautes dignités

    Si les Romains jugeoient des Jeunes Seigneurs Comme nous en jugeons aujourdhui, il éliroient pour tresoriers de leur Revenûs, e de leurs depenses d'Etat, Un Riche Citoyen ou Patricien, homme au dela de Cinquante ans, prudent, menager, et nullement guerrier

    Mais les Romains pensoient mieux que nous. Voici leur raisonement Sur la Questure exercée par des Jeunes officiers... Ou Ce Jeune homme Sortira de Cette epineuse charge avec honneur & integrité, ou non? S'il en Sortira avec honneur & reputation, nous ~~avons le~~
                                            preuve
                                            Sommes

Il se presentoit candidat dans l'Assemblée du Peuple Romain, qui donnoit les emplois & les charges de la Republique; Il demandoit étre <u>Questeur</u>, qui correspond a nos <u>tresoriers</u> du tresor Royal, du tresor de l'Armèe, &[a].

Leur devoir principal, et le plus difficile, c'etoit dé provi= sionner un'armèe de tout ce qui lui étoit necessaire en campagne & en quartiers: S'il rendoit ses comptes a la satisfaction du Senat, il avoit l'entrèe de cet Auguste corps, & il avoit franchi le chemin pour arriver aux plus hautes dignités.

Si les Romains jugeroient des Jeunes Seigneurs comme nous en jugeons aujourdhui, ils eliroient pour tresoriers de Leur Revenûs, e de Leurs depenses d'Etat, un Riche Citoyen ou Patricien, homme au delà de Cinquante ans, prudent, menager, et nullement guerrier

Mais les Romains pensoient mieux que nous. Voici leur raisonement sur la <u>Questure</u> exercée par des Jeunes officiers: ou ce Jeun homme sortira de cette epineuse charge avec honneur & integrité, ou non? S'il en sortira avec honneur & reputation, nous

11. 5-6. dé provisionner; Machado: d'éprovisionner.
1. 13. Revenûs; Machado: revenûs. 1. 13. Leurs depenses; Machado: leurs depenses.
1. 14. Riche Citoyen; Machado: riche citoyen.
1. 15. Cinquante; Machado: cinquante. 1. 18. Jeune; Machado: jeune.

sommes assurés de sa Capacité, de sa diligence & de son integrité. Un jeune guerrier, lui mettre de l'argent de l'Etat entre les mains, le manier, l'employer, & en rendre Compte avec honneur, C'est la plus rude epreuve que nous pourrions faire de ses talens.

S'il n'avoit pas satisfait a son devoir, La Republique en lui fermant la porte des emplois, auroit gagné beaucoup. Connoitre a fond un homme, ou mal adroit, ou infidele, Convenoit extrement a un senat Comme le Romain.

Voila que dans l'education distinguée des Romains, il entroit l'art des livres de Recette & Depense a l'aide des quels, on gouverne une grande maison, & un Puissant Etat.

La Constitution de l'Empire de Russie demande necessairement que Cet art entre dans son education, a fin de l'exercer dans la Maison Paternelle et dans les emplois ou il faut recevoir & depenser les deniers de la Couronne.

Si j'aurois un Jeune seigneur a conduire dans son

75v

sommes assurés de sa capacite, de sa diligence & de
son integrité: Un jeune guerrier Lui mettre de l'argent
de l'Etat entre les mains, les manier, les employer, &
en rendre compte avec honneur, c'est la plus rude
epreuve que nous pourrions faire de ses talens.
 S'il n'avoit pas satisfait a son devoir,
La Republique en lui fermant la porte des emplois, avoit
gagné beaucoup: Connoitre a fond un homme, ou
mal adroit, ou infidele, convenoit extremement a un
Senat comme le Romain.
 Voila que dans l'educaton distinguée des Ro-
mains, il entroit l'art des livres de <u>Recette</u> & <u>Depense</u>
a l'aide des quels, on gouverne une grande maison,
& un Puissant Etat.
 La Constitution de l'Empire de Russie de-
= mande necessairement que cet'art entre dans son educa-
= tion, a fin de l'exercer dans la Maison Paternelle
et dans les emplois ou il faut recevoir & depenser
Les deniers de la Couronne.
 Si j'aurois un Jeune Seigneur a conduire

1. 2. Lui; Machado: lui. 1. 10. Senat; Machado: senat.
1. 17. Maison Paternelle; Machado: maison Paternelle (cf. maison, 1. 13).
1. 19. Les deniers; Machado: les deniers. 1. 20. j'aurois; Machado: j'auroit.

~~son dodaou~~, je conseillerai qu'il lui fut permis de prendre sous sa direction la depense de toutes les tables de sa maison, batterie de Cuisine, bois, charbon, Linge, toute Sorte de boissons. Quand il auroit obtenu cette permission, il prepareroit Un livre blanc rayé, et numeroté, avec un Index, a l'imitation de Ceux des Marchands avec le titre: Recette et Depense

Chaque jour à un heure determinée, il demanderoit au Maitre d'Hotel les Comptes de tous les achats, de toutes les provisions depuis un Certain tems, tant Celles achetées ~~avec~~ argent Comptant, ou a Credit, Comme Celles fournies par les Villages appartenans à la maison.

En tres peu d'articles il pourroit marquer en Son livre tout le detail demande au Maitre d'Hotel.

Quand il seroit familiarisé dans Cet exercice, il prendroit soin Ses Soeurs l'autre partie de l'Economie qui regarde l'habillement, la parure & les meubles; & Il viendroit dans la Connaissance de la depense, & au meme tems de toute ce qu'il faut pour Conserver une maison, Si Le Pere chaque année determineroit une Certaine Somme entre les mains du tresorier pour fournir a Ces deux departemens principaux de l'economie ~~particuliere~~ domestique:

je conseillerois qu'il fut permis de prendre
sous sa de direction la depense de toutes les tables de sa maison
batterie du cuisine, bois charbon, linge, toute sorte de
boissons.

    Quand il auroit obtenu cette permission, il prepareroit
un livre blanc rayé, et numeroté, avec un Index, a l'imitation
de ceux des Marchands avec le titre de <u>Recette</u> et <u>Depense</u>.

    Chaque jour a un heur determinèe, il demanderoit
au Maitre d'Hotel les comptes de tous les achats, de toutes les
provisions depuis un certain tems, tant celles achetées d'argent comptant, ou a credit, comme celles fournies par les
villages appartenans a la maison.

    En tres peu d'articles il pourroit marquer en
son livre tout le detail demande au Maitre d'Hotel.

    Quand il seroit familiairisé dans cet'exercice,
il prendroit sous ses soiens l'autre partie de l'Economie
qui regarde l'habillement, la parure & les meubles; il
viendroit dans la connoissance de la depense, & au meme tems
de tout ce qu'il faut pour conserver une maison, si
Le Pere chaque annee determineroit une certaine somme
entre les mains du tresorier pour fournir a ces deux
departemens principaux de l'economie domestiques

---

1. 2. sa maison; Machado: sa maison:(com pontuação que difere do ms.). 1. 14. Maitre d'Hotel; Machado: Maitre d'Autel (*sic*! cf. linha 9, *supra*). 1. 15. familiairisé; Machado: familiarisé.
1. 20. Le Pere; Machado: le Pere. 1. 22. domestiques; Machado: domestique.

Les Antiens Perses vivoient heureux, & respectés de leurs Enemis avec ces deux lois. Ne devoir, & ne faire point de dettes. Ne Mentir jamais.

 L'object principal de gouverner Une maison al'aide d'Un livre de Recette & Depense, C'est pour observer la primiere loi : Par Ce moyen on regle Sa depense à proportion de Son revenu; et quand l'esprit dans le primier âge est accoutumé a l'ordre, a l'exactitude, Cet ordre s'en melera en toutes Ses dispositions & il paroitra d'avantage dans Ses emplois.

 Cet instruction de Conserver Un Semblable livre et gouverner Une branche de l'economie particuliere devoit être dirigée par Un Commis de Marchand pendant quelques Semaines: l'habitude rendroit moin penible Ce travail; & apres le primier mois, Cet exercice Lui viendroit agreable; Ce qui Seroit le plus grand bonheur, signe Certain qu'il etoit persuadé de l'Utilité de Cett occupation.

 Je n'ai jamais entendu que le Dames Russes prennent le moindre Soin du menage : En France cette Vertu n'est pas rare, et encore moins en quelques

Sing-

Les Antiens Perses vivoient heureux, & respectés de leurs Enemis avec ces deux lois. Ne devoir, & ne faire point de dettes. Ne Mentir jamais.

L'object principal de gouverner une maison a l'aide d'un livre de <u>Recette</u> & <u>Depense</u>, c'est pour observer la primiere loi: Par de moyen on regle sa depense a proportion de son revenû; et quand l'esprit dans le primier âge est accoutumé a l'ordre, a l'exactitude, cet'ordre s'en melerâ en toutes ses dispositions & il paroitra d'avantage dans ses emplois.

Cet'instruction de conserver un semblable livre et gouverner une branche de l'economie particuliere devoit etre dirigèe par un commis de Marchand pendant quelques semaines: l'habitude rendroit moin penible ce travail; & apres le primier mois, cet exercice Lui viendroit agreable; ce qui seroit le plus grand bonheur, signe certain qu'il etoit persuadé de l'utilité de cett' occupation.

Je n'ai jamais entendu que les Dames Russes prennent le moindre soin du menage: En France cette vertu n'est pas rare, et encore moins en quelques

---

1. 3. Mentir; Machado: mentir. 1. 6. primier; Machado: premier. 1. 14. moin; Machado: moins. 1. 15. primier... Lui; Machado: premier... lui.

Puissances d'Alemagne: Ce ne sera point une raison de ne s'introduire dans un pays, une utilité remarquable s'elle n'existoit auparavant: Il seroit a souhaiter que sexe aimable fusse elevé dans l'economie de la maison qu'elle commande, ou quelcune de ses filles: Le habillement, les meubles, le linge semble etre de leur departement: on y employeroit le tems que plusieurs fois devient enouyeux, et releveroit les vertus aimables, leur fournissant matière à les augmenter.

## Objections Et Reflexions sur le plan d'education proposé ci dessus

On objettera qu'il est impossible qu'un jeune seigneur puisse suffire a autant de leçons de theorie & de practique, a autant de Maitres: que son esprit en sera confondu & brouillé, & qu'il n'aura jamais aucune idée claire

de

Puissances d'Alemagne: Ce ne sera point une raison
de ne s'introduire dans un pays, une utilité remarquable
s'elle n'existoit auparavant: Il seroit a souhaiter que
sexe aimable fusse elevé dans l'economie de la maison
qu'Elle commande, ou quelcune de ses filles: Le habil
lement, Les meubles, Le Linge semble etre de Leur
departement: on y employeroit le tems quê plusieurs
fois devient ennouyeux, et releveroit les vertus aimables, Leur fournissant matiere a les augmenter.

Objections

Et

Reflexions sur le plan d'education propòsé

ci dessûs

On objetterá qu'il est impossible qu'un jeune seigneur
puisse suffire a autant de leçons de theorie & de practique,
a autant de Maitres: que son esprit en sera confundu
& brouillé, & qu'il n'aura jamais aucune idee claire

1. 6. Les..., Le Linge..., Leur; Machado: les..., le linge..., leur.
1. 7. quê; Machado: que. 1. 9. Leur; Machado: leur.
1. 15. suffire; Machado: omissào desta palavra na transcriçâo do ms.

des Ce qu'il apprendra.

Que si un Jeune Seigneur doit avoir Un Engineur pour Lui montrer la theorie & la practique de l'Art Militaire, & au meme tems, Un precepteur homme de Science et d'experience dans les Connoissances de la Morale, de L'Histoire, du Droit Naturel & Civil, frequenter Les Tribunaux, Comme Auditeur; Et un troisieme pour montrer l'Art de tenir le Livre de Recette et Depense avec l'exercice de l'Economie domestique on objettera que le Seigneur n'aura jamais le tems de se faire friser, d'apprendre la dancer, et moins encore la Musique ou Vocale, ou Instrumentalle: Et qu'il faut a son âge quelque fois s'amuser a designer & a peindre ou en portrait, ou quelqu'echantillon Curieux, & rare, de l'Histoire Naturelle.

Que je ne fais pas mention de l'Astronomie, de la Physique Experimentale, et moins encore de la chimie des metaux, ni des arts; que Ces Connoissances sont indispensables dans Un Seigneur qui de ce qu'il apprendra.

 Que si um Jeune Seigneur doit avoir un Engineur pour Lui montrer la theorie & la practique de l'<u>Art Militaire</u>; & au meme tems, un precepteur homme de science et d'experience dans les Connoissances de la <u>morale</u>, de L'<u>Histoire</u>, du <u>Droit Naturel & Civil</u>, frequenter Les Tribunaux, comme auditeur; Et un troisieme pour montrer l'Art de tenir le Livre de <u>Recette</u> et <u>Depense</u> avec l'exercice de l'Economie domestique on objettera que ce Seigneur n'aura jamais le tems de se faire friser, d'apprendre a dancer, et moins encore la musique ou vocale, ou Instrumentalle: Et qu'il faut a son àge quelque fois s'amuser a designer & a peindre ou en portrait, ou quelqu'echantillon curieux, & rare, de l'Histoire Naturelle.

 Que je ne fais pas mention de l'Astronomie, de la Physique Experimentale, et moins encore de la chimie des metaux, ni des arts; que ces connoissances sont indispensables dans un Seigneur

---

1. 1. apprendra; Machado: apprendera. 1. 3. Lui; Machado: lui.
1. 5. Connoissances; Machado: connoissances.
1. 14. en protrait; Machado: un portrait. 1. 18. chimie; Machado: Chimie.

qui doit frequenter les grandes Compagnies, et que les ignorer, tourneroit a son desavantage, Comme si son education avoit ete negligée.

Pour resoudre tant de dificultés, qui sembleront bien fondées a Ceux, qui ne Connoissent que les educations en vogue, il faudra, que je declare auparavant mes intentions dans l'education proposée.

La Russie a pour voisin la Suede a l'Occident & la Grande, & la Petite Tartarie au Levant, & au Sud est. la Suede est un Royaume pauvre par nature. Mais les habitans sont actifs, Courageux, intelligens, & Constans, addonnés depuis Gustave Adolphe a l'Economie domestique, et Politique avec un ardeur, que chose au monde les rebute: La Pragmatique, qu'ils viennent de mettre en execution Contre toute sorte de luxe, montre bien l'esprit altier & indomtable, qui les anime, & dont ils sont capables. Par cette pragmatique les friseurs des cheveux, & la poudre a peruque sont defendüs, et anneantis en Suede. C'est couper racine a la destruction de la Jeunesse, et a la ridiculerie du Siecle: on

unit

qui doit frequenter le grandes Compagnies, et que les ignorer,
tourneroit a son desavantage, comme si son education
avoit ete negligée.

   Pour resoudre tant de difficultés, qui sembleront bien
fondèes a ceux, que ne connoissent que les educations en vogue,
il faudrà, que je declare auparavant mes intentions
dans l'education proposée.

   La Russie a pour voisin la Suede a l'Occident
& la Grande, & la Petite Tartane au Levant, & au Sudest.
Suede est un Royaume pauvre par la nature: Mais les habitans
sont actifs, courageux, intelligens, & constans, addonnès de-
= puis Gustave Adolphe a l'Economie domestique, et Politique
avec un ardeur, que chose au monde les rebute: La
Pragmatique, qu'ils viennent de mettre en execution
contre toute sorte de luxe, montre bien l'esprit altier
& indomtable, qui les anime, & ce dont ils sont capables: Par
cette pragmatique les <u>friseurs</u> des cheveux & la <u>poudre a peruque</u> sont
defendûs, et anneantis en Suede: C'est couper racine a la
destruction de la Jeunesse, et a la ridiculerie du siecle: on


1. 4. resoudre; Machado: repondre (sic!). É de notar que a leitura errada resulta numa forma verbal, cujas propriedades de regência não se combinam com o contexto gramatical e semântica do respectivo periodo.
1. 5. fondées; Machado: fondées. 1. 6. faudrà; Machado: foudrà.

voit par Cette loi, que Cette Nation aspire adevenir mâle, active, et Entreprenante.

Regardons Les Mongals, les Calmuques, les Tartares de la Grande, & de la Petite Bucharie, les Carakalbaques, Nations que la Russie ne Craint pas aujourdhui: Mais elles vivent Sans necessité, ni besoins, Nations endourcies, Courageuses, indomtables, seulement par la mort.

Pendant que l'Empire Romain se Conservoit en sa vigeur, il meprisoit les barbares du Nord, qu'il avoit detruit plusieurs fois, Comm aussi Les Arabes qu'il avoit domtés. alors non seulement ils etoient domtés, mais leur nombre pour petit n'étoit pas remarquable.

Constantin le Grand transporte Cett' Empire a Constantinople, & par la Communication, & le Commerce des Rois de l'Orient extra le luxe de mille manieres entra dans Cette nouvelle Cour; Les changemens La discipline militaire des Legions Romaines se perd peu apeu par la frivole Education Greque & Asiatique; vers le huitieme siecle quand Heraclius etoit Empereur il n'y avoit parmi les trouppes le Courage Romain avoit disparu de dans voit par cette loi, que Cette Nation aspire a devinir mâle, active, et Entreprenante.

 Regardons Les Mongals, les Calmuques, les Tartares de la Grande, & de la Petite Bucharie, les Carakalbaques, Nations que la Russie ne craint pas aujourdhui: Mais elles vivent sans necessités, ni besoins; Nations endourcies, courageuses, indomtables, seulement par la mort.

 Pendant que l'Empire Romain se conservoit en sa vigeur, il meprisoit les barbares du Nord, qu'il avoit destruit plusieurs fois; comm'aussi Les Arabes, qu'il avoit domttés.

 Constantin le Grand transporte Cett'Empire a Constantinople, & par la communication, & le commerce des Rois de l'Orient le luxe de mille manieres en-
= tra dans cette nouvelle cour; La discipli
ne militaire des Legions Romaines se perd peu a peu par la frivole education Greque & Asiatique; vers le huit
= ieme siecle le courage Romain avoit disparû.

---

1. 1. a devenir; Machado: adevenir. 1. 3. Les Mongals; Machado: les Mongals. 1. 11. Les Arabes; Machado: les Arabes. 1. 12. Cett'Empire; Machado: cett'Empire. I. 17. Greque; Machado: Grecque.

des armes de l'Empire le Grec.

~~La Suite du Luxe Gre. & oriental, l'amour des amusemens frivoles & de disputes chimeriques, que les meme Nations meprisés, & vain-cues furent Celles qui detruirent L'Empire d occident & d'Orient~~
~~La Russie doit regarder les Nations mentionnés Leur enemis~~

Et par quelles Nations est-t-il peri cet Empire? Par Celles qu'il avoit dompté & meprisé: par les Huns, et par les Arabes et par les Turques: Nations alors pauvres, errantes, endurcies, Courageuses, Sans besoins, ni necessités.

La Suede ~~du Coté~~ al'Occident, & la Tartarie al'orient Sont les enemis que la Russie doit toujours craindre: Les fortresses les remparts, & les armées les plus redoutables, qu'Elle Leur doit opposer c'est l'education de Sa Noblesse, ~~& qui Elle soit si bien calculée pour attaquer & defendre~~ pour la rendre capable de les attaquer & dompter, si l'envie les en prend de remuer.

Mais pour faire la guerre a Ces Nations, il ne faut pas etre elevé a la françoise; il faut un education plus mâle, & qui Soit plus conforme au climat, et a la maniere de vivre, de Suede, de Russie & de Tartarie.

Cett Education, que j'appellerai al'avenir Russe, se reduira a rendre le Corps ~~robuste~~ vigoureux, actif, et endurant, &

des armees de l'Empire le Grec.

    Et par quelles Nations est-il peri cet'Empire? Par
celles qu'il avoit dompté & meprisé: par les Huns; et par les Arabes
et par les Turques: Nations alors pauvres, errantes, endurcies, courageuses, sans besoins, ni necessités.
La Suede a l'occident, & la Tartarie a l'orient
sont les enemis que la Russie doit toujours craindre: Les fortresses
les ramparts, & les armées les plus redoutables, qu'Elle Luir doit
opposer c'est l'education de sa Noblesse,
pour la rendre capable de
les attaquer & domtter, si l'envie les en prend de remuer.

    Mais pour faire la guerre a ces Nations, il ne faut pas
etre elevé a la francoise; il faut l'education plus mâle, & qui
soit plus conforme au climat, et a la maniere de vivre de
Suede, de Russie & de Tartarie.

    Cett'Education, que j'appellerai a l'avenir Russe, se reduirâ
a rendre le corps vigueureux, actif, et endurant, &

---

1. 2. quelles Nations; Machado: quelle Nation. l. 2. est-il peri; Machado: a-t-il peri.

1. 3. dompté; Machado: domptés. 1. 5. necessités; Machado: cecessités.

1. 8. qu'Elle; Machado: qu'elle. 1. 8. Luir; Machado: lui.

1. 9. sa Noblesse; Machado: la Noblesse.

l. 13. francoise; Machado: françoise. 1. 13. qui; Machado: que.

l'esprit instruit & orné des Connoissances Utiles à Soi, & à Sa patrie.

Je souhaiterois, que pendant l'instruction d'un Jeune Seigneur, ou Seigneurs, Leur instruction que Leur table du Soir fut Separée de Celle du Pere de famile; que le Soupper avec leur precepteur, ou Gouverneur fut Si moderé, qu'ils pourroient se coucher entre dix & onze heures; Et qu'y fut Une regle inalterable de Se lever le matin à Six heures, pendant toute l'année, & plut à Dieu que pendant toute leur vie! Aussi tot qu'il Seroit levé, il devoit Commencer Ses exercices, ci dessus mentionnés avec les Maitres ou precepteurs Comme je t'ai marqué: Pendant ces exercices la porte devoit être fermée au valet de chambre, aux laquais, à Ces differents messages du tailleur, du peruquier &c: Si les precepteurs entendront leur devoir, & ils auront a Coeur l'ordre, & le profit que revient de la bonne education, ils s'empresseront à l'observance de Cette regle: S'ils ne voudront pas s'en assujettir, il faut prendre le parti, ou de ne les engager pas, ou de les Congedier absolument.

Vous Scavez, Monseigneur, que Pierre le Grand qui a eu le tems pour faire tout ce qui lui etoit necessaire, se levoit l'esprit instruit & orné des connoissances utiles a soi, & a sa patrie.

 Je souhaiterois, que pendant l'instruction d'un Jeune Seigneur, ou Seigneurs, que Leur table du soir fut
separèe de celle du Pere de famile; que le soupper avec leur precepteur, ou Gouverneur fut si moderé, qu'ils pourroient se coucher entre dix & onze heures, Et qu'il fut une regle inalterable de se lever le matin <u>a six heures</u> pendant toute l'annee, & plut a Dieu que pendant toute leur vie! Aussi tot qu'il servit levé, il devoit commencer ses exercices, ci dessus mentionnes avec les Maitres ou precepteurs comme je l'ai marqué: Pendant ces exercices
la porte devoit ètre fermèe au valet de chambre, aux laquais, a ces differents messages du tailleur, du peruquier &a: Si les precepteurs entendront leur devoir, & ils auront a coeur l'ordre, & le profit que revient de la bonne education, ils s'empresseront a l' observance de cette regle: S'ils ne vaudront pas s'en assujettir, il faut prendre le parti, ou de ne les engager pas,
ou de les congedier absolument.

 Vous scaves, Monseigneur, que Pierre le Grand
qui a eu le tems pour faire tout ce qui Lui etoit necessaire, se

---

1.4. Leur; Machado: leur. l. 6. Gouverneur; Machado: gouverneur. 1. 8. leur vie; Machado: la vie. 11. 16-17. assujettir; Machado: assugettir.
1. 19. scaves; Machado: sçaves. 1. 20. Lui; Machado: lui.

levoit a trois heures du matin ; toute Sa Cour, Ses Ministres, Ses Generaux acquirent la meme habitude ; Cette habitude a ete la base de tout Ce qu'il a fait, des batailles, qu'il a gagné, & des provinces qu'il a Conquis : il a banni la paresse des Boyards amolis par la Regence de sa Sœur la Princesse Sophie.
Le Filt Marechall Comte de Munich le plus actif & le plus Vigilant General, que j'ai Connu parmi bien d'autres, se levoit toujours a trois heures pour travailler, ou Seul, ou avec un Secretaire, & quelque fois deux. Dans les Universités, quand les Professeurs veuillent scavoir le progrès que font leur Disciples Le Signe le plus Certain, ~~~~~~~~, c'est d'etre informés a quelle heure du matin, ~~qu'~~ ils Se levent, & ce qu'ils font après etre levés. Sixte V ayant appris que le Duc de Mayne qui retoit au Jusq' * Dans Notre Corps & notre esprit ~~dans~~ Sur la maniere d'apprendre, de penser et de reflechir, entre beaucoup de machinal, & du materiel : On s'accoutume a penser et a Comprendre, quand on est dans le Cabinet destiné a etudier ; quand on Se leve a la meme heure ; quand on est Seul, quand on n'est pas distrait par des messages, et des visites Superflues et inutiles. Voila la base de l'instruction, & la premiere pierre de ce grand edifice du bonheur, ou du malheur du reste de la vie. Entrons presentement a Considerer les pernicieux effects

* a midy, et qui disputoit la Couronne a Henri IV, qui se levoit toujours au lejour, malgré qu'il etoit dans les interets du premier ~~~~~~~~ Sans ~~~~~ Ulterieure information, decida, ~~le Bearnois~~ ~~~~~~~~ aussi tot, "le Bearnois Sera Roy.

levoit a trois heures du matin; toute Sa Cour, Ses Ministres, Ses Generaus acquirent la meme habitude; Cette habitudé a ete la base de tout ce qu'il a fait, des batailles qu'il a gagné, & des provinces qu'il a conquis: il a banni la paresse des Boyards amolis
par la Regence de sa Soeur la Princesse Sophie.

Le Felt Marechall Comte de Munich le plus actif & le plus vigilant General, que j'ai connu parmi bien d'autres, se levoit toujours a trois heures pour travailler, ou seul, ou avec un Secretaire, & quelque fois deux. Dans les Universités quand
Les Professeurs veuillent scavoir le progrés que font leur Disciples
Le signe le plus certain, c'est d'etre informés
a quelle heure du matin, ils se levent, & de qu'ils font
apres etre levés. Sixte V ayant appris que le Duc de Mayne, qui restoit au lit
jusq'a midy, et qui disputait la couronne a Henri IV, qui se levoit toujours avant
le jour, malgré qu'il etoit dans les interets du primier
sans ulterieure information, decida
aussi tot «le Bearnois sera Roy».
Dans notre corps & notre esprit sur la maniere
d'apprendre, de penser et de reflechir, entre beaucoup de machi
nal, & du materiel: on s'accoutume a penser et a comprendre, quand on est dans le cabinet destinè a etudier; quand on se leve a la meme heur; quand on est seul, quand on n'est pas distrait par des messages, et des visites superflues et inutiles. Voila la base de l'<u>instruction</u>, & le primiere pierre de ce grand edifice du bonheur, ou du malheur du reste de la vie.

    Entrons presentement a considerer les pernicieux

---

1. 1. Sa..., Ses..., Ses; Machado: sa..., ses..., ses (cf. Sophie, 1. 5 infra). 1. 2. habitudé; Machado: habitude. 1. 6. Le Felt ...; Machado: abre novo paràgrafo, ao contrârio do ms.
1. 10. Les..., scavoir..., Disciples; Machado: les..., sçavoir..., disciples
1. 11. Le signe; Machado: le signe.1. 15. jour, malgré; Machado: jour malgré (sem virgula)1. 24. primiere; Machado: premiere.

effects qui arrivent, si on ne observera pas la regle de se lever de bonne heure & a tems marqué. Quand Un Jeune homme a dormi sept a huit heures, s'il restera plus long tems au lit on Scait les Suites: Horace Maitre de la vie civile nous les dira; ce qu'il a fait ecrivant a son Ami Lollius ,, Si des grand
,, matin vous ne vous faites aporter de la lumiere, & des livres,
,, Si vous ne vous appliques Serieusement a la connoissance &
,, a la practique des vertus Utiles & agreables a vous et aux
,, obligations, Vous deviendrez bien-tôt la proie de vos
,, passions; l'amour, ou l'envie Vous tourmenteront cruel-
,, lement.

Si on Verse dans cette habitude, on a le tems de regler les affaires de sa maison; & ceux dont est chargé avec des Emplois publiques. L'esprit est toujours plus eveillé, le courage plus mâle, & l'humeur plus constant.

Quand on est élevé avec Une certaine roideur, on resiste mieux aux fatigues d'Une Campagne, d'Une Siege, d'Un Long voyage; on ne tombe pas si vite malade par les intem peries de l'air, et des Saisons

L'Education Ci dessus proposée est pour occuper continuellement Un Jeune Seigneur pendant qu'il Sera eveillé, quatre

effects qui arrivent, si on ne observera pas la regle de se lever de
bonne heure & a tems marquè. Quand un jeune homme a
dormi sept <u>a huit heures</u>, s'il restera plus long tems au lit
on scait les suites: Horace Maitre de la vie civile nous les
dira; ce qu'il a fait ecrivant a son Ami Lollius «Si des grand
matin vous ne vous faites aporter de la lumiere, & des livres,
si vous ne vous appliques serieusement a la connoissance &
a la practique des vertus utiles & agreables a vous et a vos
obligations, vous deviendres bien-tot la proie de <u>vos
passions</u>; l'<u>amour</u>, ou l'<u>envie</u> vous <u>tourmenteront</u> <u>cruel-
lement</u>».

 Si on reste dans cett'habitude, on a le tems de regler
les affaires de sa maison; & ceux dont on est chargé avec les Emplois
publiques: L'esprit est toujours plus eveillé, le courage plus
mâle, & l'humeur plus constant.

 Quand on est èlevé avec une certaine roideur, on
resiste mieux aux fatigues d'une campagne, d'une siege, d'un
Long voyage; on ne tombe pas si vite malade par les intem-
peries de l'air, et des saisons.

 L'Education ci dessus proposèe est pour occuper continuellement un Jeune Seigneur pendant qu'il sera eveillé;

---

1. 4. scait; Machado: sçait. 1. 9. proie; Machado: proi.
l. 13. de sa maison; Machado: de la maison 1. 13. Emplois;
Machado: emplois (cf. Education, 1. 20). 1. 18. Long voyage;
Machado: long voyage. (cf. L'esprit, 1. 14, *supra*).

quatre heures pendant la matinée dans le Cabinet, & le reste du jour hors de la maison dans la practique de l'instruction ~~qu'il a eue pendant~~ du matin : Cela l'occupera, l'amusera, le delassera, autant Comm᷉ aller a la chasse, a la péche, a la Comedie, et au ball, dans la Supposition que Dieu Tout Puissant lui inspire l'amour de la bienfaisance, et de Se rendre estimable par les Vertus. Car Sans Cet amour du Scavoir, Sans Cet ardeur de le poursuivre, tout Lui Sera fade, encore meme les amusemens.

Voyons presentement l'Utilité que reviendra a sa famile, a Lui meme, et a sa patrie de passer Sa jeunesse occupé toujours, Comme je viens de la tracer.

Le Jeune Seigneur n'aura pas le tems pour les intrigues d'amour : et moins encore pour Ces parties fines de plaisir, que je ne veux pas Caractiser de debauche: Il ne deviendra pas joueur, ~~ni~~ dissipateur, avec la destruc= tion de la maison paternelle; il ne faira dettes a Credit, qui lui rendront la vie amere, ne Sçachant les trouvant moyens de les payer. Il evitera par ~~cet instruction~~ l'oc cupation Continuelle, e reglee, ~~defendery~~, les Societés

des

quatre heures pendant la matinèe dans le cabinet, & le reste du
jour hors de la maison dans la practique de l'instruction
du matin: Cela l'occupera, l'amuse-
rà, le delasserà, autant comm'aller a la chasse, a la péche,
a la Comedie, et au ball, dans la supposition que Dieu
Tout Puissant lui inspire l'amour de la bienfaisance, et
de se rendre estimable par les vertus. Car sans cet'
amour du scavoir, sans cet'ardeur de le poursuivre, tout
Lui sera fade, encore meme lés amusemens.

 Voyons presentement l'utilité que reviendra a sa
famille, a Lui meme, et a sa patrie de passer sa jeunesse
occupé toujours, comme je viens de la tracer.

 Le Jeune Seigneur n'aurà pas le tems pour les intrigues d'amour: et moins encore pour ces parties fines
de plaisir, que je ne veux pas caracteriser de debauche:
Il ne deviendra pas joueur, dissipateur, avec la destruc-
= tion de la maison paternelle; il ne fairà dettes a
credit, que lui rendront la vie amere, ne trouvant les moyens de les payer: Il eviterà par l'oc-
cupation continuelle, e reglee, les societés

---

1. 8. scavoir; Machado: sçavoir. 1. 8. poursuivre; Machado: pursuivre.
1. 9. Lui... lés; Machado: lui... les. 1. 11. Lui; Machado: lui.
1. 12. la; Machado: le.

des Jeunes Seigneurs ruinés, et forcenés par dettes, par débauches, formant projets de vendre, engager: faisant projets, et aimant les changemens de familles, et de l'Etat pour ameliorer leur etat desesperé: Ils souhaittent alors la mort de leurs Peres, des Freres ainés, Ils deviennent le fleau, et la ruine de la maison et de la Patrie qui les a élevé.

  Cette Education proposée, s'elle n'apporteroit d'autres avantages, que prevenir les malheurs mentionnés, elle devoit être preferée a l'education ordinaire, dirigée par les SZNTTEAN, ou par quelque homm aimable.

  Je ne puis pas voir ni penser sans horreur, et sans fremir, qu'un Jeune Seigneur ruiné se couche aminuit ou adeux heures, qu'il se leve a dix ou a onze du matin qu'il se fasse friser pendant une heure, & quelquefois deux, avec un livre de la Bibliotheque a toilette, comme sont les Romans, les Anecdotes, les Contes, les Melanges, & d'autres gatte esprit, et perte du tems. Qu'il se met a table, & qu'au sortir, il va au theatre, aux balls, aux Cercles de Dames, aux

81v

des Jeunes Seigneurs ruinés, et forcenèes par dettes, par de-
bauches, formant projets de vendre, engager: faisant
projets, et aimant les changemens de famiIes, et de
l'Etat, pour ameliorer Leur etat desesperé: Ils
souhaitent alors la mort de leurs Peres, des Freres ainés,
ils deviennent le fleau, et la ruine de la maison
et de la Patrie que les a élevé.

 Cett'Education proposée, s'elle n'apporteroit d'
autres avantages, que prevenir les malheurs mentionnés, elle devoit etre preferèe a l'education ordinaire, dirigèe par les учители, ou par quelque homm'aimable.

 Je ne puis pas voir ni penser sans horreur
et sans fremir, qu'un Jeune Seigneur Russe se couche a minuit
ou a deux heures, qu'il se leve a dix ou a onze du matin,
qu'il se fasse friser pendant une heure, & quelque
fois deux, avec un livre de la Bibliotheque a toilette, comme sont les Romans, les Anecdotes,
les contes, les Melanges, & d'autres gatte esprit, et
perte du tems. Qu'il se met a table, & qu'au sortir,
il va au theatre, aux balls, aux cercles de Dames, aux

---

1. 1. Seigneurs; Machado: seigneurs. 1. 4. Leur; Machado: leur.
1. 5. Freres; Machado: freres. 1. 7. élevé; Machado: elevé.
l. 11. учители; Machado: 1.Чители [tchitieli, com omissão da primeira letre, uso imprôprio de maiúsculo. 1. 19. gaffe; Machado: gatté.
1. 21. cercles des Dames; Machado: cercles des Dances. (O termo «cercles des Dames» ocorre em trechos anteriores no texto: cf. ff. 64v. 11. 9-10 72f. 1. 17, mas «cercles des Dances» não ocorre.

aux tables du jeu, ou des Dames, ou des joueurs de metier, & qu'il entre en Son lit apres minuit.

Cette Education, et Cette vie rendra-t-elle l'esprit & le Corps capable de faire la guerre en Finlande ou dans les Montagnes de Verchaturie, pendant les mois d'Octobre & de Novembre? Que la Russie pense a Ces tems, qui peuvent arriver dans le tems qu'ils pensent on quand Elle pense le moins, et alors, S'il y en aura de la prevoyance on conformera adaptera l'Education de Leur Jeunesse au Climat, et aux besoins, qui pourront Survenir tout d'un Coup.

La plus grande destruction que je trouve dans l'éducation francoise, C'est que chaque Jeune Seigneur ait Son valet de chambre a titre, & Comme l'ombre inseparable du Corps, pendant qu'il est dans Sa chambre, & en Son dejhabillé.

Il entre aujourdhui dans l'éducation, encore même dans la Francoise, que chaque Seigneur Se raze Soi meme, scache friser ses cheveux avec quatre papillottes ......... on accorderoit volontiers cette toilette, pourvu qu'en Russie la frisure & la poudre, a la maniere de Suede, fusse banie de l'appartement ou loge le Jeune Seigneur: S'il entreroit dans cet habitude, le valet de chambre ne Seroit plus l'ombre de Son Corps, Son Confident, Son amy, et Son agent. Un Lacquay, ou un vieux domestique élevé dans la maison aux tables de jeu, ou des Dames, ou des joueurs de metier, & qu'il entre en son lit apres minuit.

 Cette education , et cette vie rendra-t-elle l'esprit
& le corps capable de faire la guerre en Finlande ou dans
les Montagnes de Verchature, pendant les mois d'Octobre
& de Novembre? Que la Russie pense a ces tems, qui peu-
ver arriver quand Elle pense le moins,
et alors, s'il y en aura de la prevoyance on
adaptera l'Education de Leur Jeunesse au climat, et
aux besoins, qui pourront survenir tout d'un coup.

 La plus grande destruction que je trouve dans l'education francoise, c'est que chaque Jeune Seigneur ait son valet de chambre
a titre, & comme l'ombre inseparable du corps, pendant qu'il
est dans sa chambre, & en son deshabillé.

 Il entre aujourdhui dans l'education, encore même
dans la Francoise, que chaque Seigneur se <u>raze soi meme</u>, sçache
friser ses cheveux avec <u>quatre papillottes</u> : . . . . . . . on
accorderoit volontiers cette toilette, pourvu qu'en Russie la
frisure & la poudre, a la maniere Suede, fusse banie de
l'appartement ou loge le Jeune Seigneur: S'il entretoit
dans cet'habitude, le valet de chambre ne seroit plus l'om
bre de son corps, son confident, son amy, et son agent.
Un Lacquais, ou un vieux domestique elevé dans la maison

---

1. 9. Leur; Machado: leur (cf. Lacquais, 1. 23). 1. 9. Jeunesse; Machado: jeunesse.
11. 11-12. francoise; Machado: françoise. 1. 15. même; Machado: meme.
1. 16. Francoise; Machado: Françoise. 1. 16. Seigneur; Machado: seigneur (cf. Seigneur, 1. 12). 1. 21. cet'habitude; Machado: cett'habitude.

prendroit sa place, & on Couperoit par la la racine aux maux cy dessus mentionnés, & a plusieurs autres qu'on Cache pour etre Connûs.

Je ne voudroy pas qu'un Seigneur Russe fut ignorant du Systeme Planetaire, des proprietés des quatre elemens, qu'il ignore l'usage de la Pompe Boyleane, du thermometre, du Barometre, de l'Hygometre : Cest l'affaire d'un Semaine Mais je ne voudroy pas qu'il fut Astronome, ni Philosophe, et moins encore Chimiste: Je voudroy bien qu'il entendit autant du dessein qu'il peut commander qu'on lui fasse un escalier, un appartement, qu'on trace un Camp, qu'on éleve un parapet de telle et de telle façon: May je ne ne le voudroy pas Peintre, ni avec un Cabinet de peintures, ni avec un autre au Coté d'Histoire Naturelle: C'est un etude propre pour les Italiens, Nation Esclave abandonnée à la frivolité, & à la apparence du Scavoir, et de la veritable vertû.

Un Seigneur Russe selon le climat, et selon la Constitution de sa patrie, doit penser en Romain, agir en Romain, & se Conduire en Romain.

La Discipline Militaire introduite par Pierre le Grand dans ses armées, & ses flottes merite plus de louanges, que prendroit sa place; & on couperoit par là la racine aux maux ce dessus mentionnés, & a plusieurs autres qu'on cache pour etre connûs.

 Je ne voudrois pas qu'un Seigneur Russe fut ignorant du systeme Planetaire, des proprietès des quatre elemens, qu'il ignore l'usage de la Pompe Boyleane, du thermometre, du Barometre, de l'Hygometre: C'est l'affaire d'un semaine. Mais je ne voudrois pas qu'il
fut Astronome, ni Philosophe, et moins encore chimiste: Je voudrois bien qu'il entendit autant du dessein qu'il peut commander qu'on lui fasse un escalier, un appartemens, qu'on trace un camp, qu'on èleve un parapet de telle et de telle facon: Mais je ne ne le voudrois pas Peintre; ni avec un cabinet de peintures, ni avec un autre au coté d'Histoire Naturelle: C'est un etude propre pour les Italiens, Nation Esclave abandonnèe a la frivolitè, & a la apparence du scavoir, et de la veritable vertû.

 Un Seigneur Russe selon le climat, et selon la Constitution de sa patrie, doit penser en Romain, agir en Romain, & se conduire en Romain.

 Le Discipline Militaire introduite par Pierre le Grand dans ses armèes, & ses flottes merite plus de louanges, que

---

1. 7. C'est; Machado: c'est. 1.8. Je; Machado: je.
1. 12. facon; Machado: façon. 1. 12. ne ne; Machado: ne.
1. 16. scavoir; Machado: sçavoir.

que l'invasion de l'Asie par Alexandre le Grand. Je demande Monseigneur, & je vous en demande mille pardons, Comme Medecin qui a eu l'honneur de l'avoir etoit πολε θoxb, Si Cett excellente discipline pourroit se Conserver Sans l'habit francois, sans guettes de toile blanche, sans frisure de cheveux et sans poudre? Je demande encore, Si la vigueur, la force, & l'activité du Soldat ne Souffre pas par l'habillement francois, marchand sur la glace, couchant sur la niege, s'eveiller couvert de niege, traverser apied un ruisseau pendant l'hyver, & ses pieds et jambes devenir gelez Un heure apres?

Ces questions ne sont pas de Ce lieu; mais elles montrent que l'education d'un Jeune Seigneur doit etre Si bien adaptée au Climat, et a la Constitution de Sa patrie, comme l'habit, & la nourriture de ses armées, & de ses flottes: Hurter si rudement de front des Loix Si puissantes, et Si Constantes, Comme Sont Celles de la Nature, C'est etre esclave du prejugé. C'est etre privé de toute Sensibilité.

J'allois finir, Monseigneur, par Crainte de Vous incommoder plus long tems: Mais je vous aime & je vous Venere trop pour vous cacher

quelques

que l'invasion de l'Asie par Alexandre le Grand: Je demande
Monseigneur, & je vous en demande mille pardons, comme Medecin, qui a l'honneur de l'avoir etoit поле боиа, si cett'excellente discipline pourroit se conserver sans l'habit francois, sans
guettes de toile blanche, sans frisure de cheveux et sans poudre?
Je demande encore, si la vigeur, la force, & l'activite du soldat
ne souffre pas par l'habillement francois, marchand sur la
glace, couchant sur la niege, s'eveiller couvert de niege,
traverser a pied un ruisseau pendant l'hyver, & ses pieds
et jambes devenir gelees un'heure apres?

    Ces questions ne sont pas de ce lieu; mais elles montrent
que l'education d'un Jeune Seigneur doit etre si bien adaptèe
au climat, et a la Constitution de sa patrie comme l'habit, & la
nourriture de ses armèes, & de ses flottes: Hurter si
rudement de front des Loix se puissantes, et si constantes,
comme sont celles de la Nature, c'est etre esclave
du prejugé c'est etre privé de toute sensibilité.

    J'allois finir, Monseigneur, par crainte de
Vous incommoder plus long tems: Mais je
Vous aime & je vous Venere trop pour vous cacher

l. 3. поле боиа; Machado: поле боиа [polie voi], com leitura errada
da primeira letra da segunda palavra, e emprego impróprio de ь.
1. 4. francois; Machado: françois. 1. 6. activite; Machado: activité.
1. 7. francois; Machado: françois. 1. 9. a pied; Machado: apied.
1. 15. Loix; Machado: loix. 1. 19. Vous... Mais; Machado: vous... mais.
1. 20. Vous aime... Venere; Machado: vous aime... venere.

quelques Considerations, qui sortent des principes cy dessus mentionnés.

C'est l'usage ordinaire qu'aussitôt qu'un Seigneur Russe est en age d'exercer quelque emplois, à l'armée, aux Gardes, ou à la Cour, il quitte son precepteur ou Gouverneur : Quand il se voit sans entraves & sans gêne, s'il n'a pas l'ame bien placée, & l'esprit bien instruit, il se jette dans les vices pour remplir le vuide, qu'il avoit fait, pendant son education : on a tant d'exemples de cette maniere d'agir, qu'on sera facilement persuadé de cette verité.

Les Romains ne finissoient jamais leur education, ils s'instruisoient autant avant d'etre employés, que dans les emplois de General, de Commandans des armées, et meme quands ils devenoient Empereurs. Scipion Africain a eu pour maitre, pour ami, et Confident Polibe le plus excellent de tous les Historiens qui nous reste de l'Antiquité. Le grand Pompée, qui Commanda les Legions Romaines à l'age de Vint & trois ans a Conservé toujours auprès

Lui

83v

quelques considerations, qui sortent des principes ci dessus mentionnès.

 C'est l'usage ordinaire qu'aussi tot qu'
un Seigneur Russe est en age d'exercer quelque emplois, a l'
armèe, aux Gardes, ou a la cour, il quitte son precepteur
ou Gouverneur: Quand il se voit sans entraves & sans gêne, s'il n'a pas l'ame bien placée, & l'esprit bien instruit,
il se jette dans les vices pour remplir le vuide, qu'il avoit
fait, pendant son education: on a tant d'exemples des
cette maniere d'agir, qu'on sera facilement persuadé
de cette verité.

 Les Romains ne finissoient jamais leur education,
ils s'instruisoient autant avant d'etre employés, que dans les
emplois de General, de Commandans des armées, et meme
quands ils devenoient Empereurs. Scipion Affricain
a eu pour maitre, pour ami, et confident Polibe le plus excellent de tous les Historiens qui nous reste de l'Antiquité.
Le grand Pompee, qui commanda les Legions Romaines
a l'age de vint & trois ans a conservé toujours aupres

1. 5. Gardes; Machado: gardes. 1. 6. Gouverneur; Machado: gouverneur.

Lui dans ses expedition Dinis d'Halicarnasse. Trajan qui a si grandement illustré le trone, a eu Plutarche pour Maitre, pour ami & pour Confident. Je ne finirai pas, si je voudroy chercher d'exemples Semblables. Mais Cette mode n'est plus: on aime plutot avoir chez soi Un excellent musicien, ou deux; un Negre d'Angola, & d'autre raretés Semblables a grand frais, que de chercher un homme Scavant, experimenté, qui est servi ou dans les armées, ou sous les Ambassades, ou auprey les Tribuneaux, avec la probité digne du Scavoir, avec le liant d'un homme qui Connoit le monde.

Il seroit a souhaiter que Cette mode d'avoir toujours Un homme doué de Ces qualités resteroit toujours dans la maison du Jeune Seigneur Lorsqu'il seroit employé, ou qu'il changeroit d'Etat: Cet homme resteroit en qualité d'amy. Il seroit utile, par son exemple a mille Choses, dans la ~~bonne~~ prosperité, & dans l'adversité: En retranchant de l'etat de la depense domestique quelqu'article Superflu & de luxe, on le remplaceroit par Un amy adopté, doué des qualités que je viens de detailler.

~~Lorsque~~ En lisant l'hystoire de la ruine & de la destruction des Royaumes & des Republiques, on n'attribue

84

Lui dans ses expedition Dinis d'Halicarnasse. Trajan, qui a
si grandement illustré le trone, a eu Plutarche pour Maitre pour ami & pour confident: Je ne finirai pas, si je voudrois
chercher d'exemples semblables. Mais cette mode
n'est plus: on aime plutot avoir chez soi un excellent musicien, ou deux, un Negre d'Angola, & d'autre raretes
semblables a grand frais, que de chercher un homme
scavant, experimenté, que est servi ou dans les armées, ou
sous les Ambassades, ou aupres les Tribunaux; avec la
probité digne du scavoir, avec le liant d'un homme
qui connait le monde.

 Il seroit a souhaiter que cette mode d'avoir
toujours un homme douè de ces qualites resteroit toujours dans
la maison du Jeune Seigneur Lorsqu'il seroit employé,
ou qu'il changeroit d'Etat: Cet homme resteroit en
qualité d'amy; il seroit utile, par son exemple a mille
choses, dans la prosperite, & dans l'adversité:
en retranchant de l'etat de la depense domestique quelqu'article
superflu & de luxe, on le remplaceroit par un amy adoptè, doué des qualites que je viens de detailler.
En lisant l'histoire de la ruine &
de la destruction des Royaumes & des Republiques on n'attri-

---

1. 1. d'Halicarnasse. Machado: d'Halicarnasse, (virgula, em vez de ponto). 1. 8. scavant; Machado: sçavant.
1. 10. scavoir; Machado: sçavoir. 11. 19-20. adoptè; Machado: adopté.

bue jamais la Cause au defaut de ~~richesse~~ l'argent, ni de choses necessaires a la vie, & moins encore ~~au~~ defaut d'une armée, La ~~defaut~~ rareté de Grands hommes, ~~pendant le passé~~ en a été ~~produit~~ la Cause, Quand il y manquera ~~beforce~~ l'intelligence, la diligence, le Conseil & la prevoyence qualités ~~seulez~~ Seules avec la fforce, qui Conservent les Empires.

Le Second defaut, et blamé par les plus bien instruits de la conduite des hommes en Societé, est que les Jeunes Seigneurs voyagent par toute l'Europe Sans la moindre Connoissance de leur propre pays, & C'est l'unique raison du peu de profit qu'ils retirent de leur voyages: Comme ils n'ont pas l'esprit orné avec les loix de leur patrie, ni avec les Connoissances de leur agriculture, Commerce, fabriques, ni mines, ni pecheries, quand ils rencontrent dans leur voyages ces objets, ils n'en peuvent juger, puy qu'ils leur manque l'objet de comparaison, alors tout leur paroit merveilleux, ou ils n'en Sont pas touchés, ne Connoissant ni ~~l'utilité, ni les~~ L'usage, ni l'utilité.

Une Jeune Seigneur devoit chaque année aller voir une province de Russie Siberie acompagné, ou de Son Amy, ou de quelque homme instruit, qu'il pourront Lui insinuer les observations qu'il feroit sur les produits de la nature &

De

bue jamais la cause au defaut de l'argent, ni de choses necessaires a la vie, & moins encore le defaut d'une armee; La rareté de Grands hommes
en a eté la Cause; quand il y manquoit
l'intelligence, la diligence, le conseil & la prevoyance,
qualités qui seules avec la force conservent les Empires.

 Le second defaut, et blamé par les plus bien instruits
de la conduite des hommes en societe, est que les Jeunes Seigneurs
voyagent par toute l'Europe sans la moindre connoissance de leur
propre pays: & c'est l'unique raison du peu de profit qu'ils
retirent de leur voyages: Comme ils n'ont pas l'esprit orné
avec les loix de leur patrie, ni avec les connoissances de leur agriculture, commerce fabriques, ni mines, ni pecheries, quand
ils rencontrent dans Leur voyages ces objets, ils n'en
peuvent juger, puis qu'ils leur manque l'objet de comparaison; alors tout leur paroit merveilleux, ou ils n'en
sont pas touchés, ni connoissant ni
l'usage, ni l'utilité.

 Une Jeune Seigneur devoit chaque annèe aler
voir une province de Russie acompagné, ou de son Amy, ou
de quelque homme si bien instruit, qu'il pourroit Lui insinuer les
observations qu'il feroit sur les produits de la nature &

---

1. 2. le; Machado: au. 1.4. Cause; Machado: cause.
1. 14. Leur; Machado: leur. 1. 20. Amy; Machado: amy.
1. 21. Lui; Machado: lui.

de l'art, de la maniere de vivre des habitans, de leurs usages et de leurs coutumes : on y observeroit l'agriculture des grains, du chanvre, des lins, les differentes sortes des troupeaux, leur nombre, force ; les fabriques de toile, de cuirs, de draps de laine, les pêcheries, les Mines ; habiter en differens Cantons, dans les maisons des paysans, observer leur nourriture, leurs usages, coutumes, dans les nôces, dans les enterremens ; connoitre les routes, les rivieres navigables, les Lacs, les forets ; dans les villes observer le commerce, les arts, les fabriques & les metiers, & le debouché de ces fabriques &c. Ces Connoissances de l'interieur de ce vaste Empire entrent dans son Economie particuliere & Politique : La Connoissance Lui sera utile pendant toute sa vie, employé ou à la Cour, à l'Armée, ou au Senat, et principalement dans les Cours Etrangeres : avec de telles Connoissances si on voyageroit alors en Europe, L'utilité qu'on retireroit des Voyages seroit complette. Comme ces details sont si faciles à comprendre, je ne m'en arreterai plus long tems.

Quand j'ai commencé cette lettre, je n'ai pas

85

de l'art, de la maniere de vivre des habitans, de leurs usages et
de leurs coutumes: on y observeroit l'agriculture des grains, du
chanvre, des lins, les differentes sortes des tropeaux, leur
nombre, force; les fabriques de toile, de cuir de draps
de laine, les pécheries, les Mines; habiter en differens cantons,
dans les maisons des paysans, observer leur nourriture, leurs
usages, coutumes, dans les n6ces, dans les enterremens; connoitre les routes, les rivieres navigables, les
Lacs, les forets; dans les villes observer le commerce, les
arts, les fabriques & les metiers; & le debuché de ces fabriques &[a].

    Ces connoissances de l'interieur de ce vaste Empire
entrent dans son Economie particuliere & Politique: La connoissance Lui sera utile pendant toute sa vie, employé
ou a la Cour, a l'Armee, ou au Senat, et principalement
dans les Cours Etrangeres: avec de telles connoissances si on
voyageroit alors en Europe, l'utilité qu'on retireroit des
voyages seroit complette: comme ces details sont si
faciles a comprendre, je ne m'en arreterois plus long
tems.

    Quand j'ai commence cette lettre, je n'ai

1. 5. pécheries; Machado: pecheries.
1. 14. Lui; Machado: lui (cf. Lacs, 1. 9; La, 1. 13). 1. 21. commencé; Machado: commence.

pas pensé a y parler de la Religion; Mais ayant reflechi dans la grande vogue des Livres de Mr de Voltaire, de Mr Rousseau de Geneve, & d'un milliers de brochures qui tachent de detruire la Religion, & d'en faire perdre tout le respect. J'ai pensé qu'il seroit utile a un Jeune Seigneur Russe etre instruit de la Necessité et du besoin indispensable que chaque Royaume, chaque Republique, ils ont de la Sainte Religion, qui est la croyance d'un Dieu, Auteur de tout bien; et de toutes les verités revelées pour le bien des hommes en Societé.

 Je lui representeroy, qu'un Etat ne peut jamais subsister Sans Religion; & que Si on la voudra anneatir du Coeur des Sujets, que Cet Etat tomberoit en poussiere, & Seroit reduit a rien.

 Un Etat ne peut Subsister Sans la Santité du <u>Serment</u>: voyons Ce qui est le Serment!

 L'homme qui donne Serment, ou entre les mains du Magistrat, ou de Son Souverain, il promet il s'engage de faire, accomplir inviolablement telle et telle chose a lui faisable; et en signe de veri

et

pas pense a y parler de la Religion; Mais ayant reflechi dans la grande vogue des Livres de Mr de Voltaire,
de Mr Rousseau de Geneve, & d'un millier de brochures
qui tachent de detruire la Religion, & d'en faire perdre tout le respect, j'ai pense qu'il seroit utile a un
Jeune Seigneur Russe etre instruit de la Necessité
et du besoin indispensable que chaque Royaume, chaque
Republique, ils ont de la Sainte Religion, qui est
la croyance d'un Dieu, Auteur de tout bien; et
de toutes les verités revelèes pour le bien des hommes
en societé.

 Je lui representerois, qu'un Etat ne peut jamais subsister sans Religion: & que si on la voudra
anneantir du Coeur des sujets, que Cet'Etat tomberoit
en poussiere, & seroit reduit a rien.

 Un Etat ne peut subsister sans la santité
du <u>Serment</u>: voyons ce qui est le Serment!

 L'homme qui donne Serment, ou entre les
mains du Magistrat, ou de son Souverain, il promet,
il s'engage de faire, accomplir inviolablement telle
et telle chose a Lui faisable; et en signe de verité

---

1. 2. Livres; Machado: livres. l. 14. Coeur... Cet'Etat; Machado: coeur... cet'Etat.

1. 17. Serment... Serment; Machado: serment... serment. (cf. Seigneur. 1. 6, supra).

1. 18. Serment; Machado: serment. 1. 21. Lui; Machado: lui.

et qu'il Sera fidele, il Invoque Dieu, Comme temoin de Son engagement.

Quand Un Senateur fait Serment de fidelité a S. M. J., Un Marechal, qu'ils Lui seront fideles, Ils ont invoqué Dieu Tout Puissant pour temoin de Leur engagement. Par Ce Serment le Senateur exerce Sa charge Sans prevarication, par Ce Serment le Marechall expose Sa vie a mille Sortes de dangers.

Si vous otéz la Croyance d'Un Etre Tout-Puissant Vous detruisez tous les liens qui lient les Sujets au Souverain. Vous detruisés tous les Contracts, toutes les Armées, qui Sont la defence de la vie, des biens, et de tout le repos en Societé. Qu'on ne me vante l'Honneur, et qu'il est suffisant pour produire dans la Societé tout ce qui opère la Religion : C'est vouloir Se tromper, que juger ainsi des hommes : La force de l'Honneur, ne va plus loin que pendant qu'il aura temoins des actions : L'Incredule Lors qu'il pourra trahir Son serment Simulé, il le faira sans remord, aussi tot qu'il Sera sur

que

et qu'il sera fidele, il Invoque Dieu, comme temoin
de son engagement.

    Quand un senateur fait serment de fidelité
a s. M F., un Marechal, que Lui seront fideles,
ils ont invoqué Dieu Tout Puissant pour temoin de
Leur engagement. Par ce Serment le Senateur
exerce sa charge sans prevarication, par ce
Serment le Marechall expose sa vie a mille sortes
de dangers.

    Si vous otés la croyance d'un Etre Tout Puissant
Vous detruises tous les liens qui lient les sujets au Souverain;
Vous detruises tous les contracts, toutes les Armèes, qui
sont la defence de la vie, des biens, et de tout le repôs
en societé.

    Qu'on ne me vante l'Honneur, et qu'il
est suffisant pour produire dans la societé tout ce qui opére
la Religion: C'est vouloir se tromper, que juger ainsi
des hommes: Là force de l'Honneur, ne va plus loin
que pendant qu'il aura temoine des actions: L'Incredule
Lors qu'il pourra trahir son serment simulé,
il le faira sans remord, aussi tot qu'il sera sur

---

1. 4. a s. M F.; Machado: as. M F. (falta separar as letras de as.).
1. 4. Lui; Machado: lui. 1. 5. Ils ont; Machado: ils ont.
1. 6. Leur... Serment; Machado: leur... serment. 1. 8. Serment; Machado: serment.
1. 11. Vous; Machado: vous. 1. 12. Vous; Machado: vous.
1. 17. C'est; Machado: c'est. 1. 18. Là; Machado: La. 1. 20. Lors; Machado: lors.

que son infidelité ne sera pas connue de personne.

Ceux qui font les Missionaires de l'Irriligion ne pourront pas assurer, que sans le Serment, un Etat pourra subsister: S'ils accorderont le Serment un acte necessaire pour le conserver, ils accordent necessairement Un Etre suprême, comme témoin & garant de l'engagement entre le Sujet & le Souverain.

Je voudrois que le Jeune Seigneur fut persuadé de ce principe incontestable de la Religion, et de l'Etat Civil; et qu'il y en donneroit quelque temps pour reflechir sur l'etendue de ce principe: S'il en sera convaincu, par la lecture, aussi, et par sa propre reflexion, il aura un aversion pour ces discours libertins & scandaleux contre l'Evangile, contre les Mysteres de la Religion, scachant bien que ces discours non seulement ils sont impies, mais qu'ils sont contre la loi du pays, ou il est né; loi, qu'il doit observer par le serment tacite qu'il a fait lors, qu'il a atteint à l'âge de raison.

La Loi d'observer & de croire la Religion chrétienne en Russie doit être observée par les Sujets qui l'ont embrassé, comme la loi contre le meurtre: Celui qui tue est si coupable par loi civile, comme celui qui blasfeme: Et par le serment de fidelité au Souverain, il que son infidelité ne serà pas connue de personne.

 Ceux que sont les Missionaires de l'Irriligion ne pourront pas assurer, que sans le Serment, un Etat pourrà subsister: S'ils accorderont le Serment un acte necessaire pour le conserver, ils accordent necessairement un Etre supreme, Comme temoin & garant de l'engagement entre le Sujet & le Souverain.

 Je voudrois que le Jeune Seigneur fut persuadé de ce principe incontestable de la Religion, et de l'Etat Civil; et qu'il y en donneroit quelque tems pour reflechir sur l'etendue de ce principe: S'il en serâ convaincu & par la lecture aussi, il aura un'aversion pour ces discours libertins & scandaleux contre l'Evangile, contre Les Mysteres de la Religion, scachant bien que ces discours non seulement ils sont impies, mais qu'ils sont contre la loi du pays, on il est né, loi, qu'il doit observer par le serment tacite qu'il a fait lors, qu'il a atteint a l'àge de raison.

 La Loi d'observer & de croire la Religion chretienne en Russie doit etre observée par les sujets qui l'ont embrassé, comme la loi contre le meurtre; celui qui tûe est si coupable par loi civile, comme celui qui blàsfeme: Et par le Serment de fidelité au Souverain,

1. 3. assurer, que; Machado: assurer que.
1. 4. le Serment; Machado: le serment (sem sublinhado e sem maiûsculo).
1. 6. Comme; Machado: comme.
1. 7. le Sujet & le Souverain; Machado: le sujet & le suverain (sem maiúsculos).1. 14. Les... scachant; Machado: les... sçachant. 1. 18. a l'àge; Machado: a l'age

il s'en est rendu coupable doublement.

Voila, ce me semble, a quoi les Missionaires de l'Irreligion n'ont pas pris garde, s'ils pensoroient serieusement s'en suivent les Consequences, qui resulteroient de leurs assertions, quelque fois metaphysiques, quelque fois, issues de l'ignorance, Je suis persuadé qu'ils seroient plus reservés a repandre des principes si contraires a la Societé, où ils vivent, & où ils sont nés.

Je suis persuadé de ce que je viens d'asurer, Je suis persuadé que tout homme raisonable sans prejugés enracinnés, sera de mon sentiment : Mais par malheur de l'Esprit humain, il ne peut pas rester dans un milieu & en equilibre; Pline le Grand qui connoissoit si bien l'homme, deplore cette qualité de notre esprit, que lors qu'il est a son aise en quelque contemplation, qu'il agrandit aussi tôt les objects, ou qu'ils les rend plus petits, et comme en migniature : C'est ce qui a arrivé a tous les hommes, quand ils se sont familiarisé dans les recherches de la Religion. ou ils deviennent superstitieux, ou ils deviennent Incredules.

Parmi le peuple de Russie, il est sans contredit, que la Superstition excede la Sphere de la Religion; ou pour parler plus clairement, parmi le peuple, au lieu de la vraye Religion La Superstition a pris sa place. l'ignorance est le partage

du

il s'en est rendu coupable doublement.

 Voila, ce me semble, a quoi les Missionaires de l'Irreligion n'ont pas pris garde; s'ils penseroient serieusement les consequences, qui s'en suivent de leurs assertions, quelques fois metaphysiques, quelque fois, issues de l'ignorance, je suis persuadé qu'ils seroient plus reservés a repandre des principes si contraires a la societé, où ils vivent, & oû ils sont nés.

 Je suis persuadé de ce que je viens d'assurer; Je suis persuadé que tout homme raisonable sans prejugés enracinés, serâ de mon sentiment: Mais par malheur de l'Esprit humain, il ne peut pas rester dans un milieu & en equilibre; Pline le Grand qui connoissoit si bien l'homme, deplore cette qualité de notre esprit, que lors qu'il est a son aise, qu'il agrandit aussi tot les objects, ou qu'ils les rend plus petits, et comme en miniature: C'est ce qui a arrivé a tous les hommes, quand ils se sont familiairisé dans les recherches de la Religion. ou Ils deviennent <u>superstitieux</u>, ou Ils deviennent <u>Incredules</u>.

 Parmi le peuple de Russie, il est sans contredit, que la <u>Superstition</u> excede la sphere, de la Religion; ou pour parler plus clairement, parmi le peuple, au lieu de la vraye Religion La Superstition a pris sa place: l'ignorance est le partage

1. 1. il s'en est; Machado: ils'en est (sem espaço entre il e s'en).
1. 12. en equilibre; Machado: un equilibre. 1. 17. familiairisé; Machado: familiarisés.
1. 18. Religion.; Machado: Religion (sem ponto a seguir).
1. 18. Ils... Ils; Machado: ils... ils (cf. Incredules, 1. 19). 1. 23. La; Machado: la.

du peuple; l'instruire de Ses devoirs, est chose impossible, & par la même raison pretendre qu'il ne Soit Superstitieux, c'est pretendre le rendre eclairé.

  La Superstition, ~~cependant~~, pendant qu'elle n'est pas nuisible ala vraye Religion; pendant qu'elle ne detruit pas les obligations ~~de la loi naturelle~~ aux quelles oblige la Loi naturelle, il faut la tolerer, & la laisser là. Mais lors qu'elle devient pernicieuse ala Société il faut la Combattre, & l'abandonner.

  Je m'attends, Monseigneur, que Vous allez etre Surpris que j'avance Si loin dans l'article de la Religion; pendant que Vous ne reflechisserez pas que les Creux Diables finissent toujours heremites; Mais vous verrez bien tot, que la Mission n'est pas mon partage.

  Dieu Cet Etre Infini que nous ne pouvons jamais Concevoir que par Ses adorables bontés envers nous est la Cause de tout le bien que nous Connoissons: le mal que nous eprouvons parmi nous, provient de nous. Le Soleil est indubitablement l'Origine de la Lumiere; Celle-ci rencontre la terre et de Cette rencontre l'ombre se produit: Le mal moral ~~dont~~ nous, plaignons, doit être du peuple; l'instruir de ses devoirs, est chose impossible, & par la meme raison pretendre [qu'il ne soit superstitieux, c'est pretendre] le rendre eclairé.

La Superstition, pendant qu'elle n' est pas nuisible a la vraye Religion; pendant qu'elle ne detruit pas les obligations aux quelles oblige la Loi naturelle, il faut la tolerer, & la laisser là.. Mais lors qu'elle devient pernicieuse a la Societé il faut la combattre, & l'abandonner.

Je m'attends, Monseigneur, que Vous alles etre surpris que j'avance si loin dans l'article de la Religion, pendant que Vous ne reflechisseres pas que les Vieux Diables finissent toujours heremites; Mais vous veres bien tot, que la Mission n'est pas mon partage.

Dieu cet Etre Infini que nous ne pouvons jamais concevoir que par ses adorables bontés envers nous est la Cause de tout le bien que nous connoissons: le mal que nous eprouvons parmi nous, provient de nous. Le Soleil est indublitablement l'origine de la Lumiere; celle-ci rencontre la terre et de cette rencontre l'<u>ombre</u> se produit: Le mal moral dont nous nous plaignons, doit étre

---

11. 2-3. Machado: omissão da sequência «qu'il ne soit superstitieux, c'est pretendre».
1. 4. Supersition; Machado: superstition.
1. 8. Societe; Machado: societe. 1. 10. Vous; Machado: vous.
1. 12. Vous... Vieux; Machado: vous... vieux. 1.21. Le mal; Machado: le mal.

être conceu Comme l'ombre, ou la nuit dont la terre est la Cause.

Dieu a planté dans l'ame humaine l'envie de Sa Conservation, & le pouvoir de produire un semblable a Soi. L'intelligence, l'addresse, les forces, la prevoyance, dont Il a doüé l'homme est pour Conserver Sa vie, & pour la prolonger dans Sa posterité. Et voilà La Loi Naturelle; par laquelle nous Sommes en droit de nous Conserver, et d'ecarter tout ce que nous Sera Contraire.

La Religion Revelée est un bien d'une nature Superieure; C'est pour rendre l'homme plus heureux et plus Content dans Soi meme par l'esperance, et pour Communiquer, aider, et aimer Ses Semblables; Cette Seconde Loi est la Confirmation de la Loi Naturelle et une augmentation de notre Conservation, et de notre bien être

Donc, que ni la Religion Naturelle, ni la Revelée ne sont pas pour detruir notre Corps, ni empecher nos devoirs, qui tendent a notre Conservation: Si Ces deux Religions Serviront a nous detruir, a nous tourmenter, elles ne pourront pas provenir de Dieu, Auteur de tout bien.

étre conçu comme l'ombre, ou la nuit dont la terre est la cause.

Dieu a planté dans l'ame humaine l'envie de sa conservation, & le pouvoir de produire un semblable a soi: L'intellegence, l'addresse, les forces, la prevoyance, dont Il a cloné l'homme est pour conserver sa vie, & pour la prolonger dans sa posterité. Et voilà La Loi Naturelle; par la quelle nous sommes en droit de nous conserver, et d'ecarter tout ce que nous serà contraire.

La Religion Revelée est un bien d'une nature superieure; c'est pour rendre l'homme plus heureux et plus content dans soi meme par l'esperance, et pour communiquer, aider, et aimer ses semblables; Cette seconde Loi est la confirmation de la Loi Naturelle et une augmentaton de notre conservation, et de notre bien étre.

Donc, que ni la Religion Naturelle, ni la Revelée sont pas pour detruir notre corps, ni empecher nos devoirs, qui tendent a notre conservation: Si ces deux Religions serviroint a nous detruir, a nous tourmenter, elles ne pourroient pas provenir de Dieu, Auteur de tout bien.

---

l. 5. addresse; Machado; adresse. l. 8. la quelle; Machado: laquelle. l. 14. Cette; Machado: cette. l. 16. conservation; Machado: conservayion. l. 21. serviroint; Machado: serveroient.

Le Jeune, le maigre, Les prieres dans les maisons des Seigneurs chantées pendant plusieurs heures depuis le grand matin, et quelque fois le Soir, Sont un excès du devoir.

Cet excès est nuisible a la Conservation du Corps, a la vigueur qu'il faut avoir pour le travail, si rude en Russie pendant l'hyver. a decouvert: Ces longues prieres chantées pendant plusieurs heures empechent Ceux qui ont des devoirs, de les accomplir.

Voila le Cas ou Ces excés ne doivent pas etre tolerés, ni Suivis.

Le Jeune avec la moderation que la Saine Religion ordonne doit etre observé, Comme Loi reçu dans La Religion, et dans l'Etat Civil: Manger maigre; Le Corps robuste, Sain et exercé peut en faire Sa nourriture Sans se detruire: L'Etat Civil par là augmente prodigieusement la nourriture a bon marché pour les Sujets. Mais ~~rendre le Jeune~~ prolonger Le jeune jusqu'à trois jours astreindre le maigre au pain et a l'eau & aux champignons, Cela viendra nuisible a la Conservation du Corps, aux devoirs, & aux obligations, qu'on a Contracté dans la Société.

88v

Le Jeune, le maigre, Les prieres dans les maisons
des Seigneurs chantèes pendant plusieurs heures depuis
le grand matin, et quelque fois le soir, sont un
excès de devoir.

    Cet excès est nuisible a la conservation du
corps, a la vigeur qu'il faut avoir pour le travail, si rude
en Russie pendant l'hiver a decouvert: Ces longues
prieres chantèes pendant plusieurs heures empechent ceux
qui ont des devoirs, de les accomplir.

    Voila le cas ou ces excés ne doivent pas
etre tolerés, ni suivis.

    Le Jeune avec la moderation que la Saine
Religion ordonne doit etre observé, comme Loi recu dans
la Religion, et dans l'Etat civil: Manger maigre;
Le corps robuste, sain et exercè peut en faire sa
nourriture sans se detruire: L'Etat civil par là
augmente prodigieusement la nourriture a bon marché
pour les sujets. Mais prolonger
Le jeune jusqu'a trois jours astreindre le maigre au pain
et a l'eau & aux champignons, celà viendra nuisible
a la conservation du corps, aux devoirs, & aux obligations, qu'on a contracte dans la societé.

1. 1. Jeune; Machado: jeune (cf. 1. 12. Jeune infra; folha 86v., 1. 8).
1. 1. Les prieres; Machado: les prieres. 1. 4. excès; Machado: excés (cf. chantèes, 1. 8).
1. 5. excès; Machado: excés (cf. chantèes, 1. 8).
1. 15. exercè; Machado: exercé (cf. chantèes, 1. 8). 1. 18. les sujets; Machado: ses sujets.
1. 19. Le jeune; Machado: le jeune. 1. 20. celà; Machado: celà.

Voici ma Mission presqu' au bout. Comme j'ai proposé ci dessus que le Jeune Seigneur doit se lever pendant toute sa Vie a Six heures du matin, Comme j'y ai proposé, qu'immediatement apres, il Commenceroit Son instruction avec le precepteur du Livre de Recette et Depense, ou avec Son Engineur, ou avec Son autre Maitre de Morale, Histoire, Droit Naturel et Civil, Scachant l'usage & la devotion (quelquefois blamable) des maisons des Seigneurs Russes, j'ai eu Crainte, que le Seigneur, ou par Superstition, ou par paresse frequenteront plutot la Chapelle a Chanter, qu'a faire ses exercices recommandés ci dessus, et voila la Cause unique, Monseigneur, qui m'a obligé un vieux Medecin de parler de Religion.

S'il seront ici le lieu, je montrerois evidement par l'histoire que toutes les Superstitions, et excès fanatiques avec les quels la Sainte Religion est obscurcie, proviennent des cloitres des Moines de l'Orient: Lors que Ces bons Peres s'etablirent aupres les Monarches élevés par Ces ignorans Moines, ils repandirent plus leurs chimeres, que la vraie Religion, qu'ils ne connoissoient pas: alors avec le pouvoir qu'ils usurperent les Patriarches, tous les Sujets de Ces Monarches devinrent Si Superstitieux et Si forcennés, Comme les Moines ... mais C'est assés, dans Cette occasion.

Voici ma Mission presqu'au bout: Comme j'ai proposé
ci dessus que le Jeune Seigneur doit se lever pendant toute sa
vie <u>a six heures</u> du matin; comme j'y ai proposé, qu'im
mediatement apres, il commenceroit son instruction avec
Le precepteur du Livre de <u>Recette et Depense</u>, ou avec
son Engineur; ou avec son autre Maitre de Morale,
Histoire, Droit Naturel et Civil, scachant l'usage &
La devotion (quelque fois blamable) des maisons des Seigneurs
Russes, j'ai eu crainte, que le Seigneur, ou par supersti
tion, ou par paresse frequenteroit plutot la chapelle a
chanter, qu'a faire ses exercices recommendés ci dessus.
et voila la cause unique, Monseigneur, qui a
obligé un vieux Medecin de parler de Religion.

    S'il seroit ici le lieu, je montrerois evidemment par
l'histoire que toutes les superstitions, et excés fanatiques avec les
quels la sainte Religion est obscurcie, provient des clotres des
Moines de l'Orient: Lors que ces bons Peres s'etablirent
aupres les Monarches élevès par ces ignorans Moines, ils repan
dirent plus leurs chimeres, que la vraye Religion, qu'ils ne connoissoient pas: alors avec le pouvoir que usurperent les Patriar
ches, tous les sujets de ces Monarchies devinrent si superstitieux
et si forcennès, comme les Moines. mais c'est asses dans
cet'occasion.

1. 1. Mission; Machado: mission. 1. 5. Le... Livre; Machado: le... livre.
1. 8. La... quelque fois; Machado: la... quelquefois.
1. 11. dessus.; Machado: dessus (sem ponto; cf. Religion. 1. 13).
1. 17. Lors que; Machado: lors que.
1. 19. la vraye Religion; Machado: la vraye religion. 1. 22. forcennès; Machado: forcenès.

Je Scai qu'il manque ici quelques tirades de preceptes pour empecher le Jeune Seigneur a ne tomber pas dans Les intrigues, & dans les desordres de l'amour: Je Scai que c'est l'usage reçu des Auteurs de l'Education: ~~May~~ Comme je n'ai pas la moindre pretention pour entrer dans leur Catalogue je n'en dirai rien.

Je dirai seulement que la matiere d'AMOUR est un Mystere. et qu'~~en~~ agissant sagement, on ne doit pas ecrire jamay de mysteres, ni en parler: & que s'il sera necessaire absolument que Cette matiere, soit-t-elle on doit ~~seulement~~ seulement la Communiquer à l'oreille, Comme la Doctrine Orale de Pythagore, ou des Antiens Druides.

Voila, Monseigneur, tout ce que j'ai pu mediter pour accomplir vos ordres. Je Scais bien que vous avés deja fait plus pour l'education de Messieurs vos cheres Enfans, que Ce que je viens de proposer, Si j'ai été Si heu- reux que d'avoir recontrét vos pensées la dessus, je ~~suis~~ me trouve recompensé au dela de mes desirs. J'ai- -me autant la Russie, Comme je lui dois: & je lui dois tout Ce que j'ai, tout Ce que je possede, & tout ce que Je Suis.

89v

Je scai qu'il manque ici quelques tirades de preceptes
pour empecher le Jeune Seigneur a ne tomber pas dans
Les intrigues, & dans les desordres de l'amour: Je scai
que c'est l'usage reçu des Auteurs de l'Education:
Mais comme je n'ai pas la moindre pretention
pour entrer dans leur catalogue je n'en dirai rien.
 Je dirai seulement que la matiere d'amour
est un Mystere: et qu'agissant sagement, on ne
doit pas ecrire jamais de mysteres, ni en parler: & que
s'il en sera necessaire absolument que cette matiere soit revelée on
doit la communiquer seulement a l'oreille, comme la
doctrine orale de Pythagore, ou des Antiens Druides.
 Voila, Monseigneur, tout ce que j'ai pu mediter
pour accomplir vos ordres. Je scais bien que vous aves déja fait
plus pour l'education de Messieurs vos cheres Enfans,
que ce que je viens de proposer; si j'ai eté si heureux que d'avoir recontré vos pensées la dessus, je
me trouve recompensé au dela de mes desirs. J'aime autant la Russie, comme je lui dois: & je lui dois
tout ce que j'ai, tout ce que je possede, & tout ce que je

---

1. 1. scai; Machado: scais. 1. 3. Les intrigues; Machado: les intrigues.
1. 1. scai; Machado: sçai. 1. 12. Pythagore; Machado: Pithagore.
1. 14. déja; Machado: deja.

Suis. Je considere que les Seigneurs Russes vous imiteront
a l'avenir dans l'education ~~qu'ils donneront a~~ de Leurs Enfants
Il est impossible que vous ne Soyes pas imité. La place,
L'etat, et Situation si elevée, et si distinguée, que vous
possedes si dignement, vous faisant aimer et respecter,
~~La benediction du Tout Puissant~~
Le bonheur d'une nombreuse et charmante famile avec
La quelle Le Tout Puissant vous a beni, tout Cela contri-
buera au bonheur de la Russie, et a votre gloire pour
avoir été le Primier de Ses Seigneurs, qui ont intro-
duit une education qui Sera le plus Solide appui
de Ce formidable Empire: Une vie & Une Santé
Si chere, donc, a tous Ceux que Vous faites, et que
Vous feres, a l'avenir, heureux, est digne, que ~~tout~~ Ceux qui
aiment le bonheur du genre humain, la paix, et la
Stabilité des Empires, et le bonheur des familes, fassent
de Sinceres voeux, & les plus ardens, pour ~~leur~~ votre Conservation, et pour votre bonheur, J'y joins le miens du fond de mon ame, & avec
le plus profond respect, & avec la plus vive recon-
noissance

Monseigneur          de Votre Excellence

Paris 6 Novembre 1766    treshumble tres obeissant
                                    et tres obligé serviteur
                                            ✶ ✶ ✶

suis. Je considere que les Seigneurs Russes vous imiteront
a l'avenir dans l'education de Leurs Enfants:
Il est impossible que vous ne soyes pas imité. La place,
L'etat et situation si elevees, et si distinguees, que vous
possedes si dignement, vous fassant aimer et respecter,
Le bonheur d'une nombreuse et charmante famile avec
La quelle Le Tout Puissant vous a beni, tout celâ contri
buera au bonheur de la Russie, et a votre gloire pour
avoir ete le Primier de ses Segneurs, qui ont intro-
duit une education qui sera le plus solide appui
de ce formidable Empire: Une vie & une santé
si chere, donc, a tous ceux que Vous faites, et que
Vous feres a l'avenir heureux, est digne, que ceux qui
aiment le bonheur [du genre humain, la paix, et la
stabilité des Empires, et le bonheur] des familes, fassent
de sinceres voeux, & les plus ardents, pour votre conservation et pour votre bonheur j'y joins le mïens du fond de mon
ame, & avec
le plus profond respect & avec la plus vive reconnoissance
Monseigneur                      de V Excellence
                                tres humble, tres obeissant
                                et tres oblige serviteur
Paris <u>6 Novembre 1766</u>                * * *

1. 3. Il est; Machado: il est.

11. 14-15. Machado: omissào da sequência «du genre humain, la paix, et la stabilité des Empires, et le bonheur».

11. 2, 4, 6, 7, 12, 13. Leurs, L'etat, Le bonheur, La quelle, Le Tout Puissant, Vous, Vous; Machado: sem maiúsculas das letras «L» e «V» nas palavras indicadas. (Comparem-se na folha 88v, com as letras iniciais de Loi, 1. 13, e Voila, 1. 10).

NOTA: Ao longo do texto do manuscrito, a elisão da vogal *e* da preposição *de* occorre sempre e unicamente diante de vogal (nunca antes de consoante). Este facto, que se confirma mediante a mera observação (--mais de oitenta casos da referida elisão no manuscrito), deverá ser suficiente ao investigador atento para indicar que *d'* (a forma que representa a preposição *de* com elisão da vogal), na sequência de + ukase citada, só poderá ocorrer diante da vogal (no caso, o som [u], representado pela letra «uk»). nunca diante de к, que é o início da palavra, segundo a leitura errada de Machado. que manifesta simultâneamente numa mesma transcrição desconhecimento da grafia russa, por um lado, e das regras de elisão no francês, por outro.

2. Na leitura de Machado, ocorre a letra ь, o «sinal de brandura», depois da letra lida como з (que representa o som [z]: tal leitura de Machado é contrária às normas da grafia e da ortoépia da lingua russa.

**Tradução**

Senhor

Se Vossa Excelência aprovar os pensamentos que se seguem sobre a <u>Educação</u>
de que me fez a honra de me encarregar, o desejo que tenho de ser bem sucedido, & o vivo interesse que eu tenho por tudo que Lhe diz respeito, far-
ão todo o seu mérito: é necessário ser naturalmente destituído de humanidade, de amor & de reconhecimento para não ser tocado vivamente e sobretudo penetrado pelo mais profundo respeito por um Pai que toma tanto a peito a educação da sua família, com tantos cuidados, dificuldades e gastos. Eu tentarei,
em mau francês, contribuir quanto me for possível
de secundar tão excelentes, nobres e amáveis intenções:

**63v**

Não me deterei, neste momento, a descrever os conhecimen
tos das línguas estrangeiras e das ciências elementares, necessários a um Jovem Fidalgo destinado a servir a sua pátria em tempos de paz
e em tempo de guerra. Tudo isso já foi ordenado e feito segundo Vossas ordens, Meu Senhor; as que tenho neste momento reduzem-se a esclarecer, e pôr todo em dia, a proposição que se segue:
"A Educação de um Fidalgo deve ser orien

tada para obedecer e para dar ordens nos países em que
nasceu, em tempo de paz e em tempo de guerra".
Se este Fidalgo for Russo, será preciso
conhecer a fundo a constituição deste Império para orientar a
sua educação, será
preciso conhecer o seu estado Político, o seu estado civil, o seu estado
Económico, isto é, as suas leis, o seus costumes, & os seus usos.
Um Fidalgo Francês destinado igualmente a ser-
vir a sua pátria deve ser educado segundo a Constituição da Monarquia Francesa; & a fim de poder comparar melhor estas duas
diferentes educações e apreciar os resultados, é preciso aqui
fornecer uma informação sucinta.

## 64

Todos os súbditos que compõem essa notável Monarquia estão
divididos em três classes:
1.  A Nobreza, que exerce cargos no meio militar e na Igreja;
1.  Os Magistrados, que exercem cargos na Magistratura;
2.  Os Cidadãos empregados na Economia
civil e na Política, no Comércio, nas Artes, etc.
Todos os súbditos têm por lei da Monarquia propriedade de
bens, & Liberdade determinada e garantida por suas Leis.
É portanto fácil determinar os conhecimentos e as
ciências que devem entrar na educação de cada uma dessas
três classes.
Como o destino de um Jovem Fidalgo
é servir nos exércitos e nas Armadas, ou no
Estado Eclesiástico; como ele está destinado a ser cortisão
& a ser empregado no Ministério, como Secretário
de Estado, Embaixador, Enviado etc., a sua educação é

geralmente conduzida da seguinte forma:
Como a educação dos Fidalgos ocorre comummente
na casa dos seus Pais, um ou vários Mestres subalternos
instruem o Jovem Fidalgo nos conhecimentos

**64v**

da língua Materna, da Língua Latina, de Geografia,
de Elementos de História, de Heráldica, de Desenho, de Geometria, de Trigonometria, de Arte Militar.
Esta é a primeira parte desta educação. Eis a
segunda: a arte de agradar & de se fazer amável tanto na
corte como na alta sociedade; a dança, a música, falar
e escrever a sua língua com propriedade e elegância, & adquirir
um ar simples e desembaraçado que se obtém através da convivência
com pessoas de qualidade, & principalmente em círculos
de Damas durante os bailes, as ceias & o jogo.
A Nobreza Francesa não está obrigada a aprender,
na juventude, nem o direito Natural nem o Civil, já que ela'
não está destinada à Magistratura, e menos ainda à Economia Civil ou Política, em está empregada em
grande parte os Burgueses notávéis ou as Cidadãos.
A sua educação ésta perfeitamente calculada para servir a sua pátria
segundo a constituição desta; em que cada súbdito tem a propriedade de
seus bens reconhecida pelas leis e defendida pelo Soberano;
em que a Jurisdição Real está depositada entre as mãos dos
Parlamentos, que são os executores & os guardiões das Leis
desta Poderosa Monarquia. Em que os Soberano
ocupa somente a sua Nobreza nos Exércitos, nas
Armadas, na sua corte, no seu Ministério, & na

## 65

Igreja.

Embora muitos da Nobreza sigam a Magistratura & eles exerçam funções em vários empregos civis, a Constituição do Estado nunca se altera devido a este duplo emprego da Nobreza; porque a mais ilustre e de primeira ordem não conhece outro

emprego senão o da Corte & os Exércitos.

Está na altura de apresentar a constituição do Império da Rússia, dar a conhecer as diferentes classes de seus súbditos & algumas das suas leis fundamentais, a fim de poder determinar qual a educação que convém a sua Nobreza, & si a Educação Francesa será su-

ficiente para dela ser servido com vantagem.

Os súbditos do Império da Rússia estão divididos em duas classes: a primeira contém toda a sua Nobreza: mais por privilégio do que pela constituição do Império; essa primeira classe tem a propriedade de bens. Ela pode fazer testamento, nomear herdeiros. E embora a <u>liberdade</u> tenha começado a aparecer depois que a Casa Romanov tenha subido ao trono, ela ainda

não está reconhecida nem sustentada pela lei.

A segunda classe de súbditos está totalmente destituída de <u>propriedade</u> de bens e da <u>Liberdade</u>; e embora por privilégios se escontrem agumas excepções, a constituição do Império nunca lhes reconhece <u>propriedade</u> de bens, nem <u>liberdade</u>.


## 65v

Por uma lei de Pedro o Grande, toda a Nobreza está obrigada a entrar no serviço dos Exércitos ou da Armada aos

treze anos de idade. Visto que pela Constituição do Império o
terceiro Estado, isto é, o cidadão ou Burguês notável,
não é reconhecido nisso; como a Nobreza Russa nunca a-
braça as Dignidades Eclesiásticas, segue-se que
é dessa primeira classe que saem todos aqueles que são empregados em altas funções da corte no Ministério. Desta classe saem os Generais & os
Almirantes, os Magistrados e todos aqueles que são empregados na Economia civil & Política deste vasto
Império.
Em França, e em quase todas as Potências da
Europa, os que comandam nos exércitos, os que ad-
ministram a Justiça, & os que presidem sobre a <u>receita</u> & <u>despesa</u>
do Estado, saem das três classes de súbditos: da
Primeira Nobreza, da Nobreza e Burguesia, e somente da Burguesia.
Na Rússia todos os cargos, todos os Empregos
civis, Militares, Económicos e Políticos da Corte &
do Ministério são exercidos só pela classe
da Nobreza, totalmente alistada ou educada no Militar.

## 66

Em França, um Fidalgo depois da Guerra
ou permanece na vida Militar ou se retira para as suas terras. As
patentes de General Major e de Tenente General durante a paz
não receber o salário Militar; eles podem ser empregados na
corte ou no Ministério, mas nunca entram na
Magistratura, nas Intendências de Província, nos
cargos de Finanças nem de Economia.
Na Rússia, um General, um Marechal de Campo, um Coronel,

depois de terem servido na guerra com honra & distinção,
saem do Militar; tornam-se Senador, Presidente de Colégios
de Guerra, de Justiça, Estribeiro-Mor, Governador de Província,
Chefe Militar; são empregados em todos os departamentos de Finanças,
de Economia ou na <u>receita</u> e <u>despesa</u> do Império.
Foi perguntado a Aristipo o que era precisa ensinar
a um jovem? O que ele deve fazer, respondeu, quando
ele se tornar homem. Por esta resposta, estamos convencidos
de que a educação Francesa é muito própria para a Nobreza
Francesa, e que a mesma não só é insuficiente
para a Nobreza Russa, mas ainda é preciso eliminar
uma grande parte para substitui-la por outros conhecimentos.
Pelo acima exposto, um Nobre e Militar Russo
será obrigado a tornar-se Magistrado & a governar as Finanças do Império. É preciso que na sua Educação

**66v**

entrem não só os conhecimentos necessários na arte
Militar, e da Corte, mas também o da Magistratura,
e da Economia estadual interna & Estrangeira.
Não obstante a evidência destes pormenores sobre a diferença
que deve haver entre a educação da Nobreza Russa
e a Francesa, desde há vinte ou vinte & cinco anos a Rússia está
inundada de enxames de 8 учители, ou de preceptores Franceses, ou
Berlinenses, que pretendem que a educação que eles ministram torne o Fidalgo capaz de servir a sua pátria
e de se fazer amar & considerar na Corte & na cidade.
Tanto quanto a minha experiência me proporciona, esses
preceptores ou учители fazem todo o que dependem deles para que

o seu aluno fale correctamente o francês & que ele possa escrever nela uma carta; obrigam-no a aprender de cor algumas fábulas de la Fontaine; fazem-nõ ler Telémaco, algum Romance bem escrito; um pouco de geografia sem princípios, os Elementos da História, que consiste dos nomes dos reis, dos Imperadores; uma pincelada superficial de Heráldica, que ele se esforça lhe mostrar a cores; depois disso, a dança, explicar como ele deve anelar o cabelo para o dia; & logo que o Aluno resolve casar-se ou ter um emprego nos guardas, nas forças armadas ou à Corte, a educação está terminada, & o Aluno, sem entraves, esquece em poucos dias tudo que ele há aprendido; entretanto, ele lê os livros de toilette durante

## 67

uma hora ou duas, o tempo dedicado cada dia para se frisar & empoar.

Sangra-me o coração quando considero os perniciosos efeitos resultam disso algum dia na Rússia, se essa educação dos Читили continuar ainda durante meio século!

Sangrava-me, também, ao ver os Regimentos Russos a marcharem sobre o gelo e a neve, com artigos de linho branco, com o cabelo frisado e empoados. Peço-Vos perdão, meu Senhor, por este desvio, nascido da dedicação que tenho pela Vossa pátria. Enfim, como estou convencido de ter demonstrado a insuficiência da educação francesa para tornar um Fidalgo Russo capaz de defender a sua pátria durante a paz & durante a guerra, ouso propor aquela que me parece mais de acordo com a constituição da Rússia.

A Arte Militar

Primeira Parte da Educação de um Fidalgo Russo

Parto do pressuposto de que um Fidalgo Russo na idade da
[inscrição no colégio
de Guerra, ou no corpo de Guardas, sabe escrever a sua língua materna correctamente, escrever uma carta e um relatório.
Seria de desejar que ele soubesse o eslavo para escrever mais correctamente & entender os livros da sua Religião. Pressuponho que ele fale e escreva sofrivelmente o Francês & o Alemão;

**67v**

Conto também com o seu conhecimento dos princípios do desenho, sem
   querer torná-lo pintor: da Geografia, estudo
   de um mês, quando se sabe mostrar no globo
   comparado com as cartas geográficas, sem qualquer leitura além
   da explicação de um Mestre hábil, seria a melhor
   preparação para aprender a história profana & a Sagrada, pelo menos depois do
   Nascimento do Salvador, ou de César Augusto até aos nossos dias.
   Pode ser instruído nas primeiras regras da Aritmética
   e nos primeiros seis livros de Euclides.
   E logo que o Jovem Fidalgo pudesse fazer um
   exame desses conhecimentos, buscar-se-ia um Engenheiro
   para lhe ensinar a arte de guerra, pelo menos durante dois anos.
   Uma hora por dia empregada para a instrução de gabinete, &
   algumas outras no mesmo dia na prática dessa arte.
   Se tiver a sorte de encontrar um Engenheiro experimentado,
   homem feito e instruído, não é necessário que eu entre aqui no
   que ele lhe deve mostrar no gabinete: ensinar-lhe-á a
   Geometria Linear e os Sólidos, a Trigonometria &
   as secções cónicas, & ao mesmo tempo a aritmética, as fracções,

as decimais, e a Álgebra até à resolução das equações
surdas, a Fortificação, os princípios da Arquitectura civil do
ataque & da defesa de praças, e a Táctica, que não é um estudo difícil
em que sejam necessários vários anos. Mais por defeito
dos Mestres do que por incapacidade dos discípulos, estes não beneficiam usual

## 68

mente: se eles lhes mostrarem o que ensinam com <u>ordem, com uma certa comodidade,</u> & com um <u>desejo afectuoso</u> de que
o aluno tenha aproveitamento, todo este estudo acabará em menos de dois
anos. Os Mestres que se conduzem mais pelo seu vil interesse
do que pelo prazer de se tornarem estimáveis, logo que estão
seguros de que farão a sua fortuna com os seus alunos
retardam a seu progresso; sendo assim, é preciso tomar
medidas quando há acordo com eles, E este método deveria
ser seguido com todos os Mestres que estão empregados na
educação.
Se eu quisesse produzir um Académico, um Professor, ou um
sábio, qualquer Matemático poderia ensinar o que eu
acabo de especificar; mas eu quero formas um General, um Marechal, capaz de
formar, instruir, nutrir e conservar um exército, & o
tornar temível ao inimigo; é preciso que a sua educação não
se oasse bi gabinete a calcular e desenhar fortalezas e má-
quinas, é-lhe necessária a prática da arte de guerra cada dia
à tarde, depois de passar uma hora ou duas durante a manhã no gabinete
com o seu Engenheiro.

Desejaria que as partes da tarde fossem sempre empregadas na companhia do seu Engenheiro a examinar, por exemplo, a
fortaleza de Petersburgo, ou alguma outra, onde se lhe mostrasse
o tipo de fortificação, & todas as partes em pormenor; que um
outro dia se fosse ao corpo de engenharia, lá ver, observar & examinar os modelos das fortalezas, os planos de acampamentos, as
armas, os pontões,

**68v**

os fornos de campanha. Pensamos efectivamente que a curio-
sidade do aluno
animará o seu Mestre a lhe explicar os seus usos e a melhor maneira de se servir deles. Vê-se claramente que nunca negligenciaria
Num outro dia, noutra semana ou noutro mês, eles
farão o exame da secção da artilharia: ver aí fazer as pro-
vas de força da pólvora de canhão, como são carregados os
canhões, os morteiros, como se carregam as bombas, as gre-
nadas, & tornar-se instruído pela simples visão as observações pelo
seu Mestra sobre o que não se pode aprender nos livros.
Um outro mês seria aplicado à forma
como se farda e se alimenta um exército, & ainda ao conhecimento
da melhor maneira de construir plataformas móveis ou ползьи
Vê-se claramente que nunca negligenciaria
os exercícios com a espingarda, com o espontão & o florete,
nem o exercício mili-
tar, nem as suas evoluções. Se o Engenheiro for experimentado, completo
na sua arte e com amor da ensinança, ele irá facilmente
ao encontro desta instrução prática, que lhe servirá, & ao seu aluno, de

descanso do estudo da manhã.

É inconcebível quanto a prática das artes Nobres e das ciências contribui para compreender a sua teoria. Dizia-me um excelente e muito experimentado Engenheiro: "Os Criados Engenheiros, que estão empregados na sua arte, todos tornam-se Engenheiros. Os discípulos dos Enge-

## 69

nheiros educados nas Escolas de engenharia todos tornam-se Matemáticos". Eu poderia dizer o mesmo de muitas outras artes.

Não entrarei aqui a especificar os livros necessários para compreender esta ciência; o Mestre hábil deve dá-los a conhecer ao seu aluno. Eu não posso esconder uma obra desta Ciência que foi publicada há pouco tempo com o título "Elementos da Arte Militar Antiga e Moderna, por M. Cugnoz Antigo Enginheiro. Paris: 1766". Os especialistas têm-na em grande conta; & Este livro poderá servir para a educação que acabo de delinear.

Moral Direito Natural e Civil Segunda Parte da Educação de um Fidalgo Russo

Felizinente, Meu Senhor, que encontrastes o

digno Sr. Schoepflin para dirigir os estudos dos Senhores vossos queridos filhos. Ele que conhece o valor destas matérias indicadas no título, terá tomado sem dúvida um cuidado particular de os instruir nelas. Limitar-me-ei, por isso, à

aplicação desses conhecimentos que serão exercidas na Rússia. Seguramente que pela Constituição deste Império O Soberano é a única lei. Apesar da <u>Oulogenie;</u>

## 69v

Não obstante os <u>Ukazi</u> de Pedro o Grande & dos seus sucessores,
O Soberano é o Mestre de os revogar. A
<u>propriedade</u> de bens não é conhecida, como também a <u>liberdade</u>,
entre os súbditos, a não ser por graça & privilégio. Os bens dos
Fidalgos estavam antigamente em feudo; Pedro o Grande, pela
Sua grandeza de alma tornou-os Alodiais ou de
posse própria. Isto foi mercê, mas não é lei constitutiva do Império.
Parece, então, que numa tal constituição a Moral, o Direito
Natural, e o Civil são supérfluos. O Soberano nunca renunciou
à Sua Jurisdição, nunca a depôs nas mãos do Senado, ou de
qualquer outro Tribunal para
executar, & garantir as ou os указы
Apesar da inflexibilidade desta consti-
tuição do império, A propriedade & a Liberdade fizeram progressos,
se bem que insensíveis, e não demorará um século para que esses
bens da Sociedade se mostrem com brilho.
O estado de escravatura e servidão é violento: A Natureza violentada faz cada dia os seus esforços para adquirir o seu
estado natural de bem-estar, para se conservar por mais tempo.
O primeiro chefe ou conquistador da Rússia, tendo conquistado
com a sua tropa os povos vizinhos, estes renderam-se-lhe como
escravos.

## 70

isto é, entregaram-lhe os seus bens, todo o seu poder e liberdade na condição de lhes poupar a vida. Quase todas as Monar- -
quias tiveram as mesmas origens.
O Soberano então, tanto por interesse próprio, como

para satisfazer o Contrato da escravatura, poupou sempre
a vida dos seus súbditos escravos. A Lei de Pedro o Grande, pela
qual proíbe ao Fidalgo matar o seu escravo,
não é consequência da sua demência: é acto
de justiça para com o escravo. O próprio Soberano não é o seu
Dono, enquanto ele conserva a sua inocência; ele entregou
tudo que ele tinha de caro e de estimável ao Seu Chefe conquistador, ou aos seus antepassados, na condição de lhe conservar a vida;
conservou-lha naquele momento; assim, sem injustiça,
o mesmo chefe não pode lhe privar dela, enquanto ele não se
tornar culpável.
Quando os Soberanos da Rússia (principalmente depois
que a Casa Romanov subiu ao trono) começaram a
fazer leis a favor dos seus súbditos, permitindo-lhes fazer doações entre vivos, fazer testamentos a favor dos parentes, contratar casamento sem autorização dos seus Senhores, A
Lei Natural tomou pouco a pouco os seus direitos, ao mesmo
tempo que abrandava a
dureza da escravatura. Estas graças e estes privilégios aumentam cada dia na Rússia por demência dos Sobera-

**70v**

nos, & ao mesmo tempo que o Ministério e os Cortesãos forem
ficando mais
esclarecidos e instruídos nos direitos da humanidade, e da
sã Política, estas graças e privilégios serão bem mais frequentes.
Só a ignorância desses dois direitos, só a educação perversa
e bárbara são causa da tirania & da escravatura
mais duras. Quando os Soberanos

não falarem senão com Ministros e Cortesãos bem
educados e bem instruídos, pode esperar-se que os seus espíritos
contrairão a mesma forma de pensar e de agir.
Como a Nobreza Russa está destinada a ocupar cargos nos
Tribunais de Judicatura, no Senado, no Colégio de Guerra &
Almirantado & nos Governos das Províncias, como Ela está
destinada igualmente a servia a Corte, não só nos seus
grandes cargos mas também nos do Ministério
tanto rio Império com nas Cortes Estrangeiras,
é preciso que na educação de um Fidalgo
Russo entre a Moral, o Direito Natural, o Civil & o
Político, que saiba os princípios destes & que os aprenda
tanto quanto possível através da prática dos Tribunais.
Mas o Mestre que deve ensinar estes conhecimentos não
deve ser um учител. Terá que se procurar um homem ins-

**71**

instruído, & que tenha estado a trabalhar junto a algum Embaixador, ou
a algum Tribunal, não só para conservar os princípios
que ele aprendeu na Universidade, mas para os desen-
volver pela prática, pela leitura de bons Autores (& estes
são raros), e através da conversação de um homem experimentado nos assuntos políticos e civis da Europa. Um tal homem
se ele tivesse ao mesmo tempo as qualidades de um coração
com afabilidade para
amar & fazer-se amado, seria um tesouro em Vossa Casa,
Meu Senhor. Ele seria o amigo, o Director da verdadeira & da
sólida instrução, que é, na verdade, tão rara.
Gostaria que o Jovem Fidalgo fosse, sozinho ou acompanhado, ouvir de pé, atrás dos assentos dos Senadores &

dos Presidentes de Colégios, as acções contenciosas que lá são tratadas, e de seguir uma mesma causa e uma mesma questão civil, económica ou criminal, desde o início do processo até ao fim. Em Dinamarca essa lei está em vigor. A Jovem Nobreza, depois de ter feito os seus estudos em Direito, é obrigada a frequentar os Tribunais do Reino como Auditores.
Esta prática produziria no espírito do Jovem Fidalgo efeitos consideráveis em beneficio da sua felicidade & de sua pátria.
Faria, então, mais caso da sua língua e da dos Estrangeiros;

**71v**

ele aprenderia e compreenderia mais facilmente do que através da leitura,
chegaria ao conhecimentos das Leis, dos usos da sua pátria,
chegaria ao conhecimento das receitas e despesas do Império, & sobretudo, adquiriria o atestado mérito de homens respeitáveis que estão à frente dos assuntos.
É possível dedicar-se à Arte da guerra da maneira acima indicada & ao mesmo tempo à Instrução do Direito Natural e Civil com a prática acima mencionada; encontrar-se-á tempo suficiente, se houver vontade de a gerir, & de aproveitar.
A Arte de se tornar amável
Terceira Parte da Educação de um Jovem Fidalgo
Se a Nobreza Russa estivesse apenas destinada a servir a Corte, talvez a educação francesa fosse suficiente para cumprir o seu destino. Mas um учител. nunca formará mais do que uma imitação de um homem distinto, digno de servir

uma corte: Os pobres pais que não sabem em que consiste a educação admiram as macaquices de contorções e das reverências do seu filho com uma volubilidade de linguagem uma vez que o
filho entende tão pouco como o seu pai, todo admirado!
O Falecido Príncipe Kourakin, Estribeiro-Mor, que sabia bem o que

# 72

era a Corte, tão tumultuosa no seu tempo, e que ele era a causa da perda das Casas de luxo, pelo jogo & pelas intrigas,
decidiu fazer inscrever como soldado da Guarda o seu único filho de doze anos de idade, com a intenção (fazia-me a honra de
dizer) de lhe dar uma educação mais vigorosa & menos dissipada do que se ele o metesse na Corte. A morte levou-o pouco tempo depois & o seu filho entrou finalmente na Corte, para a desgraça da sua casa.
Este exemplo mostra bem que um Fidalgo Russo deve ser educado de forma que possa prestar servir a Corte: É preciso que possua num cer-
to grau essa arte tão estimada em França, de se tornar <u>amável:</u> se pentear, dançar, ocupar o seu lugar nos círculos sociais, à mesa, não dizer, nem fazer nada que ofenda os usos e os costumes habituais, nem mesmo no vestuário, na postura ou na mar-
-cha. Tudo deve ser feito à vontade da companhia.
Aprender esta arte com perfeição na Rússia torna-se dificil; os bailes, as ceias e os círculos de Damas são mais raros
do que em Paris. No entanto, estes lugares são as melhores escolas para adquirir formação na arte de agradar.
Durante este tempo deve fazer-se o maior caso
do exercício do manejo na Corte & exercitar-se nela com tanta frequência

que as suas funções permitirão: toda a gente conhece a
necessidade deste excelente exercício em todas as diferentes
situações de um Gentil-homme ao serviço da sua pátria.

**72v**

Eis o que diz respeito às exterioridades e à arte de agradar.
Mas para desempenhar o papel de Cortesão, são precisos bastantes outros talentos.
É preciso compreender o homem a fundo: animal o mais pernicioso entre todos os animais quando é ignorante & feroz, ou simulado:
ele é o melhor de todos os seres vivos se dotado de virtudes agradáveis
e benéficas a si & aos outros. O Cortesão trata com
homens compostos desta mistura de vícios e de virtudes. É nisso
necessário algo de inteligência, alguma prudência, alguma discrição, paciência, o que
é o mais difícil no furor da juventude. Nas Memórias
Históricas & em algumas Histórias, pode-se ler & meditar
sobre as funções dos Cortesãos & a sua conduta, & um Jovem Fidalgo
não perderá o seu tempo se chegar a conhecer o que
é essa estada, tão sedutora para aqueles que não conhecem
o que é a Corte.
Parece-me que, se a Biblioteca de um cortesão
fosse composta dos livros de que vou aqui indicar o título, ele pouparia
muito tempo & muito sacrifício na leitura de outros.
Todas as obras de Plutarco por Dacier & Ameloz.
As Obras de Tácito = por Ameloz de l'Haussaye. Ciência do Governo
por St. Real, 8 volumes in 4°./ obra recentemente impressa.
Neles se encontram os Conhecimentos em geral para o Cortesão,

## 73

para um Ministro no Estrangeiro & para um Secretário de Estado.
O perigo do exercício das funções da Corte, é de aí contrair a aversão ao trabalho, à reflexão; cai-se em vícios
opostos devido à dissipação em mil coisas, por vezes frívolas, pela
adorno deslumbrante, pela música, pelo teatro, algumas
vezes pelo deboche; cai-se no hábito de levantar-se tarde,
já que se vai para a cama duas ou três horas depois das ceias.
A Economia desordenada, cai-se em dívidas, está-se reduzido
a extremos. Deseja-se ter mudanças para endireitar os negócios minados, & a mais frequentemente para mudar a condição.
Para evitar esses perigos é preciso fazer um esforço cada vez maior
para que a educação da Jovem Nobreza seja a mais virtuosa & a
mais activa. E isto será tudo o que tenho a intenção de pormenorizar a seguir.
A Economia civil & Política do Império de de Rússia
Quarta Parte da Educação de um Fidalgo Russo
A constituição do Império da Rússia exige que
a Nobreza seja mais instruída na Economia Política & particular, do que a do resto da Europa. Todas as suas Potências
se tornaram Mercantis: A guerra faz-se nos nossos dias para adquirir

## 74

Francês ou Alemão católico pode colocar a família em
três ou quatro condições diferentes, sem a arruinar: coloca
um filho na função militar, o mais novo na vida Eclesiástica,
onde se tornará Cónego, Bispo ou Abade Comendatário. O
terceiro nos Parlamentos, as Filhas nos Conventos
ou nas Abadias Reais.
Um Fidalgo Russo está privado de todas estas
vantagens. Em França & em Alemanha as Casas Nobres

têm vários bens de substituição, que não podem ser alienados
senão por crime de Alta traição: na Rússia, as substi-
tuições são desconhecidas. Se o Pai destruiu a sua casa
as suas terras são vendidas para pagar aos Credores.
Em França & em Alemanha, A Nobreza manda
educar os filhos dos dois sexos nos Colégios ou nos
Conventos, com muito pouca despesa; em Rússia,
é preciso que um Fidalgo os eduque com despesas consideráveis.
Por estas razões & várias outras que não é preciso
aqui descrever, um Fidalgo Russo deve ser educado
com todo o conhecimento possível da Economia particular
e a do Estado.

## 74v

As Regras Económicas para ordenar uma Casa, & um
Império provêm de um só princípio conhecido de Catão Censor, do seu livro de Agricultura: "É desejável & convém,
diz este Senador, a um Pai de família vender & mandar
vender tanto quanto lhe for possível e comprar o
menos que ele puder".
Negligenciou-se até agora na educação
da Nobreza a arte de manter livros de Receita & de Despesa, que se pode aprender em três lições de um hábil
Caixeiro Comercial, quando se é instruído na
Aritmética comum. Os Romanos conheciam esta
Instrução & praticavam-na, apesar das suas grandes
riquezas & as suas grandes posses. A Constituição da Sua República & do seu Império era disso
a Cause.

Um Jovem Cavaleiro, ou Patrício, tor-
nado Centurião, ou com o grau semelhante ao dos nossos
Coronéis, desejava distinguir-se & subir a funções mais
elevadas, que eram aqueles de Pretor, de Cônsul e de Censor.

## 75

Ele apresentou-se como candidato na Assembleia do Povo Romano
que concedia os empregos & os cargos da República; ele pediu ser <u>Questor,</u> que corresponde a nos <u>tesoureiros</u> do
tesouro Real, do tesouro das Forças Armadas, etc.
O seu principal e mais dificil dever era
fornecer a um exército tudo que lhe fosse necessário em
campanha & no quartel. Se entregasse as contas à
satisfação do Senado, ele havia entrado neste Augusto
corpo & ficava com o caminho aberto para chegar às
mais altas dignidades.
Se os Romanos julgassem os Jovens Fidalgos
como nós hoje os julgamos, escolheriam para tesou-
reiros das Suas receitas e de Suas despesas de Estado,
um rico cidadão ou Patrício, homem para lá dos
cinquenta anos, prudente, poupa& e de forma alguma guerreiro.
Mas os Romanos pensavam melhor do que nós.
Eis o seu raciocínio acerca da <u>Questura</u> exercida pelos
Jovens oficiais: ou este mancebo há-de sair desta
espinhosa tarefa com honra & integridade, ou não?
Se sair com honra e reputação, ficamos

**75v**

seguros da sua capacidade, da sua diligência & da
sua integridade. Pôr dinheiro do Estado nas mãos de
um Jovem guerreiro, para geri-lo, para empregá-lo, &
dele prestar contas com honra, é a mais dura
prova que nós poderíamos fazer aos seus talentos.
Se ele não tiver cumprido o seu dever,
a República ao fechar-lhe a porta dos empregos,
ganhará muito. Como a fundo um homem ou
inábil ou infiel convinha extremamente a um
Senado como o Romano.
Eis que, na distinta educação dos Ro-
manos, entrava a arte dos livros de <u>Receita</u> & <u>Despesa,</u>
com a ajuda dos quais se governa uma grande casa,
& um Poderoso Estado.
A Constituição do Império da Rússia o-
briga, necessariamente, que esta arte faça parte da sua educação, a fim de a exercer na casa Paterna
e nos cargos em que recebe e gasta
os dinheiros da Coroa.
Se eu tivesse um Jovem Fidalgo a orientar

**76**

aconselharia que lhe fosse permitido tomar
sob a sua direcção os gastos de todas as mesas da sua casa,
do trem de cozinha, do carvão vegetal, da roupa, e toda a espécie de
bebidas.
Quando ele tivesse obtido esta permissão, ele prepararia
um livro branco pautado e numerado, com um índice, análogo

aos dos Comerciantes, com o título <u>Receitas</u> e <u>Despesa.</u>
Cada dia, a uma hora determinada, pediria ao Mordomo
as contas de todas as compras, de todas as
provisões a partir de um certo tempo, tanto as compradas em dinheiro contado ou a crédito, como aquelas fornecidas pelas
aldeias pertencentes à casa.
Em muito poucos artigos, ele poderia indicar no
seu livro todas as particularidades pedidas ao Mordomo.
Quando estivesse familiarizado com esta prática,
ele tomaria sob os seus cuidados a outra parte da Economia
que diz respeito ao vestuário, aos adornos e às mobílias; ele
tomaria conhecimento da despesa & ao mesmo tempo
de tudo que é preciso para conservar uma casa, se
todos os anos o Pai definisse uma certa quantia
entre as mãos do tesoureiro para prover a estes dois
departamentos principais da economia doméstica.

## 76v

Os Antigos Persas viviam felizes & respeitados pelos seus
inimigos, com estas duas leis: não dever & não fazer
nenhuma dívida. Nunca mentir.
O objectivo principal de governar uma casa
com a ajuda de um livro de <u>Receita</u> & <u>Despesa,</u> é de
observar a primeira lei. Desta forma, regula-se
a despesa em proporção à receita. E quando o espírito está habituado, no primeira idade, à ordem, à exac-
tidão, esta ordem impregnará todas as disposições
& aparecerá mais nos seus cargos.
Esta instrução para manter um livro semelhante,
e governar um ramo da economia particular, devia

ser dirigida por empregado comercial durante
algumas semanas; o hábito tornaria menos penoso este
trabalho & depois do primeiro mês, esta prática Lhe será
agradável, o que constituiria a maior felicidade, sinal
certo de que está convencido da utilidade desta ocupação.
Nunca entendi o facto de que as Damas Russas
tomam menor cuidado a economia doméstica. Em França esta
virtude não é rara, e menos ainda em algumas

77

Potências da Alemanha. Não há razão
de não se introduzir num país uma notável utilidade
se ela não existia antes. Seria de desejar que
o sexo amável fosse educada na economia da casa
que governa, ou alguma das suas filhas. O vestuário, os móveis, a roupa branca parecem ser do Seu
domínio. Nisso se empregaria o tempo que muitas
vezes se torna fastidioso, e realçaria as virtudes a-
máveis, proporcionando-lhes matéria para aumentá-las.

Objecções

e

Reflexões sobre o plano de educação proposto
acima

Objectar-se-á que é impossível que um jovem fidalgo possa aguentar
tantas lições de teoria & de prática, e tantos Mestres; que o seu espírito
será confundido & perturbado & que ele nunca terá qualquer noção clara

**77v**

do que aprenderá.
Dizer que se um Jovem Fidalgo tem que ter um Engenheiro
para Lhe mostrar a teoria & a prática da <u>Arte Militar,</u>
& ao mesmo tempo um preceptor, homem de ciência
e de experiência nos conhecimentos da <u>moral,</u> da
<u>História,</u> do <u>Direito Natural & Civil,</u> frequentar
Os Tribunais, como auditor; e mais um terceiro para mostrar
a Arte de manter o Livro de <u>Receita</u>
e <u>Despensa,</u> com o exercício da Economia doméstica,
objectar-se-á que este Fidalgo nunca terá tempo de
se mandar frisar, para aprender a dançar, e menos ainda a
música, ou vocal ou Instrumental. E que é necessário,
na sua idade, divertir-se algumas vezes a desenhar &
a pintar um retrato ou qualquer modelo curioso & raro da História Natural.
Também eu não faço menção da Astronomia, da Física Exerimental e menos
ainda da química dos metais, nem das artes; que estes conhecimentos são indispensáveis a um Fidalgo

**78**

que deve frequentar as grandes Companhias, e que ignorá-los
reverteria à sua desvantagem, como se a sua educação
tivesse sido negligenciada.
Para responder a tantas dificuldades, que parecerão bem
fundamentadas a quem não conheça as educações em voga,
será preciso que eu declare daqui para frente as minhas intenções
na educação proposta.

A Rússia tem por vizinhos a Suécia ao Ocidente
& a Grande & a Pequena Tartária ao Levante & ao Sudeste.
A Suécia é um Reino pobre por natureza. Mas o habitantes
são activos, corajosos, inteligentes & constantes, dados desde Gustavo Adolfo, à Economia doméstica e Política
com um ardor que nada deste mundo os faz recusar. A
Pragmática, que eles acabam de pôr em prática
contra toda a espécie de luxo, mostra bem o espírito altivo
e indominável que os anima & aquilo de que são capazes. Por
esta pragmática, os <u>frisadores</u> de cabelo e o <u>pó na peruca</u> são
proibidos na Suécia. 1 cortar a raiz à
destruição da Juventude e à ridicularia do século.


**78v**

Vê-se por esta lei que esta Nação aspira a tornar-se vigorosa,
activa e Empreendedora.
Vejamos os Mongóis, os Calmiques, os
Tártares da Grande & da Pequena Balcária, os
Carakalbaques, Nações que a Rússia não teme hoje
em dia. Mas eles vivem sem necessidades, nem faltas;
Nações rijas, corajosas, indomáveis, somente
pela morte.
Enquanto o Império Romano se conservava
no seu vigor, desprezava os bárbaros do Norte, que havia
destruído várias vezes, bem como os Árabes que ele havia
vencido.
Constantino Magno transporta Este Império
a Constantinopla, a através da comunicação & do comércio
dos Reis do Oriente, o luxo de mil formas entrou nesta nova corte; A discipli-

na militar das Legiões Romanas perde-se pouco a pouco através
da frívola edúcação Grega & Asiática; por volta do
século oitavo, a coragem Romana havia desaparecido

## 79

dos exércitos do Império da parte Grega.
E através de que Nações morreu este Império? Através
das que havia vencido & desprezado: os Hunos, os Árabes
e os Turcos. Nações então pobres, errantes, duras, corajosas, sem faltas nem necessidades.
A Suécia ao ocidente e a Tartária ao oriente
são os inimigo que a Rússia deve sempre temer. As fortalezas,
muralhas e exércitos mais temíveis que Ela Os deve
opôr é a educação de Sua Nobreza,
para a tornar capaz de
os atacar & vencer, se o desejo se lhes prende de se mexerem.
Mas para fazer a guerra a estas Nações, não se deve
educar à francesa. É preciso uma educação mais vigorosa, & que
esteja mais de acordo com o clima e a maneira de viver da
Suécia, da Rússia & da Tartária.
Esta Educação, que passarei a chamar Russa, reduzir-se-á
a tornas o corpo vigoroso, activo e resistente, &

## 79v

o espírito instruído e ornado com conhecimentos úteis a si &
à sua pa-
tria.
Desejaria que durante a instrução de um Jovem Fidalgo, ou

Fidalgos, a sua refeição de noite fosse
separada da do Pai e família, que a ceia com o seu
preceptor ou governador fosse tão moderada que pudesse deitar-se
entre as dez e as onze horas; E que existisse a regra inalterável de
se levantar <u>às seis horas</u> durante todo o ano, & agradasse a Deus
durante toda a vida! Logo que estivesse levantado, deveria começar os exercícios acima mencionados com os Mestres
ou preceptores, como assinalei. Durante estes exercícios
a porta deveria estar fechada ao criado de quarto, aos lacaios, aos
diferentes recados mensagens do alfaiate, do cabeleireiro, etc.
Se os precep-
tores entenderem o seu dever e levarem a peito a ordem & o proveito que resultam[*] da boa educação, eles empenhar-se-ão na
observação desta regra. Se não quiserem se sujei-
tarem a isto, é preciso tomar a resolução, ou de não os contratar,
ou de os despedir definitivamente.
Sabeis, Senhor, que o Pedro o Grande,
que tinha tempo para fazer tudo o que lhe era necessário, se

[*] O trecho «l'ordre, & le profit que revient de la bonne education» é traduzida como «a ordem e o proveito que advém [*sic!*] da boa educação» em Machado (*op. cit.* 181). Embora no manuscrito a forma verbal esteja no singular, na tradução o verbo deverá ser no plural, devido ao sujeito no plural. Na mesma página do referido livro, a tradução do trecho «ou de ne les engager pas, ou de les congedier...» é dada como «de ou não os contratar, ou de os despedir...» (com sintaxe confusa).

80

levantava às três horas da manhã; toda a sua Corte, os seus Ministros, os seus Generais adquiriram o mesmo hábito. Este hábito foi a base

de tudo o que fez, das batalhas que ganhou, & das províncias que conquistou. Ele baniu a preguiça dos Boiardos amolecidos pela Regência da sua irmã, a Princesa Sofia.

O Marechal de Campo Conde de Munique, o mais activo & o mais vigilante General que conheci entre muitos outros, se levantava sempre às três horas para trabalhar sozinho ou com um secretário & algumas vezes dois. Nas Universidades quando os Professores querem saber do progresso que fazem os seus Discípulos, o sinal mais certo é serem informados
sobre a que horas da manhã se levantam, & o que eles fazem depois de levantados. Sisto V, havendo sabido que o Duque de Maine, que ficava na
cama até ao meio dia, e que disputava a coroa a Henrique IV, que se levantava sempre
antes do dia, apesar de se mover nos interesses do primeiro, sem informação posterior, decidiu
de imediato "o Bearnês será Rei".

No nosso corpo e no nosso espírito, sobre a maneira
de aprender, de pensar e de reflectir, entra muito de maquinal & do material: acostumamo-nos a pensar e a compreender quando estamos no gabinete de estudo; quando
nós nos levantamos à mesma hora; quando
não estamos distraídos por recados e visitas supérfluas
e inúteis. Eis a base da <u>instrução</u> & a primeira pedra
deste grande edifício da felicidade, ou da infelicidade, para o resto da vida.

Passemos agora a considerar os perniciosos

**80v**

efeitos que ocorrem se não se observa a regra de se levantar

cedo & ao tempo marcado. Quando um homem jovem
dormiu sete <u>a oito horas,</u> se ficar mais tempo na cama,
sabemos as consequências: Horácio, Mestre da Vida Civil
dir-no-las-á; fê-lo quando escreveu ao seu Amigo Lólio: "Se logo de
manhã, não mandardes que vos tragam luz & alguns livros,
se não vos aplicardes seriamente ao conhecimento &
à prática das virtudes úteis e agradáveis a vós e às vossas
obrigações, depressa vos tomareis a presa das
<u>vossas paixões; o amor ou o desejo atormentar-vos-á cruel-
mente</u>".
Se permanecermos no hábito contrário,
teremos o tempo para ordenar as tarefas da casa, & aquelas
dos cargos
públicos: O espírito está sempre mais desperto, a coragem mais
vigorosa, & o humor mais constante.
Quando se é educado com certa firmeza,
resiste-se melhor às fadigas duma campanha, de um cerco, de uma
longa viagem; não se cai tão depressa doente pelas intem-
péries do ar, ou das estações.
A Educação acima proposta é para educar con-
tinuamente um Jovem Fidalgo enquanto está acordado;

**81**

quatro horas de manhã no gabinete, &-o resto do
dia fora de casa, na prática da instrução
da manhã. Isto ocupá-lo-á, diverti-lo-á,
distraí-lo-á tanto quanto ir à caça, à pesca,
à Comédia e ao baile, no pressuposto que Deus
Todo Poderosa lhe inspirará o amor e a beneficência e
como tornar-se estimável pela virtudes. Porque sem este

amor do saber, sem este ardor em persegui-lo, tudo
Lhe será enfadonha, até mesmo os divertimentos.
Vejamos agora a utilidade que reverterá à sua
família, a si mesmo e à sua pátria, de passar a juventude
sempre ocupado, como acabo de esboçar.
O Jovem Fidalgo não terá tempo para as intrigas do amor, e menos ainda para essas diversões finas
de prazer, que não quero caracterizar como deboche:
Ele não se tornará jogador, esbanjador, com a destruição da casa paterna; não fará dívidas a
crédito que lhe tornarão a vida amarga por não encontrar os meios de as pagar. Com a ocupação contínua e regrada, ele evitará
as companhias

**81v**

dos Jovens Fidalgos arruinados e arrebatas por dívidas, por
deboches, construindo projectos de vender e hipotecar, fazendo
projectos e almejando mudanças de famílias, e no
Estado para melhorarem a Sua condição desesperada. Eles
desejam então a morte dos seus Pais, dos Irmãos mais velhos.
Eles tornam-se o flagelo e a ruína da casa
e da Pátria que os educou.
Esta Educação proposta, se não trouxesse outras
vantagens que prevenir as infelicidades mencionadas, ela
deverá ser preferida à educação comum, dirigida pelos учители , ou por qualquer homem amável.
Não sou capaz de ver, nem de pensar, sem horror
e sem tremer, que um Jovem Fidalgo Russo se deite à meia-noite
ou às duas horas, se levante às dez ou às onze da manhã,
que ele se faça frisar durante uma hora & quelques

fois duas, com um livro da Biblio-
teca adequado à toilette, como são os Romances, os Anedotas,
os de contos, as Miscelâneas e outros estragam espíritos, e
perda de tempo; que se sente à mesa & que, ao sair,
ele vá ao teatro, aos bailes, aos círculos de Damas, às

82

mesas de jogos de Damas ou de jogadores profissionais, &
que se deite depois da meia-noite.
Esta educação e esta vida tomam o espírito
e o corpo capazes de fazer a guerra na Finlândia ou nas
Montanhas de Verchatúria durante os meses de Outubro
& de Novembro? Que a Rússia pense que podem chegar qundo Ela menos espera,
e então, se houver alguma previdência, se
adaptará a Educação da Sua Juventude ao clima, e
às necessidades, que poderão sobreviver tudo de uma vez.
O maior factor na destruição que eu encontro na educação francesa é que cada Jovem Fidalgo tenha o seu criado de quarto
por direito, e como a sombra inseparável de seu corpo, enquanto
que ele
está no seu quarto, no roupão[**].
Faz hoje parte da educação, até mesmo
da Francesa, que cada Fidalgo se <u>barbeie a si próprio,</u> saiba
frisar os cabelos com <u>quatro papelotes•</u> con-
corda-se facilmente com a adopção desta toilette, contanto que
na Rússia
a frisagem & a pó, a maneira da Suécia, fossem banidas do
apartamento ou alojamento do Jovem Fidalgo. Se ele entrasse
nesta hábito, o criado de quarto deixaria de ser a som-

bra* do seu corpo, o seu confidente, o seu amigo e o seu agente.
Um Lacaio ou um velho doméstico educado na casa

O trecho «& en son deshabillé» é traduzido por «e em traje ligeiro» em Machado *(op. cit.* 191), com a seguinte nota (n. 27, 227): «O fantasma da promiscuidade e de eventuais intimidades de natureza sexual que esta circunstância de presença recatada a dois poderia ocasionar, foi referência recorrente em Ribeiro Sanches, como as principais obras de temática educativa são prova fecunda. As relações de natureza homossexual seriam, então, nestes casos, prática de fácil acontecer.» São de estranhar o emprego, na nota, da palavra *fantasma* e as afirmações (sem fundamento explícito) que se lhe seguem.

### 82v

tomaria o seu lugar & se cortaria pela raiz aos males
acima mencionados, & a muitos outros que se omitem por
serem conhecidos.
Não desejaria que um Fidalgo Russo fosse ignorante
do sistema Planetário, das propriedades dos quatro elementos,
que ele
desconhecesse o uso da Bomba Boyliana, do termómetro, do
Barómetro, do Higrómetro: é assunto de uma semana. Mas não
quereria que ele
fosse Astrónomo, nem Filósofo, e menos ainda químico. Quereria
que ele entendesse do desenho tanto que ele pudesse mandar que se lhe fizesse um escada, um aposento,
que se lhe esboçasse um acampamento, que se elevasse um
parapeito de tal e tal
maneira; Mas eu não o quereria Pintor,
nem com um gabinete de pintura, nem com outro ao lado
de História Natural. Este é um estudo próprio para os

Italianos, Nação Escrava abandonada à frivolidade & à
aparência do saber e da verdadeira virtude.
Um Fidalgo Russo, de acordo com o clima e a
Constituição da sua pátria, deve pensar à maneira Romana, agir à
maneira Romana & comportar-se como Romano.
A Disciplina Militar, introduzida por Pedro o Grande
nos seus exércitos & nas suas frotas, merece mais louvores do que

83

a invasão da Ásia por Alexandre Magno. Pergunto
ao Meu Senhor, e peço-vos mil perdões, como Médico que teve a honra de estar no 7-$r_g$ Gby,Á , se esta excelente disciplina poderia conservar-se sem a vestimenta francesa, sem
sem tecido branco, sem frisagem de cabelo e sem pó?
Ainda pergunto se o vigor, a força & a actividade do soldado
não sofre com o traje francês quando marcha sobre o
gelo, deita na neve, acorda-se coberto de neve,
ao atravessar a pé uma ribeira no inverno, & com os pés
e as pernas ao tornarem-se gelados uma hora depois?
Estas questões não cabem aqui; mas elas mostram
que a educação de um Jovem Fidalgo deve ser tão bem adaptada
ao clima e à constituição da sua pátria, como o vestuário & a
alimentação dos seus exércitos & das suas frotas. Ir tão
rudemente contra Leis tão poderosas e tão constantes
quanto são as da Natureza é ser escravo
da opinião preconcebida, é estar privado de toda a sensibilidade.
Eu ia acabar, Meu Senhor, por receio de
Vos incomodar mais tempo, mas amo-
Vos e eu venero-vos demasiado para vos ocultar

**83v**

algumas considerações que decorrem dos princípios acima mencionados.
É uso comum logo que
um Fidalgo Russo entre na idade de exercer qualquer cargo, no exército, nos guardas ou na corte, deixa o seu preceptor
ou governador. Quando se sente sem entraves & sem constrangimento, se não tiver a alma bem arrumada & o espírito bem instruído, lança-se nos vícios para preencher o vazio que ele tinha durante a sua educação. Temos tantos exemplos desta maneira de agir, que seríamos facilmente convencidos
desta verdade.
Os Romanos não terminavam nunca a sua educação; ele se instruíam tanto antes de estarem empregados que durante os cargos de General, de Comandantes dos exércitos, e mesmo quando eles se tornavam Imperadores. Cipião Africano
teve por mestre, por amigo e confidente, Políbio, o mais excelente de todos os Historiadores que nos restam da Antiguidade. O grande Pompeu, que comandou as Legiões Romanas
à idade de vinte e três anos, conservou sempre junto

**84**

a Ele, nas suas expedições, Dionísio de Halicarnasso; Trajano, que tão consideravelmente engrandeceu o trono, teve Plutarco por Mestre, por amigo & por confidente. Não terminaria se quisesse procurar exemplos semelhantes. Mas esta moda
não existe mais: gosta-se mais de ter um casa um excelente músico ou dois, um Negro de Angola e outras raridades
parecidas de elevado custo, do que procurar um homem

sábio, experimentado, que tenha servido nos exércitos, ou
nas Embaixadas, ou junto aos Tribunais, com a
probidade digna do saber, com a flexibilidade de um homem
que conhece o mundo.
Seria de desejar que esta moda de ter
sempre um homem dotado destas qualidades que permanecesse sempre na
casa do Jovem Fidalgo, logo que estivesse empregado,
ou quando mudasse de Ocupação. Este homem ficaria na
qualidade de amigo; seria útil pelo seu exemplo de mil
maneiras, na prosperidade & na adversidade.
Cortando do estado da despesa doméstica qualquer artigo
supérfluo e de luxo, ele se substituiria por um amigo per-
filhado, dotado das qualidades que acabo de especificar.
Lendo a história da ruína &
da destruição dos Reinos & das Repúblicas, nunca se atri-

**84v**

bui a causa à falta de dinheiro ou de coisas necessárias à vida, e menos ainda à falta dum exército: a raridade de Grandes homens foi a causa; quando falta
a inteligência, a diligência, o Conselho e a providência,
qualidades que só, com a força, conservam os Impérios.
O segundo defeito, e reprovada pelos mais bem instruídos
da conduta dos homens em sociedade, é que os Jovens Fidalgos
viajam por toda a Europa sem o mínimo conhecimento do seu
próprio país; & esta é a única razão do pouco proveito que eles
tiram destas viagens. Como não têm o espírito enriquecido
com as leis da sua pátria, nem com os conhecimentos da sua agricultura, do comércio, das fábricas, das minas, das pescas, quando

nas Suas viagens eles encontram estas coisa, eles não
podem julgá-las, pois lhes falta o termo de comparação. Então tudo lhes parece maravilhoso, onde eles
não são atingidos pelo conhecimento, nem
o uso, nem a utilidade.
Um Jovem Fidalgo deveria ir todos os anos
ver uma Província da Rússia, acompanhado, ou do seu Amigo, ou
de qualquer homem bem instruído que Lhe pudesse insinuar as
observações que ele faria sobre os produtos da natureza &

**85**

da arte, da maneira de viverem os habitantes, dos seus usos e
dos seus costumes. Aí se observariam a agricultura dos cereais, do
cânhamo, dos linhos, as diferentes espécies de rebanhos, o seu
número, força; as fábricas de tecido, de couros, de panos de
lã, as pescas, as Minas; aí se poderia habitar em diferentes
cantões,
nas casas dos camponeses, observar a sua alimentação, os seus
usos, costumes, nas bodas nos enter-
ros; conhecer as rotas, os rios navegáveis, os
Lagos, as florestas; observar nas cidades o comércio, as
artes as fábricas & a saída dessas fábricas &.
Estes conhecimentos do interior deste vasto Império
entram na sua economia interna & Política. O conhecimento Lhe será útil durante toda a vida, empregado
à corte, ao Exército, ou ao Senado, e principalmente
nas Cortes Estrangeiras; com tais conhecimentos, se então ele
viajasse pela Europa, a utilidade que se tiraria das
viagens seria completa. Como estes detalhes são tão
fáceis de compreender, não me detenho neles mais

tempo.

Quando comecei esta carta, eu

**85v**

não pensei em falar nela da Religião; Mas tendo reflec-
tido na grande voga dos livros de Senhor Voltaire,
de Senhor Rousseau de Genebra & de um milhar de brochuras
que tentam destruir a Religião & dela fazer perder o respeito, pensei que seria útil a um
Jovem Fidalgo Russo ser instruído sobre a Necessidade
e falta indispensável que cada Reino, cada
República têm da Religião que consiste
na crença em um Deus, Autor de todo o bem, e
de todas as verdades reveladas para o bem dos homens
em sociedade.
Mostrar-lhe-ei que um Estado não poderá nunca subsistir sem Religião: & que se quiser tirar esta
do coração dos súbditos, que este Estado cairá
em pó, & será reduzido a nada.
Um Estado não pode subsistir sem a santidade
do <u>juramento:</u> vejamos o que é o juramento!
Um homem que presta juramento, ou nas
mãos do Magistrado, ou ao seu Soberano, promete,
compromete-se a fazer, cumprir inviolavelmente tal
e tal coisa que lhe seja exequível; e como sinal da verdade

**86**

e que ele será fiel, Invoca Deus, como testemunho

da sua promessa.

Quando um Senador, um Marechal, prestam juramento de fidelidade
a s[ua] Majestade] F[idelíssima] que Lhe serão fiéis,
eles invocam Deus Todo Poderoso por testemunha do
Seu compromisso. Por este juramento, o Senador
exerce o seu cargo sem prevaricação, por este
juramento o Marechal expõe a sua vida a mil tipos
de perigos.

Se suprimirdes a crença em Ser Todo Poderoso
Vós destruís todos os laços que ligam os súbditos ao Soberano:
Vós destruís todos os contratos, todos os Exércitos, que
são a defesa da vida, dos bens, e de todo o sossego
em Sociedade.

Não me louvem a Honra, e que ela
basta para produzir na sociedade tudo que opera
a Religião. É querer enganar-se julgar assim
os homens . A Força da Honra não vai mais longe
que enquanto houver testemunha das acções. O Incrédulo,
logo que possa trair o seu juramento simulado,
fá-lo-á sem remorso, tão cedo quanto estiver seguro

**86v**

de que a sua infidelidade não será conhecida por ninguém.
Os que fazem os Missionários da Irreligião não
poderão garantir que, sem o <u>Juramento,</u> um Estado poderá
subsistir. Se eles concordam no Juramento como um acto necessário
para o conservar, concordam necessariamente com um Ser su-
premo como testemunha & garante do contrato entre
o súbdito & o soberano.

Desejaria que o Jovem Fidalgo estivesse persuadido

deste princípio incontestável da Religião e do Estado Civil:
e que ele desse algum tempo para reflectir sobre o al-
cance deste princípio. Se estiver convencido disto, e pela leitura
também, ele terá aversão por estes
discursos libertinos & escandalosos contra o Evangelho, contra
os Mistérios da Religião, sabendo bem que estes
discursos não só são ímpios, mas que eles são contrários à lei do país em que nasceu, lei que ele deve observar pelo juramento tácito que fez logo que a-
tingiu a idade da razão.
A Lei de observar & crer na Religião cristã na Rússia, deve ser observada pelos súbditos que
a abraçaram, como a lei contra a morte: aquele que
mata é tão culpado por lei civil, com o que
blasfema; E por juramento de fidelidade ao Soberano,

**87**

tornou-se duplamente culpável.
Eis, parece-me, o que os Missionários
da Irreligião não tiveram cuidado; se tivessem pensado seriamente nas consequências que decorrem das suas asser-
ções, umas vezes metafísicas, outras vezes provindas da
ignorância, estou persuadido de que seriam mais reservados
em adoptar alguns princípios tão contrários à sociedade onde
eles vivem &
onde eles nasceram.
Estou persuadido do que acabo de asseverar: estou persuadido do que
todo o homem racional sem preconceitos enraizados, será da
minha opinião. Mas por infelicidade do Espirito humano, ele não pode
ficar num meio e em equilíbrio: Plínio Grande, que conhe-

cia tão bem o homem, deplora esta qualidade do nosso espírito, que quando está à vontade, que ele
aumenta tão rapidamente os objectos, ou que ele os torna mais pequenos, e
como em miniatura. É o que aconteceu a todos os homens quando eles estão familiarizados com as pesquisas da Religião, ou se tornaram <u>supersticiosos,</u> ou se tornaram <u>Incrédulos.</u> É indubitável entre o povo da Rússia, que
a <u>superstição</u> excede a esfera da Religião, ou, para falar mais claramente: entre o povo, no lugar da verdadeira Religião, a superstição tomou o seu lugar: a ignorância é o lote

**87v**

do povo; instrui-lo dos seus deveres é coisa impossível, & pela mesma razão pretender que ele não seja supersticioso, é pretender torná-lo esclarecido.
A superstição, enquanto não
é prejudicial à verdadeira Religião, enquanto ela não destrui as obrigações às quais
a Lei natural obriga, há que tolerá-la & deixá-la assim.
Mas quando se torna perniciosa à sociedade, há
que combatê-la e abandoná-la.
Acho, Meu Senhor, que ides ficar
surpreendido por eu avançar tanto no capítulo da Religião, enquanto não pensardes que os velhos
Diabo terminam sempre eremitas: Mas vós
vereis logo que a Missão não é meu desígnio.
Deus, este Ser Infinito que nunca podemos
conceber senão pelas suas adoráveis bondades para connosco, é a Causa

de todo o bem que conhecemos: o mal que
experimentamos entre nós provém de nós. O Sol é
indubitavelmente a origem da Luz; esta encontra a terra e deste encontro a sombra se pro-
duz; o mal moral de que nós nos
queixamos, deve ser

## 88

concebido como a sombra ou a noite, de que a terra é a
causa.
Deus plantou na alma humana o desejo da
sua conservação, & o poder de produzir um semelhante
a si. A inteligência, a habilidade, as forças, a previdência,
de que Ele dotou o homem, foi para conservar a sua
vida e prolongá-la na posteridade. E eis
A Lei Natural, pela qual temos o direito
de nos conservar e de afastar tudo que nos for contrário.
A Religião Revelada é um bem duma natureza superior; é para tornar o homem mais feliz
e mais contente em si próprio pela esperança, e para
comunicar, ajudar e amar os seus semelhante; esta
Segunda Lei é a confirmação da Lei Natural
e um acrescimento à nossa conservação e ao
nosso bem-estar.
Assim, nem a Religião Natural, nem a Re-
ligião Revelada existem para destruir o nosso corpo, nem para impedir
os nossos deveres, que tendem à nossa conservação: Se estas
duas Religiões servissem para nos destruir, para nos atormen-
tar, elas não poderiam provir de Deus, Autor

de todo o bem.

## 88v

O jejum, a abstinência, as orações nas casas
dos Senhores cantadas por várias horas depois
da manhã cedo, e por vezes à tarde, são um
excesso de dever.
Este excesso é prejudicial à conservação do
corpo, ao vigor que é preciso ter para o trabalho tão rude
na Rússia durante o Inverno ao ar livre. Estas longas
orações cantadas durante várias horas impedem os
que têm deveres de os cumprirem.
Eis o caso em que estes excessos não devem
ser tolerados, nem seguidos.
O Jejum, com moderação que a sã
Religião ordena, deve ser observada, como Lei recebida na—
Religião e no Estado Civil: comer com abstinência;
O corpo robusto, são e exercitado, pode fazer a sua
nutrição sem se destruir. O Estado Civil, desta forma,
aumenta prodigiosamente a alimentação a baixo preço
para os seus súbditos. Mas prolongar
o jejum até três dias a estender a abstinência ao pão,
à água & aos cogumelos, isto tornar-se-á prejudicial
à conservação do corpo, aos deveres, & às obrigações que se contratam na sociedade.

## 89

Eis a minha missão quase no fim. Como propus

acima que o Jovem Fidalgo deve se levantar durante toda a sua
vida às seis horas da manhã, como então eu propus que
imediatamente depois começaria a sua instrução com
o preceptor do Livro de Receita e Despesas, ou com
o seu Engenheiro; ou com o seu outro Mestre de Moral,
História, Direito Natural e Civil, conhecendo o uso &
a devoção (às vezes reprovável) das casas dos Senhores
Russos, tive receio que o Fidalgo, ou por superstição ou por preguiça, frequentasse mais a capela para
cantar do que para fazer os exercícios recomendados acima,
e esta foi a única causa, Senhor, que obrigou
um velho Médico a falar da Religião.
Se fosse este o lugar, mostraria evidentemente pela
história que todas as superstições e excessos fanáticos com os
quais a sã Religião é obscurecida, provêm dos claustros dos
Monges do Oriente. Logo que estes bons Padres se estabeleceram
junto aos Monarcas educados por esses Monges ignorantes, eles ex-
pandiram mais as suas quimeras do que a verdadeira religião,
que eles não conhe-
ciam. Então, com o poder que os Patriarcas usurparam,
todos os súbditos destas Monarquias se tornaram tão supersticiosos
e tão arrebatados como os Monges. Mas basta por agora.

**89v**

Sei que faltam aqui algumas tiradas de preceitos
para impedir o Jovem Fidalgo de cair nas
intrigas & nas desordens do amor. Sei
que é costume recebido dos Autores da Educação.
Mas como eu não tenho a menos pretensão
de entrar no seu catálogo, não direi nada sobre isto.

Direi somente que a matéria do amor
é um mistério e que agindo sabiamente, não se
deve nunca escreve sobre mistérios nem deles falar; & que
se for absolutamente necessário que este assunto seja tocado, se
deve comunicá-la somente ao ouvido, como a
doutrina oral de Pitágoras, ou dos Antigos Druidas.
Eis, Meu Senhor, tudo o que pude meditar para cumprir as vossas ordens. Bem sei que vós já fizestes mais para a educação dos Senhores os vossos queridos Filhos, do que acabo de propor. Se tive a felicidade de ter ido acima ao encontro dos vossos pensamentos, eu sinto-me recompensado para além dos meus desejos. Eu gosto tanto da Rússia quanto eu lhe devo & eu lhe devo tudo que tenho, tudo que possuo e tudo que

**90**

sou. Eu considero que os Fidalgos Russos vos imitarão
no futuro na educação dos seus Filhos;
é impossível que não sejais imitado. O lugar,
o estado e a situação tão elevados e tão distintos que
tão dignamente possuis, fazer amar-vos e respeitar-vos;
a felicidade de uma numerosa e simpática família com
a qual o Todo Poderoso vos abençoou, tudo isto contri-
buirá à felicidade da Rússia e para a vossa glória por
serdes o Primeiro dos seus Fidalgos que introduziu uma educação que será o mais sólido apoio
deste formidável Império. Uma vida & uma saúde
assim tão caras a todos os que fazeis agora & que
fareis no futuro feliz, é digno de que aqueles que
amam a felicidade do género humano, a paz, e a

estabilidade dos Impérios, e a felicidade das famílias
façam sinceros votos & os mais ardentes, para a vossa conservação e felicidade, votos aos quais junto os meus do fundo
da minha alma
e com o mais profundo respeito & com o mais vivo reconhecimento,
Meu Senhor      de V. Excelência
                 muito humilde, muito obediente e
                 muito obrigado servidor
Paris 6 de Novembro de 1766

* * *

## As palavras russas no manuscrito de Ribeiro Sanches (1766)

## INTRODUÇAO.

Segue-se a relação das palavras russas que se encontram no manuscrito em letra cirílica cursiva, de acordo com o texto original, com as formas escritas por Ribeiro Sanches apresentadas em imagens digitalizadas.

1. *8 Ухпнлк*

2. *8 Ухптелк*

3. *8 Ухптелк*

4. *Палвбк*

5. *8 Пазк*

6. *8 Ухптел*

7. *8 Ухпелв*

8. *8 Ухптелк*

9. *Полевох*

Tabela 1. As palavras russas no manuscrito de Ribeiro Sanches (1766).

A presente secção trata, em primeiro lugar, das características gráficas e alguns aspectos filológicos das palavras russas incluídas no texto do manuscrito.

Depois, faz-se uma revisão das leituras e das interpretações das mesmas palavras do referido manuscrito segundo a versão de Machado (2001).

## 1. Aspectos gráficos e filológicos das palavras russas do manuscrito.

### 1.1. Leitura das palavras russas do manuscrito.

Segue-se a relação das palavras russas do manuscrito, em letra cirílica, escritas à mão, de acordo com o texto original (sendo as formas escritas apresentadas em imagens digitalizadas, na seguinte tabela), com a indicação do lugar no manuscrito e as respectivas leituras impressas. Além das palavras russas escritas em letra cirílica, estão também incluídas no manuscrito duas formas em romana, *Vaivode*[1] e *Oulogenie* (adaptadas ao francês, folha 66f, linha 18 [vayvod] e folha 69f, linha 19 [ulaženi]), e a forma francesa de указы, *oukazi*.

| (a) Forma no manuscrito | (b) lugar no manuscrito | (c) Leitura |
|---|---|---|
| 1. | folha 66v, linha 7 | учитили |
| 2. | folha 66v, linha 12 | учители |
| 3. | folha 67f, linhas 4-5 | учители |

| | | |
|---|---|---|
| 4. | folha 68v, linha 12 | палубы |
| 5. | folha 69v, linha 13 | указы |
| 6. | folha 70v, linha 21 | учител |
| 7. | folha 71v, linha 15 | учитель |
| 8. | folha 81v, linha 11 | учители |
| 9. | folha 83f, linha 3 | поле [б]оиа[2] |

Tabela 2. As palavras russas no manuscrito de Ribeiro Sanches (1766), (a) escritas segundo a grafia do Autor, com indicação (b) do respectivo lugar no manuscrito e (c) da leitura apresentada em letra de forma.[3]

Incluem-se na Tabela 2 as leituras correctas das formas cursivas das palavras russas do manuscrito. Várias das leituras apresentadas no presente estudo diferem das que se encontram no trabalho publicado anteriormente por Machado (2001), onde se encontram falhas na leitura de oito das nove representações no referido manuscrito, de palavras russas apresentadas em letra cursiva (veja-se a secção 2 *infra*).

**1.2. Comentários gráficos.**

Quanto à representação das palavras russas no manuscrito de Ribeiro Sanches, nota-se que as formas escritas correspondem a práticas gráficas russas da época.

Algumas das variantes gráficas presentes na escrita de Ribeiro Sanches apresentam propriedades que se explicam pela evolução a partir do antigo eslavónico eclesiástico, sendo que algumas destas formas ainda se encontram em uso nos tempos modernos. Por serem amplamente difundidas as referidas letras em usos contemporâneos da escrita em certos contextos (exemplificados no Apêndice do presente estudo), tais divergências em confronto com outras formas gráficas, mais comuns na representação moderna, não constituem dificuldades de leitura.

### 1.2.1. Relações com práticas gráficas evoluídas a partir do antigo eslavónico eclesiástico.

Evoluíram a partir do antigo eslavónico eclesiástico as variantes gráficas das letras «y» e «к» que se encontram em escrita cursiva no manuscrito, assim com uma diferença na representação do ditongo crescente [ĭa].

Os casos representativos das práticas gráficas do eslavo eclesiástico[4] são: a letra russa y [u] em forma cursiva, $\mathcal{Y}$, que ocorre em várias das palavras russas do manuscrito, e a letra «к» [k], que ocorre só na palavra указы, $\mathcal{Y}//a\,3\,k$, com a forma cursiva de dois traços oblíquos paralelos (cf. Иеромонах 1991: 18, Изотов 2001: 18, Щепкин 1999: 154, Siilin 2001: 73-75, Толковая Псалтирь 1998: 588 e *passim*).

### 1.2.1.1. Origem e uso da forma cursiva $\mathcal{Y}$.

A letra cirílica «y» (na referida forma cursiva, $\mathcal{Y}$) encontra-se nas várias ocorrências da palavra учитель, no singular (números 6 e 7 da Tabela 1) e no plural (1, 2, 3 e 8 da Tabela 1), e nas palavras палубы e указы (números 4 e 5 da Tabela 1), sempre com a mesma forma básica na escrita cursiva do manuscrito, embora com variantes de maior ou menor grau de abertura da parte superior. (No apêndice do presente trabalho são apresentados alguns exemplos da forma cursiva da letra y [u], ƴ, em diferentes tipos de texto).

Na antiga língua eslavónica, as letras Ѫ «ius grande» (em russo, юс большой) e ƴ, «uk» (em russo, ук) representavam sons distintos: «ius grande» representava a vogal «o» nasal, [õ] (como o som representado por *–on* no francês *coton*), enquanto «uk» representava o som [u]. A letra «uk» escrevia-se de duas formas diferentes, como «a ligatura» (em russo, лигатура), que constitui o dígrafo «оу», e como «uk», ƴ.

Na formação da língua russa, o som [õ] passou a [u], o som que já era representado pela letra «uk». Assim, começou a existirem duas formas diferentes de representar o mesmo som: por isso, havia, com frequência, confusão na representação gráfica de palavras que se escreviam com «ius grande» na língua antiga, que passaram a ocorrer com оу ou com ƴ: por exemplo, ДОУБЪ, доубъ, com «ligatura», ou com «uk», ДУБЪ (no russo moderno: дуб, «carvalho»).

Em face desta confusão na representação gráfica, foi decidido não empregar o «ius grande» em geral: em vez da letra «ius grande» do antigo eslavónico eclesiástico, passou-se a representar o som [u] pelo dígrafo «оу» («ligatura») no início da palavra (por exemplo, оуста, оутро) e empregar a forma «uk», ƴ, só no meio e no fim das palavras, independentemente do som representado na língua antiga. Com o decorrer do tempo, foi ampliado o emprego de «uk», ƴ, que passou a ser usado também no início da palavra, como se observa na representação cursiva das palavras учитель e указы no manuscrito de Ribeiro Sanches. Na língua russa moderna, é geral o uso da letra у (< оу, ƴ), em todos os contextos. Nota-se, porém, que é bastante difundido o emprego contemporâneo da variante ƴ, especialmente em textos religiosos (tais como a Bíblia e os Psaltérios), nos lápides de túmulos ortodoxos, em calendários ortodoxos e, ocasionalmente, em textos laicos (vejam-se os exemplos no Apêndice).

### 1.2.1.2. Origem e uso da letra я.

Embora Ribeiro Sanches não empregue a letra я no manuscrito, torna-se relevante considerar a origem e o uso desta letra pelo facto de que uma das palavras russos do manuscrito, боиа, que se regista nos dicionários modernos com a grafia бой , tem a forma боя no genitivo singular, em vez de боиа, a representação gráfica usada por Ribeiro Sanches no manuscrito de 1766.

Na antiga língua eslavónica eclesiástica, as letras ⱘ «ius pequeno» (em russo, юс малый) e ⱙ «az iotado» (em russo, аз йотированный) correspondiam a dois sons distintos: «ius pequeno» representava o «e» nasal, [ẽ] (o som representado por *–in* na palavra francesa *fin*), enquanto o «az iotado» representava (a) o som «a» [a] depois de consoantes «brandas» (isto é, palatalizadas) e (b) o dígrafo «ia» (isto é, o ditongo crescente [ĭa]) em outros contextos. Assim, a letra «az iotado» do antigo eslavónico eclesiástico tinha, em alguns contextos, o mesmo valor (em termos do som que representava) que a letra я no russo moderno.

Na história da língua russa, o som de «e» nasal, [ẽ], passou a pronunciar-se como [a] depois das consoantes «brandas», no contexto em que o dígrafo «ia» era já usado para representar o mesmo som. Por este motivo, começou a haver confusão nos usos do «az iotado» e do «ius pequeno» na representação do som [a]. Perante tal confusão, foi decidido empregar, na representação do [a] no eslavónico eclesiástico, o dígrafo «ia» no início das palavras, e o «ius pequeno» no meio e no fim, independentemente dos usos anteriores das letras «ius pequeno» e «az iotado» no antigo eslavónica eclesiástico. Posteriormente, houve novamente uma alteração no uso de alguns dos sinais gráficos, já na própria língua russa.

Pelo exposto (nas secções 1.2.1.1 e 1.2.1.2 *supra*), torna-se claro que as formas das letras modernas «у» e «я» do russo, especialmente na escrita cursiva, tiveram origens em factores semelhantes na história da língua, a partir do antigo eslavónico eclesiástico (veja-se Щепкин 1999: 154, tabela 59, onde se indicam as formas correspondentes de várias letras russas durante os séculos XV-XVII; compare-se Толковая Псалтирь 1998: 588, onde se indicam algumas das formas gráficas do eslavónico eclesiástico e as respectivas correspondências no russo moderno comum).

Nota-se, tanto na evolução que resultou na letra moderna «у» como na que deu origem à letra moderna «я», que o estímulo inicial da mudança na representação gráfica foi a confusão no uso de sinais gráficos devida a um câmbio fonético. Trata-se de um processo relativamente comum na história das línguas. Por exemplo, o uso do dígrafo *ou* em francês para representar a vogal [u] teve sua origem na passagem da vogal [u] a [y] (ou [ü], uma vogal anterior, com os lábios arredondados); foi iniciado posteriormente, para evitar a confusão resultante do uso de uma mesma grafia para a representação de [ü] e de [u], o emprego do dígrafo *ou* para representar [u], provindo novamente, por sua vez, de uma mudança de [o], durante o período do antigo francês (Haudricourt & Juilland 1970; cf. Trager 1974). Assim, o uso de *ou* em francês e o uso de *у* (< оу, ѹ ) em russo tiveram início em mudanças fonéticas que resultariam em confusões na representação gráfica empregada anteriormente. Efectivamente, tanto o dígrafo *ou* como ѹ (o sinal que tem o nome «ук» em russo) são formados pela combinação de duas letras: *o* e *u* em disposição horizontal em francês, mas em disposição vertical na escrita cursiva russa típica do século XVIII e ainda conservada em certos conextos modernos (exemplificados no Apêndice do presente estudo).

Por outro lado, não é de estranhar o uso de diferentes variantes gráficas conforme o contexto, por ser também algo relativamente comum nas diferentes línguas. Outro exemplo de variantes na escrita cursiva, encontra-se no russo moderno, em que a letra «т» é representada por т̄ (com um traço sobreposto) ou por т (sem traço). Seguem-se alguns exemplos de outros idiomas.

A letra «sigma» do grego apresenta diferentes formas (isto é, variantes contextuais) de acordo com a posição na palavra: Σ no início, Σ no meio, Σ no fim. Na escrita cursiva do árabe, a letra «kāf» tem a forma ﻛ no início da palavra, mas ﻚ no fim. Na mesma língua, há várias outras letras com formas diferentes segundo a posição dentro da palavra.

Na escrita das línguas com o alfabeto romano, é comum usar a letra maiúscula no início da oração e dos nomes próprios. Em geral, no alfabeto romano há diferenças entre as formas das letras maiúsculas e as das minúsculas, quer de impressas, quer cursivas.

Em algumas línguas, factores da categoria gramatical determinam o uso das letras maiúsculas. Por exemplo, os substantivos em alemão começam por letras maiúsculos.

Em russo, escreve-se com letra maiúscula inicial o pronome pessoal Вы quando empregada como forma de respeito, quer no singular, quer no plural, em contraste com o uso comum no plural (sem indicar respeito), com letra minúscula inicial, вы. De modo semelhante, em italiano o pronome «Lei», quando empregado como forma de respeito para a segunda pessoa (singular), começa com letra maiúscula, em contraste com as outras formas pronominais. Em Alemão, o pronome «Sie», quando empregado como forma de respeito para a segunda pessoa, começa com letra maiúscula, em contraste com o uso do mesmo pronome para a terceira pessoa.

**1.2.1.3. Origem e uso da forma // como representação da letra «к».**

A origem de dois traços, com uma forma mais ou menos semelhante a //, como representação da letra «к» na escrita cursiva, parece ser o resultado da própria natureza das práticas cursivas, que tendem a reduzir as formas gráficas pela eliminação, ou pela redução, de traços redundantes ou desnecessários. No antigo eslavónico eclesiástico, era comum uma forma da letra «к» com o traço do lado direito praticamente paralelo ao traço do lado esquerdo, com a excepção de um pequeno desvio no meio do traço direito para a esquerda (Щепкин 1999: 56, tabela 5, Толковая Псалтирь 1998: folha de rosto); veja-se o anexo do presente estudo (exemplos 5 a 7).

É sintomático e expressivo o termo russo que corresponde ao conceito de «escrita cursiva»: скоропись, literalmente «escrita rápida». É típica da «escrita rápida» a prática de evitar movimentos desnecessários na simplificação dos traços das letras. Assim, uma simplificação da antiga forma da letra «к» consistiu na eliminação do desvio do traço do lado direito, de maneira que os dois traços passassem a ter a forma de duas linhas paralelas.

A representação da letra russa «к» por dois «traços oblíquos» (linhas paralelas oblíquoas, mas quase verticais) é comum na prática cursiva russa: tais traços não são marcas para assinalar a omissão de letras (ao contrário da interpretação de Machado *op. cit.*, nota 15, p. 226): antes, representam a própria letra «к» na grafia 8//a3k .

O uso da mesma representação na escrita cursiva está exemplificado num texto autógrafo de M. B. Lomonosov (trecho reproduzido de Белявский 1986: 17) em que a letra «к» da palavra «руку» está indicada por dois traços oblíquos. (Veja-se o Anexo do presente estudo). O referido autógrafo é do mesmo século que o manuscrito de Ribeiro Sanches; a representação da letra «к» por dois traços oblíquos ocorre em ambos os textos; cf. folha 69v., manuscrito de Ribeiro Sanches, onde se encontra a grafia cursiva da palavra указы, 8//a3k , com a letra «к» representada por dois traços, de forma semelhante a //.

## 1.2.2. A modificação de uma letra do manuscrito.

O exame cuidadoso da representação do termo Поле боиа, [polie boia], tal como representado em letra cursiva no manuscrito, resulta em dúvidas quanto à possível modificação da representação da letra inicial da segunda palavra (veja-se a nota 2, *infra*). Aparentemente, a forma inicial da representação escrita correspondia a б [b], enquanto uma modificação posterior resultou na conversão gráfica em в [v].

Não é possível, sem outros elementos, determinar quem tenha alterado a forma cursiva inicial (o Autor ou outra pessoa), nem quando esta alteração possa ter ocorrido (em 1766 ou depois). No entanto, é muito plausível que, na elaboração do manuscrito, Ribeiro Sanches, tenha representado a palavra com a primeira letra de forma certa: é comum o termo, Ribeiro Sanches tinha um bom conhecimento da língua russa, e há poucos erros, ou lapsos, na escrita cursiva do manuscrito; portanto, não é provável que o Autor tenha errado na representação da respectiva palavra.

É possível, porém, que a modificação da letra no manuscrito tenha sido introduzida por (a) uma associação com palavras com вои- do mesmo campo semântico ou (b) uma confusão entre a letra cirílica в [v] e a letra romana B [b], ou mesmo entre a letra russa e a letra grega β [b].[5] Além disto, convém notar que no grego antigo a letra β representava uma consoante oclusiva bilabial vozeada, [b] (tal como a letra б no russo), enquanto no grego moderno a mesma letra β representa uma consoante fricativa labio-dental vozeada, [v] (como a letra в no russo).

A expressão que significa «campo de batalha», comummente registada nos dicionários, é поле боиа (forma escrita anterior) ou поле боя (forma escrita actual). No entanto, verifica-se que há algumas palavras iniciadas por вои- com semelhança de significado com as palavras com o radical би-, бой-: воин, «guerreiro», воинский, «militar, guerreiro», воинственно, «belicosamente». É possível que a modificação da letra no manuscrito tenha sido introduzida por causa de uma associação com palavras com вои- do mesmo campo semântico.

### 1.2.3. Influência das formas das letras gregas.

No que se refere às formas cursivas empregadas no manuscrito para representar as palavras russas, é clara e correcta, de modo geral, a grafia de Ribeiro Sanches, de acordo com as práticas correntes na escrita da época.

Como erudito e estudioso, Ribeiro Sanches conhecia as línguas clássicas, inclusive o grego. Como se sabe, o alfabeto eslavo, na forma elaborado por Cirilo e Metódio no século IX,[6] baseia-se em grande parte no alfabeto do grego clássico, havendo bastantes semelhanças entre os dois sistemas de representação gráfica. Assim, não é de estranhar encontrar, no manuscrito aqui considerado, alguma influência do conhecimento do grego na forma cursiva de algumas letras cirílicas, nomeadamente das letras russas л п е.[7] No entanto, a comparação entre as formas cursivas das letras russas «л п е» as letras gregas correspondentes, «λ π ε», revela que as diferenças são de grau reduzido, de modo que a influência das formas gregas nas referidas letras cirílicas não afecta a facilidade da leitura das palavras russas do manuscrito.[8]

No que se refere à letra grega «ε» e à letra russa correspondente, verifica-se que Ribeiro Sanches emprega sempre na representação cursiva da vogal *e* nas palavras russas uma forma semelhante à vogal grega ε. Além disso, nota-se que num autógrafo de Lomonosov, do mesmo século que o manuscrito de Ribeiro Sanches, também se emprega, na representação cursiva da respectiva vogal, uma forma semelhante à letra grega ε (Белявский 1986: 17; veja-se o Apêndice do presente estudo, parágrafo 6). A semelhança entre as formas da referida letra em representação cursiva em textos da mesma época não pode ser uma mera coincidência occasional, mas antes indica que a referida forma na representação desta letra, escrita à mão, era a prática cursiva comum na época (isto é, no século XVIII).

Embora seja plausível ter havido influência da língua grega na forma cursiva da letra e na grafia de Ribeiro Sanches, a resultar na forma ε, o uso desta forma pode ter sido consequência da evolução da letra «ять» do antigo eslavónico eclesiástico, que evoluiu para «ε» (Изотов 2001: 19), sendo representada por «e» em forma impressa no russo contemporâneo. É de notar o uso da forma «ε» também no autógrafo de Lomonosov reproduzido em Белявский 1986: 17, da mesma época que o manuscrito de Ribeiro Sanches (século XVIII). No Apêndice do presente estudo (parágrafo 2), há um exemplo da letra «ять», num cartaz de 1915. O uso de «ять» foi oficialmente abolido em 1918.

Embora de grau reduzido, são claras as diferenças entre o russo п, л e o grego π, λ. Quanto às diferenças entre as formas cursivas do russo п e do grego π, nota-se que, na letra grega «pi», o traço horizontal se coloca por cima dos dois traços verticais, estendendo-se um pouco para além de ambos, enquanto na escrita cursiva da letra russa correspondente, o traço horizontal se coloca justamente por cima dos dois traços verticais, sem se estender para nenhum dos lados, sendo a forma da letra a consequência de um movimento contínuo nos sentidos ↑ →↓ . Esta diferença significa que, nas formas cursivas, a letra grega exige três movimentos distintos, enquanto a forma russa correspondente se faz com um movimento único, contínuo (sendo, portanto, a letra russa escrita uma forma gráfica verdadeiramente «cursiva»).

Quanto às diferenças entre as duas letras o russo л e do grego λ, nota-se que a letra russa se faz com um traço contínuo, enquanto a letra grega correspondente se faz com dois traços, um maior (de cima para baixo), que define a altura da letra, outra lateral (de baixo para cima), que liga à anterior aproximadamente num ponto médio. Assim, a letra russa também se escreve (de modo gráfico semelhante à letra russa п), com um movimento cursivo.

## 1.3. Comentários filológicos.

Embora, de modo geral, as formas das palavras sejam correctas, encontram-se alguns lapsos, que não prejudicam a leitura das palavras, nem a compreensão do manuscrito. Seguem-se alguns comentários referentes às variantes no manuscrito.

### 1.3.1. A palavra учитель [utchitel'], «mestre».

A palavra учитель, utchitel', com o sentido de *mestre*, «pessoa que ministra conhecimentos», é empregada cinco vezes no manuscrito: quatro no plural (números 1, 2, 3 e 8 das Tabelas 1 a 3), duas no singular (números 6 e 7 das Tabelas 1 e 3).

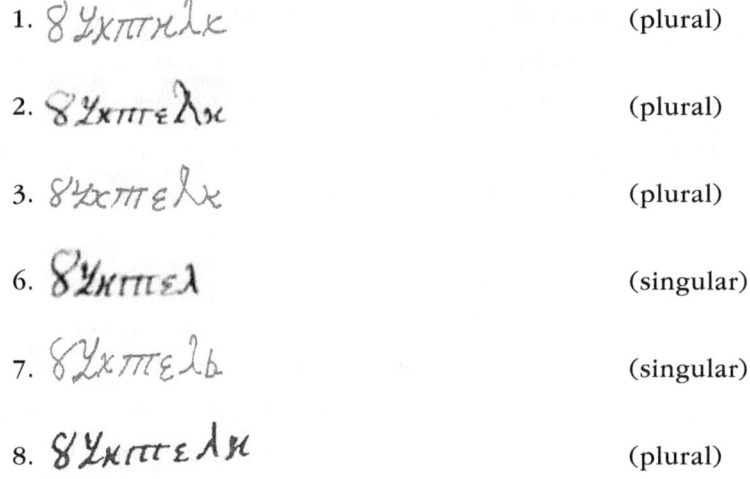

Tabela 3. As formas cursivas da palavra учитель, utchitel', учители, utchiteli, no manuscrito de Ribeiro Sanches (1766) (com a mesma numeração que se encontra nas Tabelas 1 e 2).

Observa-se que é sempre átona a vogal da última sílaba do radical desta palavra: -тель [-těl'] no singular, que termina graficamente com «ь», o «sinal de brandura» (isto é, o sinal de palatalização) e – тели [těli] no plural (indicado pela flexão –и [i]), sendo, portanto, o núcleo da última sílaba do radical da palavra uma vogal simples [ě], de qualidade reduzida. Em quatro das ocorrências, Ribeiro Sanches representa a vogal da última sílaba da palavra com a vogal /e/ (forma escrita: ε) no referido contexto. No entanto, na primeira ocorrência (que está no plural), a representação da vogal (pós-tónica) na referida sílaba, da mesma palavra, é com и [i] (sendo [i] uma qualidade a que se aproxima foneticamente à vogal simples reduzida [ě]). Visto que todas as demais ocorrências incluem neste contexto a vogal «e» (forma escrita: ε), trata-se evidentemente de um lapso ocasional.

Por outro lado, as formas da palavra учитель, *utchitel'*, no singular deveriam terminar sempre com o «sinal de brandura», «ь», que indica a palatalização da lateral, sem haver flexão da categoria gramatical de nominativo, no número singular, dos substantivos masculinos. Nota-se, porém, a omissão da letra «ь» numa das representações desta palavra no manuscrito (o número 6), o que constitui outro lapso.

Quanto à constituição da palavra учитель, *utchitel'*, a é raiz уч-, que tem as variantes ук-, уч-, ык-, ыч-, вык- е выч-, e que ocorre em muitas formas derivadas, tais como наука «ciência», научный «científico», учение «aprendizagem, doutrina», учёный (adjectivo e substantivo) «científico, sábio», училище «colégio», учитель «professor, mestre», учительница «professora», учиться «aprender, estudar», неуч «ignorante», учить «ensinar, trenar», выучить «ensinar bem, aprender a fundo», доучить «completar a aprendizagem ou o ensino», заучить «memorizar, decorar», изучить «aprender bem, dominar», научить «ensinar (alguem a fazer algo)», обучить «trenar, instruir», отучить «mudar ou eliminar (um hábito)», переучить «ensinar novamente», поучить «ensinar um pouco», подучить «incitar», читать «ler», почитать «entreter-se com a leitura», читаться «ler-se», читка «leitura, recitação», учебник «livro de estudo», учёба «estudos», приучить «acostumar, trenar», проучить «ensinar uma boa lição, passar tempo a estudar», разучить «aprender (o papel de uma peça teatral)», обыкновение «hábito, costume», обычай «costume, tradição», отвыкнуть «deshabituar-se, desacostumar-se», привычка «hábito», свыкнуться «tornar-se habituado», привычка, «hábito», навык «prática».[9]

Observa-se que a palavra учитель tem dois significados, em geral, do mesmo campo semântico, com sentidos próximos mas nitidamente distintos: um mais comum e geral, «professor», o outro mais elevado e especializado: «mestre, mentor, preceptor».

De acordo com as observações de Розенталь (2001: 213-214), existem palavras que são homónimos no singular, com duas flexões distintas no plural, que servem para indicar os diferentes sentidos: -ы (-и) ou -а (-я); assim, a diferença semântica é assinalada formalmente só pela diferença de flexão morfológica que ocorre no plural. A palavra учитель pertence a este grupo, vista que tem dois significados: o primeiro é «professor», especialmente de escola pública ou técnica; o segundo é «mestre, mentor, preceptor», de significado mais elevado. Assim, no singular, учитель tem dois significados próximos mas distintos, com só uma forma para ambos. No plural, há duas formas: учители (proparoxítona), «mestres, mentores, preceptores», de sentido mais elevado, e учителя (oxítona), que significa «professores», de sentido mais comum.

A referida distinção é representada no conto de Puchkine, «A filha do capitão» (2002), em que o Autor refere um учитель, com a palavra russa representada por uma transliteração em francês, empregando como sinónimo a palavra ментор («mentor»).[10]

As palavras constituídas a partir da raiz уч-, com as variantes ыч-, ук- ou ык-, representam alternâncias comuns na variação entre os radicais de palavras derivadas da mesma raiz. Nas palavras acima indicadas como exemplificação de derivações, as diferenças que se observam na forma da raiz resultam efectivamente das diversas combinações das alternâncias entre as consoantes «к» e «ч» com as alternâncias entre as vogais «у» e «ы»: ук- e уч-, ык- e ыч- (cf. Patrick 1992: 12-13).

A palavra básica учитель está históricamente relacionada com palavras de várias das línguas balto-eslavas. Entre as línguas eslavas, os exemplos incluem ucraniano учити «ensinar», bielorusso учыць «ensinar» e навука «ciência», russo antigo учити «ensinar», укъ «estudo», servo-croata учити «ensinar», esloveno *učiti* «ensinar», checo *učiti* «ensinar», eslovaco *učit'* «ensinar», polonês *uczyć* «ensinar». Entre as línguas bálticas, no antigo prussiano (idioma agora extinto), *iuakint* «dominar» e lituano *jaukìnti* «habituar». Os referidos exemplos lexicais replesentam apenas algumas das palavras relacionadas com o russo учить «ensinar» (na forma reflexiva, учиться, «estudar») e a respectiva raíz nas outras línguas balto-eslavas mencionadas, que não se limitam meramente ao verbo básico, visto que a mesma raiz histórica, do indo-europeu, está na origem de muitas outras palavras do mesmo campo semântico, como se verifica na língua russa.

Volkonsky e Poltoratzky (1961: 375-377) indicam numerosas palavras baseadas nas variantes da raiz russa (a qual provém da raiz original, do Indo-Europeu): ук-, уч-, ык- (вык-), ыч- (выч-), todas com significados do campo semântico de «aprendizagem, ensino, sabedoria, erudição» e noções afins.

Há um número apreciável de palavras derivadas a partir de учить, verbo com que se pode formar com substantivos nos casos acusativo e dativo e com infinitivos. As palavras derivadas a partir de учить incluem verbos com os radicais formados pelo emprego dos prefixos вы-, до-, за-, из-, на-, от-, пере-, по-, под-, при-, про-, раз-, e o sufixo –ся, para a voz passiva ou a reflexividade. É comum haver radicais diferentes para os aspectos perfeito e imperfeito.

Seguem-se alguns exemplos de verbos derivados a partir de учить, e de algumas palavras afins: выучить (aspecto perfeito) e выучивать (aspecto imperfeito) «ensinar, aprender de forma compreensiva», com as formas reflexivas выучиться (aspecto perfeito) e выучиваться (aspecto imperfeito) «aprender, ensinar-se a si próprio»; доучить (aspecto perfeito) e доучивать (aspecto imperfeito) «completar a aprendizagem, o ensino», com as formas reflexivas доучиться (aspecto perfeito) e доучиваться (aspecto imperfeito) «completar a aprendizagem, terminar os estudos na escola», com o adjectivo недоученный «mal aprendido»; заучить (aspecto perfeito) e заучивать (aspecto imperfeito) «aprender por decorar, memorizar», com as formas reflexivas заучиться (aspecto perfeito) e заучиваться (aspecto imperfeito) «estudar em excesso, ser memorizado»; изучить (aspecto perfeito) e изучать (aspecto imperfeito) «estudar bem, conhecer a fundo, dominar uma matéria ou tema», com o substantivo afim изучение «estudo»; научить (aspecto perfeito) e научать (aspecto imperfeito) «ensinar alguém a fazer algo», com as formas reflexivas научиться (aspecto perfeito) e научаться (aspecto imperfeito) «aprender»; обучить (aspecto perfeito) e обучать (aspecto imperfeito) «ensinar, instruir, treinar, fazer practicar», com as formas reflexivas обучиться (aspecto perfeito) e обучаться (aspecto imperfeito) «ser ensinado, aprender»; отучить (aspecto perfeito) e отучать (aspecto imperfeito) «mudar um hábito», com as formas reflexivas отучиться (aspecto perfeito) e отучаться (aspecto imperfeito) «perder um hábito, ser treinado a perder um hábito»; переучить (aspecto perfeito) e переучивать (aspecto imperfeito) «ensinar de novo, aprender de novo», com as formas reflexivas переучиться (aspecto perfeito) e переучиваться (aspecto imperfeito) «aprender de novo, estudar demais»; поучить (aspecto perfeito) e поучать (aspecto imperfeito) com as formas reflexivas поучиться (aspecto perfeito) e поучаться (aspecto imperfeito) «aprender», com o substantivo поучени «lição, precepto, sermão» e o adjectivo поучительный «edificante»; подучить (aspecto perfeito) e подучать (aspecto imperfeito) «ensinar um pouco, incentivar» com as formas reflexivas подучиться (aspecto perfeito) e подучиваться (aspecto imperfeito) «aprender um pouco, receber algum ensino»; приучить (aspecto perfeito) e приучать (aspecto imperfeito) «habituar, acostumar, ensinar o hábito de», com as formas reflexivas приучиться (aspecto perfeito) e приучиваться (aspecto imperfeito) «habituar-se a»; проучить (aspecto perfeito) e проучать (aspecto imperfeito) «ensinar uma boa lição, passar tempo a estudar, sem formas reflexivas; разучить (aspecto perfeito) e разучивать (aspecto imperfeito) «aprender, como papel de peça», com o substantivo разучивание «aprender, como papel de peça», e com as formas reflexivas разучиться (aspecto perfeito) e разучиваться (aspecto imperfeito) «esquecer algo aprendido».

Além das formas verbais e outras palavras acima referidas, há algumas outras derivadas da raiz russa: наука «ciência», научный (adjectivo) «científico», научно (advérbio) «cientificamente», научность «estado de ser científico», учёба (coloquial) «estudos», учебник «livro de texto», учебный «relacionado com o ensino, educativo», учение «aprendizagem, ensinança», ученик e ученица «estudante, discípulo, aprendiz», ученический «pertencente a um estudante», ученичество «período de treinamento ou de aprendizado», учёный (substantivo e adjectivo) «cientista, científico», неуч «ignorante», учёность «erudição», училище «escola, instituição educativa», учитель «professor, mestre, preceptor», навык «hábito, práctica», обыкновение «hábito, costume, maneira», обыкновенный (adjectivo) «costumeiro, comum, usual», обыкновенно (advérbio) «usualmente, habitualmente, via de regra», необыкновеный (adjectivo) «não comum, não usual, extraordinário»; обычай «costume», обычный (adjectivo) «habitual, usual, costumeiro», обычно (advérbio) «usualmente, de costume, habitual», необычайный (adjectivo) «não comum, raro, extraordinário», необычайно (advérbio) «excepcionalmente, especialmente», необычность «invulgaridade, singularidade»; отвыкнуть (aspecto perfeito), отвыкать (aspecto imperfeito) «perder o hábito, estar deshabituado, estar sem práctica»; привыкнуть (aspecto perfeito), привыкать (aspecto imperfeito) «habituar-se, acostumar-se»; свыкнуться (aspecto perfeito), свыкаться (aspecto imperfeito) «acostumar-se, tornar-se habituado»; привычный (adjectivo) «extraordinário, extremo».

Embora extensa, não é exaustiva a relação de palavras formadas a partir da raiz russa, que se apresenta no presente estudo. No entanto, é suficiente para levantar a hipótese de que a raiz russa pertença ao domínio das palavras básicas e tradicionais do léxico. Tal hipótese encontra apoio em factos diacrónicos e sincrónicos: (1) é muito antiga a raiz russa, provinda do indo-europeu *euk- «entender, habituar-se a», (2) por serem muito numerosas as palavras que nela se baseiam, a raiz russa é de comprovada vitalidade.

É digna de nota a presença da mesma raiz em palavras relacionadas com os antónimos «ensinar» e «aprender», sendo que esta relação se encontra em diversos idiomas balto-eslavos, além do russo (učit' «ensinar», učit'sja «aprender»): no antigo eslavónico eclesiástico (učiti «ensinar», učiti sę «aprender»), no polaco (uczyć «ensinar», uczyć sę «aprender»), no checo (učiti «ensinar», učiti se «aprender»), no eslovaco (učiti «ensinar», učiti se «aprender»), no servo-croata (uciti «ensinar», učiti «aprender»), no letão (mācīt «ensinar», mācīties «aprender»), no lituano (mokyti, mokinti «ensinar», mokintis, mokytis «aprender») (cf. Buck 1949: 1221-1224). Nota-se que, em várias das referidas línguas, a forma que significa «aprender» difere da palavra «ensinar» por ser a forma reflexiva desta.

Além dos reflexos da raiz IE *euk- «entender, habituar-se a» do âmbito das línguas balto-eslavas acima indicados, Vasmer (1953, 1989: IV, 180), também indica reflexos da mesma raiz nalgumas línguas indo-europeias de outros ramos desta família de línguas: o antigo índico, *úcyati* «tem prazer, tem costume» e *ōkas* «prazer, satisfação», o arménio *usanim* (com o [k] palatalizado no contexto de [u], passando a [s]) «eu estudo, habituo-me», o gótico *biūhts* «habitual, usual» e o latim *uxor* «esposa».[11]

Junto com algumas palavras dos ramos referidos por Vasmer, Pokorny (2005: 347) refere, entre outros reflexos, o antigo irlandês *toucc-* «abranger, entender» e o grego ἔκηλοΣ «à vontade» (Homero, *Odisséia* 17.478), εὔκηλοΣ «calmo, tranquilo, com satisfação».

São do âmbito das línguas indo-europeias, os três dicionários etimológicos acima referidos, Vasmer (1953), Pokorny (1958) e Watkins (2011). As informações referentes à raiz IE *euk- «entender, habituar-se a» das referidas obras são apresentadas segundo a ordem cronológica das respectivas primeiras edições. É de notar, porém, que algumas das informações citadas destas obras foram identificadas antes por Ernout e Meillet (1939: 1143). Segundo Ernout e Meillet, a palavra latina *uxor* («esposa») resultou da combinação de *uk- com -sor- (*uk- + sor : *uxor* [uksor]), o mesmo elemento que se encontra em *soror*, que refere uma «pessoa feminina do grupo». Compare-se com o uso do arménio *us-*, na composição da forma verbal *usanim*, «eu aprendo».

Da palavra *uxor* (empregada por Virgílio e Cícero, entre outros autores), havia algumas formas derivadas desta palavra na língua latina, tais como a diminutiva *uxorcula*, empregada no sentido de «minha querida esposa» (*Mea uxorcula!* «Minha querida mulher!», Plauto), o adjectivo *uxoriosus*, referente ao «marido muito amigo da sua mulher» (Plauto), o substantivo *uxorium*, para indicar uma muleta que se impunha aos celibatários (referido pelo gramático Festus), o adjectivo *uxorius*, relativo à mulher casada (Cícero, Ovídio). Exemplos de usos comuns encontram-se em frases tais como *uxorem ducere* «tomar uma mulher em casamento» ao par de *uxorem adiungere* do mesmo significado (compare-se com *coniugare* «casar-se», com a mesma raiz, -*iug*-, também em *iugum* «jugo, canga»), *uxorem habere* «ser casado» literalmente «ter esposa» (Cícero), *uxore excidit* «o casamento falhou» (Terrêncio), *res uxoria* «casamento» (Séneca), «dote da mulher, contrato matrimonial» (Cícero), *uxoria forma* «beleza medíocre», como o marido deveria desejar à esposa, segundo os costumes romanos (Gellius). Havia o *uxorium*, um imposto exigido aos celibatos; *uxoria bibere* «tomar bebidas para conquistar o amor da esposa»; *uxorius amnis* «rio complacente», em referência ao Tíber, por causa do mito tradicional, registado pelo historiador grego Diocles de Peparitus, posteriormente completado por Virgílio, referente a Rhea Sílvia, que, como consequência das suas relações sexuais com a divindade Marte, tornou-se mãe de Remus e Romulus. (Considera-se Romulus o fundador de Roma, enquanto há diversas lendas no tocante ao destino do irmão gémeo, Remus).

Nas línguas românicas, o latim *uxor* passou a ser o termo genérico para designar a «esposa» no antigo espanhol e no antigo veneziano (*uxor*), no antigo francês (*oissour*) e no provençal (*oisor*), no romeno *însura* e no dálmato *urizare*, enquanto a forma *uxor* entrou como raiz de palavras derivadas, tais como, em português, *uxorcida, uxorcídio, uxório*. em espanhol, *uxorcida, uxorcidio*, e palavras afins em outras línguas.

Segundo Meyer-Lübke (*op.cit.*), no macedônio (idioma da província setentrional da Grécia) e no ístri-romeno (do baixo Danúbio) o verbo *însura* também significa «tomar como marido», havendo o verbo correspondente *urizare* no antigo dálmata (actualmente extinto, antes falado pelos habitantes da Dalmácia).

Em sumo, a raiz primitiva indo-europeia IE *euk-, «habituar-se, entender, aprender» está representada em línguas de diversos ramos do indo-europeu (Watkins, Ernout-Meillet, Pokorny).[12]

Alguns dos reflexos da raiz IE *euk- «habituar-se, acostumar-se», de acordo com a constituição e os respectivos significados (segundo Watkins, *op cit.*: 25b), incluem: a forma de grau zero *uk- in **a**. a forma sufixada (feminina) *uk-sor- no latim *uxor* «esposa» («aquela que se habitua ao novo domicílio», depois do casamento patrilocal): base das palavras inglesas *uxorial, uxorious, uxoricide*; **b**. a forma nasalizada *u-n-k- no antigo irlandês *tuicim* «compreendo, habituo-me» (< *to-ucc-*...). [Pokorny *euk-* 347. ]

Segundo Pokorny (*op. cit.*, 347), os reflexos da raiz IE *euk- em línguas de divervos ramos, com os seus respectivos significados, incluem: o antigo índico *ókas* «morada, habitação, domicílio», *úcyati* «habitou»; o sogdiano *ywčt* (*yōčat*) «ele aprende», *yγwtčh* «habitou» (com *y* secundário)...; arménio *usanim* (*k* palataliza depois de *u*) «estudar, aprender»; o grego ἔχηλοΣ (Píndaro ἔχᾱλοΣ) ao lado de εὔχηλοΣ «em tranqüilidade não perturbada»;... antigo irlandês *to-ucc-* «to understand, perceber» (*cc* = *gg*) de \**u-n-k-*; *ro-uicc do-uicc* from \**inj-i-s-t* (to *enek-* ,...), gótico *bi-ūhts* (\**unkto-*) «habitado»; lituano *jùnkstu*, *jùnkti* «habituar-se», *jaukùs* «habituar, acostumar», *jaukìnti* «habituar, domesticar», *jùnktas* «habitua»; letão *jûkt* «tornar-se habituado», *jaukt*, *jaûcêt* «acostumar-se», antigo prussiano *jaukint* «praticar», lituano *ūkis* «granja», compare o antigo índico *ōkas* «lar», antigo eslavônico eclesiástico *učiti* «aprender» *ukъ* «ensino», *vyknoţi* «habituar-se».

Roberts e Pastor (1994: 55) referem algumas das palavras que são apontadas por Watkins e Porkorny, sem mencionar nenhuma forma adicional.

O latim *uxor* serviu de base histórica para a formação do verbo latino \**ūxōrāre*, dando origem à forma verbal romena *însura* «tomar como esposa» (evidentemente relacionada com o substantivo romeno *însura*), aromano (romeno de Macedónia) *nsor*, megleno-romeno (*a*) *nsor*, istro-romeno *ănsor*, havendo também no neapolitano '*nzorare* e formas afins em outros idiomas da Itália, tais como brindisi *nzuri*, campobasso *nzor*, e, cerignola. *nzůre*, bari *ndzerá*, neapolitano arpino *nzurá*, tarentino *nzurare*, abruzzese *nzurar*, calabrese *nzurare* (*nzuratu* = romeno *însurat* «casado»), alatri *m'assore* (Puşcariu 1905: 76, n°. 874). De acordo com Puşcariu (*ibidem*): *însor* verbo do romeno, aroman *nsor*, meglano-romeno (*a*)*nsor*, istro-romeno *ănsor*, significam «casar(-se)», provindo do latim \*UXORO, - ARE (UXOROR ist bei Ps. Augustin, sermão 36 ad fratres in eremo, Migne 40, 1301): em diversos falares italianos, brindisi *nzuri*, campobasso *ndzore*, cerignola *nzůre*, bari *ndzerá*, neapolitano arpino *nzurá*, tarentino *nzurare,* abruzzo *nzurar*, calabria *nzurare* (*nzuratu* = romeno *însurat* «casado»), alatri *m'assore*. Em daco-romeno kann *însor* nur vom Manne gebrancht werden (unter den it. Formen kann ich diesen Gebrauch nur für Calabrere und Arpino belegen), em aromeno, ou romeno da macedônia, e em istro-romeno, dagegen kann es sich auch auf die Frau beziehen (Weigand: *Die Aronumen* II, 190; Ib. I, 128). Im Megl. heisst «zum zweiten male heiraten» vom Manne: *prinsór* I vb. von der Frau: *primărít* I vb. – Über den Anlaut der ital. Formen vgl. Subak: *Zeitschr. rom. Phil*, XXIV, 320.

Ainda há outras palavras do romeno provindas da raiz IE *euk-, «habituar-se, entender, aprender», por intermédio do latim **uxorare*: o verbo *însura*, a. transitivo «casar», metaforicamente «deitar solas novas» e b. reflexivo «casar-se, arranjar uma mulher», com o sentido figurado de «concordar», o adjectivo *însurat* «casado», com a frase *de însurat* «casadoiro», o substantivo *însurat* «casamento», o substantivo *însurăţel* «recém-casado», o substantivo *însurătoare* «casamento»; por influência eslava (russa), as palavras *ucenie* «discípulo, aprendiz», *ucenici* «fazer aprendizagem, aprender», *ucenicie* «aprendizagem».

### 1.3.2. A palavra палубы [palubш] (numero 4, Tabela 1), «carros».13

O radical луб- provém da raiz IE *leup-, *leub-, *leubh- «descascar». As formas cognatas baseadas nesta raiz incluem, entre outras, as seguintes palavras: o antigo eslavo *lubŭ*, «casca» (de árvore»), ucraniano луб, búlgaro луб, bielorrusso луб, servo-croata лŷб, checo *lub*, polonês *łub*, lituano *lúoba*, albanês *labë*, norueguês, *laup*, antigo islandês *laupr*, dinamarquês, *lób*, proto-germânico **lauban*, gótico *laufs*, neerlandês *loof*, alemão *Laub*, inglês *leaf* (antigo inglês *lēaf*, inglês médio *leef*), irlandês *luibh*, latim *liber*, possivelmente *loba*, «folhelho de espiga de milho» (Plínio), «tipo de herva», além de formas em outros idiomas indicadas por Vasmer e pelos autores de outros dicionários etimológicos. Trata-se, evidentemente, de uma raiz bastante difundida entre diversos ramos da família indo-europeia.

De acordo com Watkins (*op. cit.*, 51a), as derivações, a partir da raiz IE *leup-, *leub-, *leubh-, segundo variantes de forma e de significado, incluem: **1**. o germânico *\*laubaz*, com *lēaf* no antigo inglês, *leaf* «folha» no inglês moderno; **2**. o germânico *\*laubja* «teto feito de casca de árvore»; reflexos com o significado de «abrigo» em: **a**. antigo francês *loge* «casa pequena» (>inglês médio *loge*>inglês moderno *lodge* «cabana, casa de campo ou de veraneio, chalé, casinha, habitação ou abrigo de uso temporário») **b**. latim medieval *lobium*, *lobia*, *laubia* «claustro monástico» (latim medieval *lobia* «claustro monástico»>inglês *lobby* «entrada» ou «sala de espera, perto da entrada de uma casa», «sala pública ao lado da câmara de assembleia de um órgão legislativo», «grupo de pessoas empenhado em influenciar os legisladores ou outros funcionários públicos em prol de determinado acção governamental», sendo que, a partir deste último sentido, há neologismos correspondentes em numerosos outros idiomas, como resultado de empréstimos do inglês, embora, nalgumas línguas, como no albânio, com o termo correspondente grup politik, haja expressões perifrásticas – simples traduções, em vez de empréstimos. Exemplos de empéstimos do termo inglês *lobby* ocorrem nas seguintes línguas, entre outras (de acordo com informações do site www. translation.babylon.com): o italiano *lobby*, o francês *lobby*, o espanhol *lobby*, o romeno *lobby*, o catalão *lobby*, o português *lóbi*, o polaco *lobby*, o russo лобби, o mongólio лобби, o búlgaro лоби, o ucrânio лобі, o croato *lobi*, verbo, e *lobirati*; nota-se que nalgumas das línguas referidas, ocorre a forma do próprio inglês, como reconhecido empréstimo, nalguns casos também indicado pelo uso de aspas ou de letras itálicas; quando o empréstimo está integrado, de grau maior ou menor, na língua importadora, como no caso do russo e do português, por exemplo, o termo inicial pode servir de base para derivações de palavras afins, por vezes de diferentes categorias gramaticais (comparem-se, por exemplo, o português *lóbi*, *lobista*, *lobismo*, *lobístico* -- todos substantivos --. e o russo лобби, лоббизм, лоббисты, лоббирование, лоббировать -- quatro substantivos e um verbo); alemão moderno *laube*, «casa de verão», antigo neerlandês *love*, «galeria de um teatro ou de uma igreja», antigo francês *loge*, «alojamento» 3. da mesma raiz, segundo alguns, o germânico *\*luftuz* «céu», a. antigo nórdico *lopt* «ar, sótão, céu», inglês *loft* «sótão, galeria elevada», *aloft* «em suspenso, no ar, no alto», b. germânico *\*luftjan*, «levantar no ar», no antigo nórdico *lypta* «levantar» (e no inglês *lift*, «levantar, elevador»).

Por sua vez, Pokorny (2005 [1957]: 690-691) apresenta os reflexos da raiz indo-europeu *\*leup-*, *\*leub-*, *\*leubh-*, segundo a constituição da forma da variante de origem (com *b-*, com *bh-* ou com *p-*): com *b-*: antigo islandês *laupr* «cesto, trabalho feito de madeira», anglo--saxão *léap* «casto, casca», baixo alemão médio *lōp* «recipiente feito de madeira», *lœpen* «cesto», ..., com *bh-*: latim *liber* (*luber,*lubh-ro--s) «entrecasca, livro», albanês *labë* (*loubh-) «casca, cortiça», antigo irlandês *luib*, irlandês moderno *luibh* «couve», antigo irlandês *lub-gort* «quintal», antigo gualês *luird* «quintais», gótico *lubja-leis* «conhecedor de veneno», antigo islandês *lȳf* «planta medicinal», anglo-saxão *lybb* «veneno, magia», *lyfesn* «magia, fascinação», antigo saxão *léaf*, antigo alto-alemão *luppi* «seiva, veneno, magia», gótico *laufs*, *lauf* «folha, pétala», anglo-saxão *léaf*, antigo alto-alemão *loub*, *louba* «tábua de casca», alto-alemão moderno *Laube*, lituano *lubà* «tábua», letão *luba* «ripa», antigo prussiano *lubbo* «tábua, lituano *luõbas* «casca de árvore», (*lōubhos*), letão *luõbs* «fruta», lituano *lúbena* «pele de fruta»; russo *lub* (луб) «casca, córtice» etc. eslavónica eclesiástica *lobъ* «crânio», sérbio *lùbina* ...; com p-: antigo hindi (= sânscrito) *lumpáti* «danificado, estragado», *lōpdyati* «ferido» (= eslavo *lupiti*, lituano *laupýti*), *lōptra-* «mossa»; grego λύπη «ofensa», λῡπέω «aflitivo» etc., lituano *lupù*, *lupti* «descascar», letão *lupt* «roubar, privar), lituano *laupýti*, letão *laupit* «descascar», lituano *lùpena* «pele de fruta», *lupsnis* «casca tirada de abeto»; russo *lupitь* ([lupit'] лупить) «descascar», eslavónico eclesiástico *lupežъ* «roubo» etc.

As referências de Watkins (*supra*), fazer lembrar outros reflexos, nas línguas germânicas, tais como o alemão moderno *Laub* «folhagem», *Laube* «caramanchão, casa de verão» e formas derivadas ou compostas de ambas, o antigo neerlandês *love*, «galeria de um teatro ou de uma igreja»; nas línguas românicas, além do francês *loge*, «alojamento», vários reflexos no provençal *lotja* «abrigo temporário, de ramos de árvores», *lotjamen*, «alojamento», *lotjar* «alojar», com formas cognatas em português *loja* e derivados, em espanhol *lonja*, em catalão *llotja*, em italiano *loggia*, em provençal *laupia*, em galego *lóxia* (< italiano *loggia*) «termo arquitectónico para designar uma arcada, galeria, varanda, própria de um edifício italiano», além do sentido mais tradicional «pequeno espaço cuberto», *lóbio* «parra, à beira da casa, para dar sombra», «galeria ou alpendre fechado», «lugar escondido onde se reunem os membros da sociedade secreta maçónica» e os topónimos galegos *Lóbio*, de três localidades, e Lóbios, de duas localidades, com os topónimos portugueses correspondentes, *Loivo* e *Loivos*, representados pelas formas *Lovio* e *Lovyo* em documentos antigos, havendo outras formas afins nos referidos idiomas e em outros, como o inglês *lodge*, com vários sentidos, e *lobby*, «salão de entrada, ante-sala».[14]

Quanto à forma russa палубы [palubш][15], trata-se do plural de палуба [paluba]. O radical da palavra é луб-, de forma que o respectivo significado refere a superfície *plana* da cobertura, do lado ou do leito de um carro ou de uma carruagem.[16] Historicamente, луб- referia-se à casca ou à entrecasca de uma árvore, utilizada para fazer peças na forma de placas ou tábuas, sempre rectas. Por causa de evoluções semânticas posteriores, passou a designar com frequência, na língua moderna, o convés de barcos (plano, feito de tábuas) e, na linguagem da construção, os quadros (de tábuas rectas) que usam na preparação de blocos de cimento.

Um caso de mudança semântica interessante encontra-se no uso do topónimo лубянка «Lubianka», o nome de uma das praças centrais de Moscovo (perto do Teatro Bolshoi, onde antigamente se tratava a casca (луб) e vivaim as pessoas que exerciam este trabalho.

Posteriormente, a praça passou a ser conhecida pelos moscovitas como a sede da KGB, de forma que frases eufemísticas como «ele trabalha na Lubianka», ou «levaram-no à Lubianka» significam «ele trabalha no KGB» e «está detido no KGB».

É de notar que o vocábulo português *livro*, que provém do latim *liber*, está indirectamente relacionado com палуба. A palavra *Liber*, no sentido de «entrecasca (de árvore)», está documentada em Cícero e Sérvio (e no de «casca» em Virgílio), e era empregada como suporte material para a escrita, sendo que tal uso é referido por Plínio e por Santo Isidoro (*Etymologiae*, ou *Origines*): «Liber est interior tunica corticis, quae ligno cohaeret, in qua antiqui scribebant».

É curioso observar que, na identificação da origem da palavra portuguesa *livro* e das palavras afins em outras línguas românicas, tem havido algumas omissões. Por exemplo, o *Romanisches etymologisches Wörterbuch*, da autoria do grande romanista Wilhelm Meyer-Lübke (mesmo na 5.ª edição, 1972), não inclui a palavra portuguesa *livro*, nem as palavras em outra línguas românicas (tais como o espanhol *libro*, o francês *livre*, etc.), pois referente à palavra de origem latina, *liber* (5011, p. 406b) no sentido de «entrecasca», só inclui os vocábulos romenos *lior* e *lăor*, no sentido de «entrecasca» para determinado uso, embora inclua também o *wallisch* e o *waadtländisch* «laivro» como reflexos de *liber* no sentido de «livro», e de Blonay (Waadt), também no sentido de «Kräutermagen»; no galês *llyfr* «livro».

Observa-se, porém, que o mesmo Autor inclui *libellus* (5010, p.406b) no sentido de «pequeno livro» e a palavra italiana correspondente, *livello*, com o significado «acto escrito, registo, contrato de arrendamento».

É de notar que o étimo da palavra portuguesa *livro* já havia sido correctamente identificado por F. Adolfo Coelho (1890), algumas décadas antes da *editio princeps* do *Romanisches etymologisches Wörterbuch* (1911-20). Por outro lado, está implícita a identificação da origem (a partir do latim *liber*) das palavras com o significado de «livro» em várias das línguas românicas, em referências ao uso da entrecasca (*liber*), nas obras de alguns autores romanos (Cícero, Sévero, Virgílio) e especialmente na obra etimológica do hispano--romano Santo Isidoro de Sevilha.

Também antes de Meyer-Lübke (1911, 1920, 1930-35), Körtung (1891, 1901 [reimpressão 1924], 1907: 5560) havia incluído um verbete referente a «**libĕr, -brum** m., Buch...rum. *lior* [no sentido de «canhamo, linho», proveniente da palavra latina *liber* no sentido de «entrecasca»]», em que se refere «ital. *libro*;... prov. *libre-s*, franco--pro. *laivra*; frz. *livre*; cat. *llibre*; span. *libro*; ptg. *livro*».

A omissão do étimo da palavra correspondente a «livro» também se nota no *Diccionario etimológico indoeuropeo da la lengua española* (Roberts e Pastor 2009), trabalho influenciado por Watkins (1985), obra mais elaborado, em que se inclui, entre muitas outras do indoeuropeu, a raiz IE * leup-, «descascar», com a indicação de alguns dos reflexos no latim e em línguas românicas e germânicas. É esta a raiz indo-europeia que deu origem ao latim *liber* «entre-casca», o qual, por sua vez, serviu de étimo para o português *livro*, o espanhol *libro*, o francês *livre*, o catalão *llibre*, o italiano *libro* e outras palavras afins, no latim, nas línguas românicas e em outros idiomas.

O processo pelo qual a palavra latina *liber*, que significava originalmente a película entre a casca da árvore e a madeira que se encontra no cerne, passou a designar o livro, envolve uma figura de linguagem relativamente comum como fundamento da mudança semântica: a metonímia (do grego μετωνυμία, de μετά «mudança» + όνυμα «nome», através do latim *metonymia*), que consiste em designar um objecto por meio do termo que refere a outro, quando os dois se encontram ligados por alguma associação real ou mental. Nota-se que a mesma figura de linguagem está no fundamento da origem da palavra *bíblia*, *Bíblia*: o grego βιβλία «os livros», sendo βιβλίον a forma diminutiva de βίβλοΣ, que originalmente era empregada para designar a casca interna do papiro.

Observa-se que a origem da palavra que significa «livro» nem sempre é da mesma origem nas línguas românicas. Em português, espanhol, francês, provençal, catalão, italiano, sardo os termos básicos que correspondem à noção de «livro» provêem do latim liber (originalmente «entrecasca»); em romeno, as formas *lior, lăor* mantêm o sentido original do étimo latino *liber*, «entre-casca», enquanto a palavra que corresponde ao português «livro» é *carte*, do grego χάρττηΣ, através do latim *charta*, «papel» (o que constitui outro caso de metonímia).

Em geral, porém, a palavra latina *liber*, com o sentido de «entre--casca» usada com suporte material para a escrita, além de servir de raíz de palavras derivadas na própria língua latina (tais como *librarius* «secretário, copista», *libraria* «loja de livros», ou «livreiro» *librariolus*, diminutivo de *librarius* «copista», librarius (adjectivo) «relativo a livros», librarium «armário, gaveta, carteira para folhas ou papéis», *libellus* «pequeno livro» ou «opúsculo») serviu de étimo para palavras nas línguas românicas relacionadas com a noção de «livro», tanto o termo básico, como formas derivadas e compostas, tais como: no italiano, *libro* «livro», *libello* «libelo, panfleto» (como termo do direito «libelo», *libellista* «libelista», *libretto* «libreto», *librettista* «libretista», *librettistico, librettologo libraio* «livreiro», *libraio editore* «livreiro editor», *libraio antiquário* «alfarrabista», *libraccio* «mau livro» *librario* (adj.) «livreiro», *commercio librario* «comércio livreiro» e com o derivado *librariamente, librata* (derivado de *libro* com o sufixo –*ata*), *libreria* (com a variante *libraria*) «livraria, estante, biblioteca», *libresco* «livresco», *libroso* (derivado de *libro* com o sufixo –*oso*), palavras compostas, tais como *audiolibro, discolibro, portalibri, libro-gioco, libro-game*, além de outras palavras derivadas ou compostas; no sardo, *lìburu, libureddo, librerìa, libràriu, libellu, libellista*, etc.; no espanhol, *liber, libro, libresco, librejo, librete, libreta, libreto, libretín, librote, libraco, librillo, librería, libreril, librero, libretista*, e outros derivados e compostos (como, por exemplo, *libro de asiento, libro de caballerías, libro de horas*, e coloquialismos como *libro de las cuarenta hojas* «baralho», *libro verde* «caderno para descrever o povo e os costumes de algum país», etc.); no francês, *livre*,[17] *livret, livresque, libraire, librairie, libelle, libeller*, e outras palavras derivados, assim como palavras compostas; no provençal, *libre* «livro», *libras* (forma aumentativa de *libre*), *libroun* (forma diminutiva de *libre*), *libraire* «livreiro», *libradoira* «biblioteca», *librari* «prateleiras para livros», *librarié* «livraria, biblioteca», *libreiris* «mulher que vende livros», *libret* «libreto, álbum, opúsculo», *libretoun* (forma diminutiva de *libret*), *librun* «livros em geral», *libelle* e *libel* «libelo» etc.; no catalão, *líber* «líber» (termo da botânica), *libel* «libelo», *libelàtic* «libelático» (termo religioso), *libellista* «libelista», *llibre* «livro», *llibrer* «livresco», *llibreria* «estante» e «livraria», *llibresc* «livresco», *libret* «folheto» e «livrinho», *llibreta* «caderneta», *llibreter* «livreiro», *libreteria* «livraria», *libretista* «libretista»; no romeno, *lior* e *lăor* «líber», *librar* «livreiro», *librărie* «loja de livros», *libret* «libreto», *livret* «livrinho, livrete, caderneta» (sendo que *carte* significa «livro» em romeno); no português, *líber* (termo botânico, de transmissão erudita do latim *liber*, com o sentido de «floema»), *libelo, libelar, libelista, libelário, libelático, livro, livresco, libreto, libretista, livraria, livreiro, livreco, livro-caixa, livro-mestre*, entre outras palavras derivadas e compostas. No domínio das linguas germânicas, há várias palavras ligadas à antiga raíz latina no inglês, tais como *library* (< *librairie*, do antigo francês, com o significado «biblioteca», actualmente «loja de livros», compare-se com *livraire*, antes «copista», agora «vendedor de livros»), *libretto* (< italiano *libretto*), *libel* (< antigo francês *libel*, substituído por *libelle*, do Latin *libellus*, forma diminutiva de *liber*); no alemão, encontram-se as palavras *Libretto* «libreto» e *Librettoschreiber* «libretista», devidas, sem dúvida, à influência internacional do italiano no domínio da ópera, a qual também deu origem às palavras correspondentes do russo, либретто e либреттист, assim como de várias outras línguas, mediante a importação das palavras *libretto* e *librettista* do italiano (sempre com maior ou menor grau de adaptação às convenções da língua importadora). A raíz *librett-* ocorre no italiano *libretto* «texto ou argumento de uma ópera» (*libretto* em inglês, francês e polaco, *libreto* em português e espanhol, *libret* em romeno, com formas afins em outros idiomas) e *librettista* «autor de libreto» (*librettist* em inglês, *libretista* em português e espanhol, *librettiste* em francês, *libretist* em romeno, com formas afins em outros idiomas).

Fora do âmbito indo-europeu, há várias palavras do euscara (das línguas caucasianas, havendo diferentes hipóteses de parentesco genético) que estão ligadas à antiga raíz latina, tais como *liburu*, *libru*, *librŭ* «livro», *liburuapal*, «estante de livros», *liburudenda*, «livraria», *liburudun*, «livreiro», *liburugile*, «autor, escritor», *liburugin*, «impressor», *liburujosi*, «encadernar», *liburutegi* «biblioteca», *liburuzain*, «bibliotecário», *librugintza*, «produção de livros», além de outros derivados.

No umbundu, língua banta niger-congolense, falada por mais de quatro milhões de angolanos, há (além da palavra tradicional *elyemela* «livro») o neologismo *elivulu*, empréstimo do português.

No que se refere ao suporte da escrita entre os romanos, também deverá ser observado que algo semelhante ao que se observa, no caso de *liber* (acima resumido) também occurreu com a palavra latina *codex* (cōdēx, -ĭcĭs), que originalmente significava «tronco de árvore», mas que passou a aplicar-se (a) ao conjunto de tabuínhas usadas como suporte de escrita, posteriormente, por ampliação do sentido, (b) aos conjuntos de folhas de papiro, pergaminho ou papel, ligadas umas às outras e unidas em encadernações.[18]

Neste caso também, os étimos latinos com a mesma raíz (*cod-*) serviram de fonte para numerosas palavras em diversas línguas: tais como o inglês *codex* (plural: *codecis*), *code* «conjunto de leis ou regulamentos», e outras afins (*codicil, codicology, codification, codify*, etc.), e o português *códex* (pl. códices), *códice, código, codicologia, codicológico, codicologista, codicólogo*, etc. Veja-se, entre outros, Ernout & Meillet (1959), Meyer-Lübke (1935) e Segura Munguía (2010), onde se encontram outros exemplos afins.

Há várias formas cognatas do russo палуба em outras línguas eslavas: ucraniano палуба «cobertura feita de cascas numa carroça», checo *páluba* «árvore com buraco», polonês *pałuba* «carroça coberta» e *pałub* «tronco de árvore, tronco de pessoa».

No russo moderno, há algumas palavras e expressões formadas com o radical de луб-: луб, «entrecasca», лубок, «tala», палуба com diversos significados ao longo do tempo, todos compatíveis com a noção de «plano, recto», палубный «de entrecasca, de talas», лубочный «de entrecasca» e опалубка «revestimento», assim como os termos наложить лубки «entalar, aplicar talas», лубок картина «estampa primitiva» e лубочная литература «literatura de cordel», além de outras palavras e expressões.

Pelo exemplos apresentados, torna-se evidente que são muito numerosos os reflexos da raiz IE *leup-, *leub-, *leubh- «descascar», e que tais reflexos se encontram em várias línguas. Trata-se, portanto, duma raiz bastante difundida através dos seus reflexos. Por ser a raiz *leup-, *leub-, *leubh- «descascar» de origem indo-europeia, é bastante antiga. A productividade da raiz nota-se em reflexos de diferentes épocas ao longo da história, sendo que continua nos tempos modernos: por exemplo, dois dos amplos conjuntos de reflexos, representados em numerosas línguas, são de difusão relativamente recente, transmitidos, via empréstimo, a partir do italiano *libretto* e do inglês *lobby* que se tornaram parte do vocabulário «internacional», respectivamente no âmbito da terminologia musical (*libretto*, no sentido do «livrinho de ópera», e do âmbito político (*lobby*, no sentido de «grupo de pessoas empenhado em influenciar os legisladores ou outros funcionários públicos em prol de determinado acção governamental»).

A forma па- no início da palavra russa палуба é prefixo, que se encontra em outras palavras, tanto em substantivos como em verbos, sendo па- e по- variantes. Embora seja difícil identificar um significado comum a todas as ocorrências de па- e по-, parece frequente o emprego na indicação de uma categoria, ou espécie, dentro de uma classe mais ampla.

Exemplos do emprego deste prefixo incluem, entre muitas outras, as seguintes palavras: паводок «inundação, enchente», пагуба «ruína, destruição», погубить «destruir», падчерица «enteada», пасынок «enteado», патрубок «cano de ligação, entrada para cano», повозка «veículo, carruagem», поверье «crença popular, superstição», побуждение «motivo, incentivo», побуждать «incentivar, induzir».

### 1.3.3. A palavra указы [ukazш] (número 5 da Tabela 2), «um tipo de ordem imperial».

A leitura desta palavra é facilitada pelo facto de que a sua forma completa está indicada no manuscrito, no primeiro parágrafo da mesma página do manuscrito (folha 69r, linha 1), pela translitação em francês: *oukazi*.

Verifica-se que a palavra russa указ (singular, plural: указы [ukazш]) foi adoptada em várias outras línguas. Está documentada a palavra no francês contemporâneo, com as representações ortográficas comuns *ukase* e *oukase*, como empréstimo do russo. A palavra também entrou como empréstimo no inglês (através do francês), com a forma gráfica *ukase*, para referir uma proclamação publicada como ordem imperial, com a força duma lei, na Rússia (no site http://www.answers.com/topic/list-of-english-words-of-russian-origin e *Webster's New Intenational Dictionary* 1961: 2754e). A palavra entrou na língua portuguesa (também através do francês), sendo registada como *ucasse* nos principais dicionários da língua.[19] Em romeno é *ucaz*. Há palavras correspondentes, com formas semelhnates, em várias outras línguas, de modo que que o russo указ constitui uma palavra de âmbito internacional, com o significado de «decreto do czar (russo)».

A raís de указ é каз-, que tem a variante каж-, possui o significado geral de «aparência, expressão». A mesma raiz ocorre como base de várias palavras e expressões derivadas, tais como as seguintes: казать «aparecer», не казать глаз (popular) «não aparecer», казаться «parecer, aparecer», выказать «manifestar, mostrar», доказать «demonstrar, provar», доказать теорему «demonstrar ou provar um teorema», доказуемый «demonstrável», доказательный «convincente, concludente», доказательство «demonstração, prova, evidência», заказать «mandar fazer, proibir (antigo)», заказ «ordem», заказной «mandado», заказное письмо «carta registada», заказчик «comprador por encomenda», наказать «punir, castigar, mandar», наказ «ordem, mandamento», наказание «castigo, punição», наказуемость «punibilidade», наказуемый «punível», наказанный «castigado, penalizado», безнаказанность «impunibilidade», безнаказанный «impunibilidade», безнаказанно «com impunibilidade», оказать поддержку «dar apoio», оказать содействие «prestar colaboração», отказать «recusar, negar, renunciar», показать «mostrar, indicar», сказать «dizer, contar», сказаться «manifestar-se», сказ «história, narrativa», сказание «conto de conteúdo histórico, lenda, narrativa», сказка «história, conto», сказочник «contador de histórias», сказочно «fabulosamente, fantasticamente», сказочный (adjectivo) «de conto de fada», сказуемое «predicado», сказывать «dizer, narrar, recitar», сказитель «narrador de contos tradicionais», высказаться «exprimir», наказ «ordem, decreto», отказ «recusa, negação, rejeição», приказ «ordem, mandamento», указать «apontar, mostrar, indicar», рассказ «conto», указатель «guia, indicação, índice», алфавитный указатель «índice alfabético», указание «indicação», указывать «mostrar, indicar», указанный «indicado, mencionado», указательный «indicativo, demonstrativo», указательный палец «dedo indicador», указать дорогу «mostrar ou indicar o caminho», указка «apontador», делать всё по указке «seguir instruções», entre outras palavras e expressões.

A palavra básica казать (e сказать) está históricamente relacionada com palavras de várias outras línguas. Entre as línguas eslavas, os exemplos incluem ucraniano казати «dizer, falar», antigo eslavónico казати, кажж, búlgaro кáжа, bielorusso кажа «falar», servo-croata кáзати, esloveno *kázati*, checo *kázati*, polonês *kazać*. Entre as línguas de outros ramos do indo-europeu, incluem-se o avéstico āķasat e o persa āgāh. (Vasmer *op. cit.* II, 159). São indicados outros reflexos da mesma raiz por Pokorny (2005, I:533), tais como o antigo irlandês *śāsti* (com a primeira sílaba tónica) «instruído, informado» e o arménio *sast* «autoridade», e respectivas palavras afins em ambas essas línguas.

Em face dos reflexos da raiz histórica tanto nas línguas eslavas como em línguas de outros ramos da grande família indo-européia das línguas, a base deve provir de um étimo antigo. Haverá duas hipóteses: (1) IE *k̂as-, *k̂ǝs-«ensinar», «mostrar o caminho» (Pokorny *op. cit.* 533); Watkins (2011: 39a) inclui o Indo-Europeu *kās «mandar», raiz de vocalismo incerto, *k̂ēs ou *k̂ōs (forma mais antiga *k̂eh<sup>x</sup>), com a forma em inglês *shastra*, do sânscrito śāstram, «ensinamento, mandamento, texto sagrado», e, (2) mais provável, segundo Watkins (2011: 46b) *kʷek-, também *kʷeg-, «aparecer, mostrar» (formas mais antigas *kʷek̂-, *kʷeĝ-), variante *kʷeg- (Pokorny 638, *kʸek̂-).

Quanto à origem do prefixo y [u], em palavras tais como указы e указать, este provém do IE *au- «de» (Watkins 2011: 6a), também representado por ō- no latim *ōtium* (> potuguês *ócio*, inglês *otiose*, etc .), antigo *autium (Pokorny 3 *au-* 72).

É tão ampla a difusão da palavra russa указ, através de empréstimos em numerosas línguas, que também se pode considerar como componente do léxico «international», mormente para referências a um certo tipo de decreto czarista.

### 1.3.4. O termo поле боиа [polie boia] (número 8 nas Tabelas 1 e 2), «campo de batalha».

Convém considerar separadamente as duas palavras que compõem o termo поле боиа, «campo de batalha».

**1.3.4.1. A palavra** поле, **na expressão** поле боиа **[polie boia], «campo de batalha»**.

O radical de поле «campo, planície» é пол-, que ocorre como base de várias palavras derivadas e expressões afins, tais como поляна «espaço aberto numa floresta», поляне «povo da planície, um povo eslavo que antigamente habitava uma região do Dniepre», поляк «polonês, polaco, literalmente pessoa da planície», полька «polca», танцоевать польку «dançar a polca», Польша «Polónia», польский «polonês (adjectivo)», польский язык «polonês, língua polaca», полевод «agricultor», полеводство «cultivo dos campos», работать в поле «trabalhar no campo», полевой «campestre, do campo», поле битвы «campo de batalha», пшеничное поле «trigal», магнитное поле «campo magnético», поле зрения «campo de visão», полевые цветы «flores campestres», полевая мышь «rato do campo», entre outros.

Da mesma origem histórica, há palavras correspondentes em várias línguas eslavas: ucraniano поле, antigo russo поле, búlgaro поле, servo-croata пôлье, esloveno *poljê*, checo e polonês *pole*, alto sórbio *polo*, baixo sórbio *pólo*.

Para além do ramo eslavo, há reflexos da raiz IE *pelə- «plano, estender, espalhar» (com as variantes *plā-, <contração de *plaə-, e *pla-), que se encontram em alguns dos outros ramos do IE: no germânico, no itálico e no helénico; por exemplo, no antigo inglês *feld* «campo aberto», no neerlandês médio *veld*, *velt*, no antigo alto alemão *feld*, no germânico *flōruz «chão» > antigo inglês *flōr*, no inglês moderno *floor*, no latim *planus* (étimo de numerosas palavras nas línguas românicas) e *palma*, no grego πλανάΣθαι (planasthai) «vagar, vaguear», como evolução semântica de «espalhar», um dos sentidos da raiz primitiva do IE; cf. francês *flâner*, do escandinavo, possivelmente do norueguês *flana*, «ir de um lado para outro»).

Segundo Ernout e Meillet (1939), o latim *planus* está relacionado com o lituano *plóti* «estender» e *plónas* «delgado», o lético *plāt*, «estender um leito fino», *plǎns*, «delgado» (adjectivo) e *plāns* (substantivo) «ar»: cf. grego πέλανοΣ, referente a objectos planos, e πέλαγοΣ, «mar, superfície do mar»; comparem-se ainda as palavras do grupo latino *plancus, planta, plautus*.[20]

Em face da ampla difusão da variante *plā- e das formas *plak- *plat-, extensões da raiz IE *pelə- «plano, estender, espalhar», assim como a grande productividade histórica das referidas formas em diversas línguas, convém tratar cada um destes elementos separadamente, embora sejam variantes da mesma rais no indo-europeu.

### 1.3.4.1.1. IE *pelə- «plano, estender, espalhar».

A palavra russa поле «campo, planície» e as outras palavras eslavas afins provêm da raiz IE *pelə- «plano, estender, espalhar» tem as variantes *plā- (<contração de *plaə-) e *pla-, além das formas *plat- e *plāk- ou *plak-, que são extensões da raiz *pelə-.

Para além do ramo eslavo, há reflexos da raiz IE *pelə- em línguas de outros ramos da família indo-europeia: no germânco, no itálico, no helénico.

Segundo o esquema classificatório de Watkins (1985, 2000: 48-49), com conteúdo ampliado, no presente estudo, por alguns exemplos adicionais e definições complementares, os reflexos de IE *pelə- incluem: (1) a forma com sufixo *pel(ə)-tu- no germânico *felthuz, «terreno plano», no antigo inglês *feld*, «campo aberto», inglês moderno *field*; (2) a forma com sufixo *pel(ə)-t-es- (provindo de *pel(ə)-tu-) no germânico *feltha, «terreno plano», representado (a) no alto alemão antigo *feld*, no alemão moderno *Feld*, ambos com o significado de «campo, terreno aberto», inglês *feldspar* (adaptação do alemão obsoleto *Feldspat*, literalmente «mineral do campo»), nome de um mineral encontrado com frequência no campo; (b) no neerlandês médio por *veld, velt*, «campo»; (3) a variante *plā- (a) na forma com sufixo *plā-ru- no germânico *flōruz, «piso», no antigo inglês *flōr*, inglês moderno *floor* «piso», (b) na forma com sufixo *plā-no- no latim *plānus*, «plano, raso, direito, claro» e em várias palavras afins, nas línguas românicas, tais como no espanhol, *llano, plano* (cultismo), *llana, plana, llanada, llanero, llaneza, llanura, allanar, allanamento, aplanar, rellano, arrellanarse, planear, planeo*, palavras compostas tais como *planimetría, planisfério*, palavras derivadas do italiano *pianoforte*, como *piano, pianista, pianola* etc., no catalão *pla*, no galego *chao, chan, chau*, no português *chão*, que constitui a base de numerosos topínimos, tanto em Portugal como na Galiza: *chão* e *chãos* (várias localidades), compostos como *Chão da Aldea, Chão da Parada, Chão das Donas, Chão das Servas, Chão da Vã, Chão da Velha, Chão de Codes, Chão de Couce, Chão de Lopes Grande, Chão do Galego, Chão do Porto, Chão Frio, Chão Miúdo, Chão Padro, Chão Sobral, Chãos* (várias localidades); *Chan, Chans* e *Chãs* (várias localidades), *Chans de Abaixo, Chãs de Égua, Chãs de Tavares*, e na província de Vigo: *Chan, Chan da Gándara, Chan da Seca, Chan das Lagoas, Chan do Labrador, Chandebrito, Chan de Petaco, Chan Grande, Chans, Chantada, Chantado, Chantelos, Xanteira* ou *Chan da Eira, Chanu, Chão, Chaodastrabas, Chaodeleiras, Chaoporzún, Chenlo* (do latim *planelu-*), *Parachán, Vilachá*; no provençal *plan, plana, planaredo, planura, planarié, planas, planasso, piano, pianista, pianot, pianouteja* «tocar piano» (verbo neutro, Fourvières 1973: 577a), etc.; no francês *plain, plaine, plan, planer, planage, planeur, planimètre, planimétrie planimétrique, planisphère, aplanir, aplanissement, piano, pianiste* etc., no italiano, *piano*[21] (i) «superfície plana», com os derivados *interpiano, ipopiano, piana, pianale, painare, pianarello, pianello, pianerottolo, pianigiano, pianura, pianuzzo, ripiano, semipiano, sotopiano*, e formas compostas com *alto-, basso-, bi-, equi-, guarda-, marca-, médio-, multi-, pene-, pie-, pluri-, segna-* e *pianalto, pianiforme, piano-cilindrico, pianosfera, pianoterra, pianterreno*, (ii) *piano* (derivado de *piantare* «plantar»), com os derivados *impianare*, *pianificare*, *pianismo* e o composto com *foto-*, (iii) forma reduzida de *pianoforte*, com os derivados *pianino*, *pianismo*, *pianistico* e o composto com *foto-*, (iv) «plano» (adjectivo) e «lentamente», com os derivados *appianare*, *dispianare*, *piana*, *pianamente*, *pianegare*, *pianella*, *painezza*, *pianotto*, *semipiano*, *soppiano*, *spianara* e os compostos com *forte-* e *trotta-*, além de *piano-concavo*, *piano--convesso*, *painoforte*, *piano-parallelo*; no euskara, *lau*, *laun*, *lautu*, *piano* (<italiano *piano*, *pianoforte*), *pianogile*, *pianojole*, *plan*, *planari*, *planeadore*, *planeatu*, *plangintza*, *plangintzatu*, *planteatu*, *plafoi*, etc., no inglês *plain*, *plane*, *piano*, *pianoforte*, etc., no alemão *plan*, *planieren*, *Piano*, *Pianist*, etc. e no inglês (principalmente através do francês, do espanhol e do italiano), tais como *plane* (em diversos sentidos), *plain*, *piano*, *llano*, *plano-*, *planarian*, *planish*, *planula*, etc.; (4) na forma com sufixo e redução vocálica na raiz, *plə-mā, no latim *palma* (<*palama), «palma da mão» e em palavras afins, nas línguas românicas, tais como no espanhol *palma*, *palmada*, *palmar*, *palmatoria*, *palmeta*, *palmeira*, *palmeiral*, *palmiche*, *palmito*, *palmotear*, *palmoteo*, *palmear*, *palmero* etc., no italiano *palma*, *appalmato*, *impalmare*, *palmare*, *palmata*, *palmato*, *palmatura*, *palmella*, *palmo*, *spalmare*, *guardapalma*, *palmoplantare*, de *palma* referente à planta (da mão?), *diapalma*, *palmacea*, *palmario*, *palmatina*, *palmato*, *palmeto*, *palmiere*, *palmina*, *palmista*, *palmizio*, *palmone*, *palmoso*, *palmarosa*, *palmiforme*, *palmacristo* (termo da botânica), *palmarès* «digno da palma da vitória», *palmàcea* (termo da botânica, do latim científico *Palmaceae*), e em várias formas compostas, tais como *palmatocomposto*, *palmatofesso*, *palmatofido*, *palmatolobato*, *palmatopartito*, *palmatosètto* etc., no galego *palma*, *palmeira* etc., no português *palma* etc., no catalão *palma* etc., no provençal *palme*, *paum* etc., no francês *paume*, *paumé*, *paumelle*, *paumer*, *paumier*, *paumoyer* (antigo *palmeier*), *paumure*, *palmé*, *palme* (nos sentidos de «palma», «palmeira»), *palmeraie*, *palmette*, *palmier, palmure, palmifide, palmilobé, palmipède*, no euscara *palma, palmadi, palmazko* «palmeiral», *palmondo* «palmeira» etc.; no inglês, *palm* (como substantivo e como verbo), *palma, paume, palmilla, palmilha, palmar*, etc.; no alemão *Palme* «palmeira», *Palmin* «manteiga de coco», *Palminsäure* «ácido pálmico», *Palmnussöl* «óleo de coco», *Palmsonntag* «Domingo de Ramos», *Palmwoche* «Semana Santa», *Palmwedel* «ramo de palmeira» (como símbolo da vitória) etc. (5) possivelmente na forma IE *plan-, como variante extendida: (a) no grego πλανάΣθαι (planasthai) «vadiar, vaguear», e em outras palavras gregas afins, com a base πλαν- (<*plan-), representando uma evolução semântica de «espalhar» (um dos significados da raiz primitiva do IE) no sentido de «vadiar, errar»); (b) possivelmente o germânico *flan-, no nórdico antigo *flana*, «ir de um lado para outro, sem destino», relacionado com a fonte germânico do francês flâner «vadiar», com o substantivo derivado *flâneur*; (6) forma com sufixo e vogal eliminada *plə-dh-, no grego πλάΣΣειν (plassein <*plath-yein) «moldar» (semelhante à noção de espalhar algum material), com formas afins, tais como inglês *plasm* (forma curta de *protoplasm*, do grego πλάΣμα, de πλάΣΣειν «moldar»), *plastic* (< πλαΣτικόΣ, latim tardio *plastrum*, por *emplastrum*, do grego), com o derivado *plasticity*; *plaster*, com os sufixos *-plast, -plasia, plastid, -plasty, dysplasia, metaplasm, toxoplasma*, etc.; palavras correspondentes e outras formas cognatas em outros idiomas, tais como o espanhol *plástica, plasticidad*, francês *plastic, plasticage, plasticien, plasticité, plastie, plastifier, plastifiant, plastique*; (7) a variante, com a vogal «e» da raiz IE *pelə- substituída por «o», a formar *polə-, que serve de base histórica para palavras afins em diversas línguas eslavas: russo e ucraniano поле, antigo russo поле, búlgaro поле, servo-croata пöље (em letra romana *pölje*), esloveno *poljê*, checo e polonês *pole*, alto sórbio *polo*, baixo sórbio *pólo*, além de diversas formas derivadas nas referidas línguas. Vejam-se também as extensões em IE *plāk- ou *plak- (1.3.4.1.2 ) e IE *plat- (1.3.4.1.3).

**1.3.4.1.2. IE *plāk- ou *plak- «ser plano», extensão de *pelə- «plano, estender, espalhar».**

De acordo com o esquema classificatório de Watkins (1985, 2000: 48-49, 2011: 70), com conteúdo ampliado, no presente estudo, por alguns exemplos adicionais e definições complementares, os reflexos do IE *plāk- ou *plak- «ser plano», extensão de *pelə- «plano, estender, espalhar», incluem: (1) Germânico *flōhō no antigo nórdico *flō* «camada», inglês *floe*. (2) A forma variante *plāg- (a) no germânico *flōk*, no antigo inglês *flōc*, «peixe chato, solha», cognato com o alemão *flach*, «plano»; (b) germânico *flakaz no noroeguês *flak*, «peça plana, floco», provavelmente relacionado com a fonte escandinava do inglês médio *flake*, «floco» > inglês moderno *flake*; (c) germânico *flak- no antigo nórdico *flaki*, *fleki*, no inglês moderno *flake*. (3) A forma extendida *plakā no germânico*flagō* e no antigo nórdico *flaga*, «camada de pedra», no inglês moderno *flag stone*. (4) Forma com sufixo (estativo) *plak-ē-, «estar calmo» (como «mar calmo», inglês *flat sea*), no latim *placēre* «agradar, ser agradável»), e em palavras afins, como *placebo, plácido, complacente*, etc. (5) A forma com sufixo e com a vogal do radical alongada *plāk-ā- no latim *plācāre* «acalmar» (forma causativa de *placēre*), provençal *aplacar*, português *aplacar*, inglês *placate*, etc. (6) A forma nasalizada *pla-n-k- no latim *plancus* «plano, pé chato ou apalmado», relacionado com *planca* do latim tardio com o sentido de «placa, prancha», cognato com o grego πλάξ, πλακκ-, com os mesmos sentidos, sendo a referida palavra do latim tardio étimo do normando-χὒpicardo *planque*, que deu origem ao francês *planche*, e cf. o provençal *planca*, italiano *pianca*, o espanhol *plancha*, o português *prancha*, o inglês *plank*, e outras palavras afins, como o russo планка «prancha, chapa». Uma das palavras relacionadas com estas é o francês *planchette*, diminutivo de *planche*, que data de meados do século XIX. (7) A forma variante *plag-, (a) no latim *plaga*, «rede» (objecto que se extende), com a palavra derivada latim *plagiarius*, «o que dá refúgio a escravos alheios», empregada por Martial em relação a roubos literários, daí o português *plagiário, plágio, plagiar, plagiador*, espanhol *plagiario, plagio, plagiar* (as quais deram origem ao euscara *plagio, plagiatu, palgiatzaile*, o provençal *plaga, plagar, plagador* (todas relacionadas com a noção de «ferir»), o francês *plage, plageur, plagier*, o inglês, *plagiarism, plagiarist, plagiarize*, e formas afins em outros idiomas, como o russo плагиат, плагиатор; (b) no grego πλάγιοΣ, «oblíquo, transversal», πλάγοΣ «lado, encostado», origem do latim *plaga*, que por sua vez deu origem ao espanhol *playa*, o português *praia*, o catalão *platja*, o italiano *piaggia* e *spiaggia*, o francês *plage* (todas com o sentido de «praia»), com o francês servindo de fonte para o russo пляж, cf. o inglês *plagal, plagio-, playa*. (8) A raiz na forma *\*plak-*, no grego πλάξ, πλακ «prato plano, planície, superfície», e em muitas palavras gregas afins, incluíndo-se πλαχοϋΣ, que deu origem ao latim *placenta*, «tipo de bolo de massa folhada» (segundo Juvenal), que por sua vez deu origem ao romeno *plaşinda* e do russo плацинда (ambos em referência a um tipo de pastel, sendo a palavra russa empréstimo do romeno), além da palavra *placenta*, para referir um «órgão que se forma no útero na gestação da maioria dos mamíferos e que é expulso logo após o parto», em vários línguas: francês, espanhol, português *placenta*, inglês *placenta*, russo плацента *etc*. (9) A forma variante *\*pelag-*, no grego πέλαγοΣ, que deu origem ao latim *pelagus*, «mar, alto mar, mar aberto» (referido por Virgílio, Horácio, Tácito), *pelagia*, «do mar, do alto mar, marino», étimos do italiano *pelagia* «marino», *pèlago* «de alto mar», español *piélago, archipiélago, empalagar* (<*empelagarse*)*, empalago, empalagoso*, catalão *pèlag, pelàgic*, italiano *pèlago, impelagarsi, pelagico, pelagismo, pelagite*, provençal *pelec, pelech*, francês *pelagian, pelagique, archipel*, português *pélago, pelágico, arquipélago, arquipélago--estado, archipelágico, pelágio, pelagografia, pelagoscopia*, inglês *pelagian, pelagic*. São estas algumas das palavras relacionadas com a variante IE *\*pelag-*, nas referidas línguas, havendo outras palavras historicamente afins nestes e em outros idiomas.

### 1.3.4.1.3. IE *\*plat-* «estender», extensão de *\*pelə-* «plano, estender, espalhar».

De acordo com o esquema classificatório de Watkins (1985, 2000: 48-49), com conteúdo ampliado, no presente estudo, por alguns exemplos adicionais e definições complementares, os reflexos do IE *\*plat-* «estender», extensão de *\*pelə-* «plano, estender, espalhar», incluem: (1) Forma variante *\*plad-* no germânico *\*flataz-* «plano», no (a) antigo nórdico *flatr*, «plano», no inglês *flat*, «plano»; (b) antigo francês *flater*, «lisongear» (> inglês *flatter*). (2) Forma variante com sufixo *\*plad-yo-* no germânico *\*flatjam*, no antigo inglês *flet(t)*, «piso, habitação», inglês moderno (britânico) *flat*. (3) Forma básica *\*plat-* no germânico *\*flathō(n)*, «bolo plano», no latim tardio *fladō* «bolo plano, panquec a», inglês *flan* «tipo de bolo redondo». (4) Forma germânica nasalizada com sufixo *\*flu-n-th-r-jō*, no antigo sueco flundra, «tipo de peixe de corpo achatado», étimo do inglês médio flounder, inglês moderno flounder «solha». (5) Forma nasalizada *\*pla-n-t-* no latim *planta* «planta do pé», daí o verbo denominativo *plantāre* «enfiar no chão com a planta do pé», com o consequente sentido adicional do substantivo *planta*, «qualquer espécie vegetal», com as palavras afins no português *planta, plantar, plantação, plantio, plantula, plantador, implante, planturoso*, com as variantes do termos básicos (*planta, plantar*) *pranta* e *prantar*, no antigo português e na linguagem popular rural brasileira; espanhol *planta, plantel, plantilla, plantio, plantón*, etc., catalão *planta*, provençal *planta*, italiano *pianta*, francês *plante*, com outras formas afins nas referidas línguas; alemão *Pflanze, pflanzen*, inglês *plant* etc., além de *clan, plan, plantain, plantigrade, supplant* e outras palavras afins. (6) A forma com sufixo \*plat-u no Grego πγατύΣ «plano, amplo, largo», latim tardio \*plattus, fonte do italiano *piatto*, sardo *platu*, francês *plat*, provençal *plat*, catalão *plat*, espanhol *chato, plato, plata*, que evoluíu para o sentido de «placa de metal, metal precioso (prata)», como no topónimo Rio de la Plata (com a evolução semântica posterior da palavra *plata*, em espanhol, a significar «dinheiro», além de «prata»), português *chato, prato, prata*, e formas afins. O inglês *plate, platter, platina* (no sentido de *paltinum*, através do espanhol *platina*, forma dimunitiva de *plata*), *plateau* (<antigo francês *platel*, forma diminutiva de *plat*), *platform* (<francês *plate-forme*). Compare-se a evolução da forma feminina do grego πγατύΣ, πγατεϊα, latim *platea*, «via larga», e as palavras que provieram desta forma (por via directa ou indirecta): italiano *piazza*, as formas derivadas *piazzaiolo, piazzale, piazzare, piazzaro, piazzarolo, piazzata, piazzetta, piazzeggiare, piazzese, piazzino, piazzista, piazzoso, piazzuòla, spiazzare*, a forma composta *piazzafore*, a locução *piazza di sicurezza*, sardo *plazza, plazzixedda*, espanhol *plaza, plazuela, plazoleta, desplazar, desplazamiento, reemplazar, reemplazo, emplazar* «situar» *emplazamiento*, português *praça, pracinha, praciano, pracejar, pracear, pracista*, e formas compostas tais como *praça-d'armas, praça-forte*, locuções como *assentar praça, fazer praça de, praça de pré, praça de guerra*, etc., francês *place, placement*, etc., provençal *plaça, plaçage, plaçaire, plaço, placeto, placihoun, placeto, placié, placiero, placeja, placejaire, placen, placenco*, etc., inglês *place*, do qual o sentido antigo sobrevive no termo *market place*.

A forma arcaica inglesa, *plat*, com o sentido de «parte de um terreno», e com a variante *plot*, conserva-se no texto bíblico 2 *Kings*, ix: 26 (versão *King James*): «... and I will requite thee in this plat, saith the Lord. Now therefore take and cast him into the plat of ground...». Outras palavras afins incluem o antigo e moderno francês *platel*, forma diminutiva de *plat*, que deu origem ao francês e e o inglês *plateau*, sendo empréstimos o português *platô*, o russo плато, e formas cognatas em vários outros idiomas; inglês *platina* (nome usado no século XVIII, que corresponde ao actual termo *platinum*) da forma diminutiva espanhola, *platina*, com o mesmo sentido; russo платина, com palavras cognatas em outras línguas balto-eslavas. Outras palavras e termos afins a *plat-i- em inglês incluem, entre outras, *piazza, place, plaice, plane, plane tree, plate, plateau, platitude, platy, platypus, plaza*, havendo numerosas palavras afins em diversos outros idiomas. (7) A forma variante com a vogal «o», *plot-, nas línguas eslavas, como no russo плоский «plano» (adjectivo)», плоскость «plano» (substantivo)», плоскогорье «planalto», плот «balsa», плотогон «balseiro», плоскостопие «pé chato», плотва «peixe ciprinido», площадка e платформа «plataforma»[22], площадь «praça, esplanada», no ucrananio плоский e плаский (variantes) «plano, banal», плескатий «achatado», площа «praça», площина «praça, espaço, superfície plana (como termo da geometria)», com formas afins nas outras línguas eslavas.

### 1.3.4.2. A palavra боиа, na expressão поле боиа [polie boia], «campo de batalha».

A base de боиа é би-, бь-, бой-, бо-, «combater, bater», que se encontra na formação de um conjunto de palavras e expressões, tais como бой «luta, combate», бить «bater, espancar», вбить (aspecto perfeito) & вбивать (aspecto imperfeito) «forçar algo a entrar, martelar», выбить «tirar com força, a golpear», добить «dispachar, matar», избить «massacrar», набить «encher, imprimir» перебить «interromper, quebrar em pedaços», побить «derrotar, matar», подбить «incitar» прибить «pregar», пробить «furar [com golpe]», разбить «quebrar, espedaçar», сбить «derrubar», биение «batida», битва «luta, combate», боевой (adjectivo) «de batalha, típico de batalhas», боевой клич «grito de batalha», рукопашный бой «luta corpo a corpo», разбой «assarltar, roubo a mão armada, piratear», разбойничать «roubar», вбить себе в голову «introduzir com persistência na cabeça», бой скота «matança de gado», бойко «com desenvoltura», бойкий «corajoso, atrevido», бойкость «desenvoltura», боевик «filme com cenas de batalha, policiais; membro de guerrilha (sentido novo)».

Há palavras historicamente relacionadas com o russo бой «luta, combate» em outras línguas eslavas (segundo Vasmer *q.v.*): ucraniano бій (caso genitivo бою), antigo eslavónico оүБои «assassinato», eslavónico eclesiástico бои «бой», búlgaro бой, servo-croata bôj, esloveno *bòj*, checo *boj*, polonês *bój*. É possível que a raiz mais antiga, que deu origem às formas cognatas nas outras línguas eslavas, corresponda ao antigo eslavónico Бои, que se encontra na palavra оүБои.

### 1.4. Resumo, conclusões e hipóteses das observações gráficas e filologicas.

De modo geral, são corretas as representações gráficas das palavras russas no manuscrito de Ribeiro Sanches, de acordo com as práticas típicas da escrita cursiva da época, com algumas características comuns na «escrita rápida» (скоропись), a forma // da letra «к», embora a origem de tal representação gráfica seja a partir da forma correspondente da letra no antigo eslavónico, como, aliás, as origens das letras «у» e «я».

Por outro lado, a representação gráfica cursiva empregada por Ribeiro Sanches parece reflectir uma influência grega nas formas de algumas letras («л», «п», «е»), mas as peculiaridades não dificultam a leitura das respectivas letras. É de notar que semelhantes propriedades se encontram em outros manuscritos, de outros autores, da mesma época, podendo, portanto, ser típicos da escrita cursiva do século XVIII. Além disto, a influência da grafia grega evidencia-se de diversas maneiras nos sinais do alfabeto russo.

A leitura objectiva das formas gráficas das palavras russas no manuscrito revela alguns lapsos por parte de Ribeiro Sanches. Tais erros são, porém, meros «lapsos», no sentido de serem ocasionais, não repetidos.

O exame cuidadoso da forma gráfica da palavra бoиa revela que a primeira letra «б» [b] terá sido modificada de modo a passar a ser «в» [v] (o que se nota pela extensão do traço vertical da letra «б» para cima da curva superior da letra «в»). O presente estudo apresenta algumas hipóteses quanto à possível motivação da mudança da letra, mas não dispõe de elementos suficientes para confirmar qualquer das hipóteses dadas.

Quanto às propriedades filológicas das palavras russas empregadas por Ribeiro Sanches, de modo geral as suas raizes (уч-, луб-, каз-, пол-, бой, com as respectivas variantes) são bastante difundidas, quer nas famílias léxicas derivacionais do russo, quer entre as línguas eslavas, balto-eslavas e, nalguns casos, entre línguas de diversos ramos do Indo-Europeu. Trata-se, portanto, de palavras com raízes antigas, que pertencem à tradição da formação léxica básica da língua russa.

## 2.0. A edição do manuscrito de Ribeiro Sanches de 1766 por F. Machado (2001).

Foi editado um livro com o título *Educação e Cidadania na Ilustração Portuguesa - RIBEIRO SANCHES*, de Fernando Augusto Machado, autor do texto inicial (pp. 11-106), e responsável pela publicação, em anexo, do «Plan pour l'éducation d'un jeune seigneur» (pp. 107-228), da autoria de António Nunes Ribeiro Sanches (manuscrito de 1766). Para o anexo, Machado escreveu uma nota introdutória (pp. 109-113) e as notas finais (pp. 225-228), além de fazer uma versão em português, publicada junto com o texto original em francês, em colunas opostas às páginas em que se apresentam as folhas do manuscrito, editado em fac-símile. A edição deste texto reveste-se de grande interesse, por ser a primeira edição do respectivo manuscrito de Ribeiro Sanches.

Segue-se um exame, com revisão de alguns aspectos do trabalho de Machado, no que se refere (a) à leitura da representação cursiva e (b) à identificação das palavras russas contidas no manuscrito.

### 2.1. As palavras russas do manuscrito em escrita cursiva. Leitura e representação no texto em francês e na versão em português.

A seguinte tabela inclui (a) as representações das palavras russas no manuscrito da obra de Ribeiro Sanches (1766), seguidas (b) pelas interpretações na edição de Machado (2001) e (c) pelas leituras corretas.

| (a) Formas cursivas das palavras russas no manuscrito de Ribeiro Sanches | (b) As palavras russas do manuscrito, impressas e com transliteração, segundo Machado (2001). | (c) A leitura correcta das palavras russas do manuscrito, com destaque das letras mal interpretadas por Machado (2001). |
|---|---|---|
| 1. d' | d'Читили [tchitili] (página 129, linha 11) | d'учитили (folha 66v, linha 7) |
| 2. | Чители [tchietili] (p. 129, l. 18) | учители (f. 66v, l. 12) |
| 3. | Чители (p. 131, l. 6) | учители (f. 67f, ll. 3-4) |
| 4. | ползьи [polzie][24] (p. 137, l. 20) | палубы (f. 68v, l. 12) |
| 5. | ||ази [||azi][25] (p. 141, l. 20) | указы (f. 69v, l. 13) |
| 6. | Чител [tchitiel][26] (p. 145, l. 32) | учител (f. 70v, l. 21) |

7. 8Ухтедь     Читель [tchitiel][27]     учитель
                 (p. 149, l. 24)          (f. 71v, l. 15)

8. 8Ухттели     Чители [tchietili]     учители
                 (p. 189, ll. 15-16)     (f. 81v, l. 11.)

9. Πολεθοχά     поле воиь [polie voi][28]     поле боиа
                 (p. 195, l. 5)          (f. 83f, l.3)

Tabela 4. As representações das palavras russas no manuscrito da obra de Ribeiro Sanches (1766) e nos textos correspondentes em francês e português na edição de Machado (2001).

## 2.2. Comentários de Machado referentes à representação das palavras russas no manuscrito.

Na primeira nota referente ao manuscrito, Machado afirma que «o texto contém bastantes e variados erros...» (p. 225). Tal afirmação não corresponde à realidade das propriedades do manuscrito, que é de leitura relativamente fácil e que contém apenas alguns lapsos. Encontram-se, porém, sem dúvida, «bastantes e variados erros» na leitura e na representação das palavras russas por Machado, como torna evidente o exame do tratamento das respectivas palavras.

## 2.3. Exame do tratamento das palavras russas por Machado.

### 2.3.1. Tratamento da palavra учитель, utchitel', mestre.

#### 2.3.1.1. Leitura.

É de notar que a mesma palavra, com alguma alternância, de pouca importância, na representação gráfica,[29] ocorre várias vezes no manuscrito do texto de Ribeiro Sanches: учитель, utchitel', com o sentido de *mestre*, "aquele que ensina".[30] De acordo com as práticas comuns na escrita cursiva da época, a palavra é representada no manuscrito da obra de Ribeira Sanches com a letra cursiva 𝒴 no início, que corresponde a y [u] (folha 66v, linhas 7, 12, folha 67f, linhas 4-5, folha 70v, linha 21, folha 71v, linha 15, 81v, linha 11).

Segue-se a relação das ocorrências da palavra учитель, utchitel', no texto de Ribeiro Sanches (representadas pelos exemplos números 1, 2, 3, 6, 7 e 8 da Tabela 4):

*[manuscript representations of the word]*

A comparação das representações da palavra (quatro no plural, duas no singular) indica começarem todas com o mesmo sinal: a letra y [u], 𝒴. em forma cursiva, «uk».

Machado interpreta, reiteradamente, a representação desta palavra como se não tivesse a primeira letra (isto é, como se fosse incompleta a representação da palavra no manuscrito). Na nota referente à última vez que ocorre a palavra no texto, Machado afirma: "Mais uma vez a palavra aparece incompleta..." (nota 19, p. 227).[31] Assim, trata todas estas representações como se a palavra começasse com a letra ч, a qual é efectivamente a *segunda* letra da palavra, não a primeira. Assim, Machado transcreve, incorrectamente, a palavra com a letra ч [tch] em posição inicial, em vez da letra y [u]. Aliás, comete o mesmo erro na leitura da mesma palavra em todas as ocorrências representadas pelos números 1, 2, 3, 6, 7 e 8 das Tabelas 1 a 4.[32]

O mero exame visual (até por parte de um leitor sem conhecimento especializado da história da paleografia russa, nem conhecimento das práticas no uso cursivo da época) revela que algo ocorre antes da letra ч.[33] Machado simplesmente trata a figura neste contexto como se não existisse, o que constitui um grave erro de leitura, por se tratar da primeira letra da palavra, representada cinco vezes, em forma cursiva, no manuscrito (e que, devido à omissão da leitura da letra inicial, Machado lê de forma errada em todas as ocorrências). Nota-se que a mesma falha na leitura da referida letra escrita ocorre também nos exemplos 4 e 5 da Tabela 4 (*supra*): as palavras указы (exemplo 5) e палубы (exemplo 4).

Além disto, Machado sempre representa a palavra (tanto na impressão do manuscrito em francês, como na versão editada em português) com a letra inicial em *maiúscula*, embora os *contextos exijam, sem excepção, a letra minúscula*.)[34]

Alguns factos da vida de Ribeiro Sanches tornam muito implausível a noção de que ele tenha errado repetidamente na representação da palavra учитель, utchitel´: o texto do manuscrito versa sobre o *ensino*, no qual Ribeiro Sanches atribui ao *mestre* (referido em geral pela palavra учитель [*učit'el'*]) uma importância fundamental; a raiz da palavra учитель [*učit'el'*], também se encontra em diversas palavras afins, do mesmo campo semântico, com significados tais como «ensinar» (учить, [*učit'*]), «aprender» (учиться [*učitsa*]), «estudante» ( учитель [*učit'el'*]), «escola» (училище, [*učilišče*]), «estudos» (учение [*učenie*]), tendo todas o mesmo início: уч-, e sendo todas conhecidas, sem dúvida, por Ribeiro Sanches. A natureza deste conjunto de palavras, semântica- e formalmente afins, torna muito pouco provável que o ilustre medico tenha omitido a primeira letra na representação escrita de учитель [*učit'el'*], «mestre».

Em face da reiterada maneira de tratar elementos (tanto gráficas, como gramaticais, como semânticos) por ele não entendidos, torna-se mister observar que, quando Machado encontra algum problema na sua leitura das palavras russas no manuscrito, o procedimento que ele adopta é simplesmente de considerar que se trata de algum erro por parte do autor da obra, em vez de consultar as fontes que pudessem esclarecer o caso: em sumo, em vez de *investigar*, no caso de não entender algo, Machado meramente opta por *atribuir ao autor da obra falhas na representação cursiva das respectivas palavras*!

Deve ser lembrado e levado em conta o facto de que Ribeiro Sanches havia passado bastante tempo na Rússia (--16 anos, como reconhece Machado, p. 110), onde havia desempenhado funções importantes junto à czarina; escreveu textos em diversos idiomas (inclusive na língua russa, como observa Machado, p. 16); no fim do presente texto, como em outros contextos, Ribeiro Sanches manifesta amor à Rússia.

Em face do referido conjunto de factos, torna-se muito improvável que Ribeiro Sanches tenha adquirido um conhecimento meramente superficial e precário do russo, de forma que cometesse erros frequentes no vocabulário comum (como indicam as transcrições e os comentários em nota, feitos sem fundamentos científicos, por Machado). Efectivamente, de modo geral, nos casos em que Machado afirma haver erros na representação cursiva escrita por Ribeiro Sanches das palavras russas no manuscrito, as discrepâncias são antes falhas na leitura que o próprio Machado faz do manuscrito, em vez de serem erros na representação gráfica de Ribeiro Sanches.

Na transliteração da palavra, учитель, [učitel'], Machado representa em ambas as ocorrências no singular, (6) e (7) da Tabela, o núcleo da sílaba tónica por [i], que corresponde a uma vogal simples; nos exemplos no plural, porém, representa o núcleo da sílaba tónica por [i] no exemplo (1), mas por [ie] (que corresponde a um ditongo) no exemplo (2). Omite a transliteração no exemplo (3). Representa, sem motivo nenhum, de *duas formas diferentes o mesmo segmento no mesmo contexto fonológico*, ora por [ie] (ditongo), ora por [i] (vogal simples), ou seja, de uma maneira contrária à ortoépia comum da língua russa moderna.

Por outro lado, na transliteração de ambas as ocorrências da palavra no singular учитель, Machado deixa de indicar a letra л com o sinal de brandura ь (da qual a transliteração é [-l']). (É verdade que, evidentemente por lapso, Ribeiro Sanches omitiu o sinal de brandura ь de uma das ocorrências no singular, mas isto não justifica a falha por parte do organizador da edição na representação da forma certa учитель).

Ainda na transcrição da mesma palavra, Machado indica, sem nenhum motivo, em ambas as ocorrências no singular, exemplos (6) e (7), o núcleo da última sílaba com a transliteração [ie] (representação de ditongo), enquanto nos exemplos (1) e (2) emprega, para o mesmo segmento no mesmo contexto, a transliteração [i] (vogal simples). Ora, há algumas regras que descrevem de forma muito simples a representação dos núcleos silábicos nos casos exemplificados, sendo que, em geral, a mesma letra deverá ter sempre a mesma transliteração em contextos equivalentes. As gramáticas pedagógicas e os tratados de fonética e fonologia russas indicam de forma clara as correspondentes que caracterizam ortoépia da língua.[35]

### 2.3.1.2. Tratamento do significado da palavra учитель [utchitel'], mestre.

Quanto à morfologia e a semântica da palavra, Machado erra na forma do plural exigida pelo contexto discursivo e mesmo no próprio significado da palavra de acordo com o uso no manuscrito. Num trecho (em que também deturpa a representação gráfica da palavra no manuscrito de Ribeiro Sanches), Machado afirma (nota 7, página 225): «Este termo, que significa *professor*, aparece noutros locais do texto com grafias diferenciadas. Umas vezes por incorrecção, outras por divergir em número (singular ou plural). A palavra correcta deveria ser учитель [utchitiel] (singular) e учителя [utchitielia] (plural).» No texto em francês, não ocorre a palavra *professeur* como termo correspondente à palavra russa учитель: só a palavra *Maitre* (ortografia actual: *Maître*); a este termo a versão portuguesa dá como correspondente sempre a palavra *Mestre*, nunca a palavra *professor*. Pelo contexto discursivo, é evidente que o Ribeiro Sanches emprega esta palavra no sentido de *mestre*, não de (simples) *professor*. A forma do plural indicado por Machado, учителя, é própria para o significado de simples *professor*, enquanto a forma do plural empregada por Ribeiro Sanches, учители, é a forma própria para o significado *mestre* (de acordo com a observação de Розенталь 2001: 213). É absurda a crítica feita por Machado à representação gráfica da palavra учитель no manuscrito de Ribeiro Sanches: deturpa a realidade do sentido do texto do manuscrito; além disto, tal crítica é feita por quem não tenha conseguido ler correctamente a grafia cursiva desta palavra nem sequer uma única vez, mas antes errando sempre, na leitura de todas as ocorrências desta palavra básica!

Há, porém, implicações muito mais sérias na falha na tradução da palavra учитель: tal erro põe em dúvida a compreensão do teor geral do manuscrito de Ribeiro Sanches, que evidentemente não se destina ao simples ensino escolar, mas antes à preparação abrangente especial, para determinados fins específicos, do jovem fidalgo. Tal preparação é ministrada por mestres, mentores, preceptores – não por meros professores.

**2.3.2.1. Leitura da palavra** указы [uкazш], **"tipo de ordens imperiais".**

No caso da palavra указы [uкazш], Machado interpreta novamente de forma errada a figura cursiva ℽ em posição inicial da palavra. Além da leitura errada deste elemento gráfico (que representa a letra russa comum у [u]), também falha na leitura da segunda letra, que é к (outra letra comum), representada nesta ocorrência pela grafia cursiva com duas linhas oblíquas (semelhantes a //). Em vez de reconhecer o segundo sinal escrito como a letra к, de acordo com as convenções da escrita cursiva da época, Machado interpreta-a simplesmente como "dois traços", sem reconhecer o valor destes «dois traços» como representação da letra к na escrita gráfica. Machado afirma que "Sanches deixa assinaladas as duas primeiras letras da palavra... com dois traços" (nota 15, p. 226). Assim, Machado continua a não reconhecer o valor gráfica da letra «y» em forma escrita, nem sequer notando a sua presença, pois afirma que "Sanches deixa assinaladas *as duas primeiras letras* da palavra... com *dois traços*", quando efectivamente os chamados «traços» representam a letra к (que é a *segunda* letra da palavra), de acordo com convenções da escrita da época, enquanto a primeira letra é representada pela figura ℽ, também de acordo as convenções da escrita da época.

É inegável, porém, o facto de que a representação cursiva no manuscrito seja completa e certa de acordo com as normas correntes na época, seguidas por Ribeiro Sanches. A primeira letra cursiva representa uma forma mais antiga na evolução da letra у [u] (que se mantém, até hoje, em certos contextos, como mostram alguns dos exemplos inclujídos no apêndice aos presentes comentários), enquanto os referidos "traços" representam a letra к [k] (também uma forma cursiva comum).

É especialmente estranha a interpretação errada que Machado faz das primeiras letras no caso da palavra указы [uкazш], visto que a forma completa da palavra está claramente indicada pela uma representação em transliteração, no manuscrito, do correspondente empréstimo na língua francesa no primeiro parágrafo da mesma página do manuscrito (folha 69r, linha 1): *oukazi*.[36] Tal forma de transliteração demonstra que Ribeiro Sanches conhecia perfeitamente a representação gráfica da palavra em cirílico, visto que indica claramente as letras correspondentes no uso do alfabeto romano de acordo com as normas da ortografia do francês.

Para além das falhas na leitura feitas por Machado, há também um erro gramatical na representação da palavra. A palavra указ [uкaz] (na forma singular) é empregada por Ribeiro Sanches no plural, do qual a forma certa é указы [uкazш]. Apesar de omitir as primeiras duas letras do radical na sua leitura desta palavra, Machado representa as últimas três, incluindo-se a terminação gramatical. Aparentemente, porém, Machado desconhece a flexão da palavra no plural (do caso nominativo), não obstante ser a respectiva forma de flexão a mais comum entre palavras de género masculina terminadas com o tipo de consoante representado por з [z]. Assim, Machado representa, erradamente, a forma do plural pela vogal final и [i], em vez de ы [ш].

É verdade que as formas cursivas das letras «ы» e «и» são pouco diferenciadas na escrita cursiva do manuscrito, segundo as convenções seguidas por Ribeiro Sanches, mas a semelhança entre estas formas não justifica um erro gramatical que resulta na falha da identificação do verdadeiro sentido da palavra, de acordo com o seu emprego no texto de Ribeiro Sanches.

Verifica-se que a palavra russa указы, [uкazш], foi adoptada em várias outras línguas. Está documentada no francês a palavra (com as representações gráficas *ukase* e *oukase*), como empréstimo do russo, a partir do século XVIII. A palavra também entrou como empréstimo no inglês, com a forma gráfica *ukase*, para referir determinados actos normativos de Pedro o Grande (veja-se o site http://

www.answers.com/topic/list-of-english-words-of-russian-origin). A palavra também ocorre em português, sendo registada nos principais dicionários gerais e etimológicas desta língua.[37]

### 2.3.2.2. Tratamento do significado da palavra указы [ukazш], "tipo de ordens imperiais".

Em vez de circunstanciar ao contexto do manuscrito (a levar em conta o teor especial do manuscrito de Ribeiro Sanches), Machado opta por basear o seu comentário meramente num artigo de enciclopédia, que apenas traz informações conhecidas, sem relevância especial ao contexto das ideias apresentadas no manuscrito.

### 2.3.3. Tratamento da palavra палубы [palubш], "carros, carruagens".

### 2.3.3.1. Leitura.

No que se refere ao número 4 da lista (Tabela 1), há diversos erros no tratamento que Machado dá à palavra палубы [palubш] (plural de палуба [paluba]).

Machado começa por atribuir a Ribeiro Sanches, erradamente, o emprego da palavra «ползьи [polzie]» (p. 137b) e afirma, numa nota ao texto (n. 11, p. 226), que a «palavra correcta seria [palozia]; o facto, porém, é que o autor do manuscrito emprega correctamente a forma escrita *палубы* para representar палубы [palubш] (o plural de палуба) -- palavra que Machado não identifica correctamente.

Na leitura da representação cursiva como «ползьи», Machado interpreta de forma errada a escrita cursiva das seguintes letras russas: а, у, б, ы – às quais atribui erradamente, na representação escrita de

Ribeiro Sanches, os valores respectivos de о, з, ь, и. É especialmente estranha a interpretação de 𝒴 (y) como representação de з (ao contrário das leituras feitas de учитель, utchitel', como se esta palavra começasse com a letra ч-, em vez de уч-), de maneira que Machado não atribui nenhum valor a esta figura escrita num contexto, mas atribui um valor diferente, з , à mesma figura num outro contexto.

Ao afirmar (n. 11, p. 226), que a "palavra correcta seria полозья [palozia]", ou seja, *patim de trenó* (na definição correcta, que Machado deixa de levar em conta, assim como não considera a identificação do sentido feita no próprio manuscrito -- o qual dá a palavra francesa *chariots* (português: *carruagens*) como tradução da forma russa: «la connaissance de la meilleure maniere de construir les chariots ou 𝜋𝛼𝜆𝛾6𝜘 (leitura: палубы [palubш])» (p. 137). Assim, o manuscrito emprega a palavra francesa *chariots* como sinónimo da palavra russa палубы [palubш].

## 2.3.3.2. Tratamento do significado da palavra палубы [palubш], "carros, carruagens".

Devido à falha na identificação da palavra, Machado atribui a esta palavra um significado que não corresponde ao sentido do texto do manuscrito: «Troncos lisos ou polidos com as extremidades curvas no sentido ascendente à semelhança de trenós, que na neve ou no gelo dispensam as rodas, para deslocação de cargas». Tal sentido, baseado na palavra que resultou da leitura incorrecta da representação cursiva de палубы [palubш] – como se fosse полозья [palozia] – afasta-se muito do significado da palavra que se encontra, escrita de forma clara, no manuscrito de Ribeiro Sanches.

Em sumo, a leitura inexacta da representação escrita dá origem à identificação errada do lexema, que, por sua vez, resulta na atribuição de um significado que nada tem a ver com o que está no manuscrito: «la connoissance de la meilleure maniere de construir les chariots ou палубы» (folha 68r do manuscrito, p. 136 do livro). Os referidos *chariots* não são simples carros de transporte comum: são veículos de guerra, de transporte para fins bélicos, com o leito como uma espécie de plataforma plana (não curva). A consulta de qualquer bom dicionário geral ou etimológico da língua russa [38] confirma que a palavra палуба designa uma superfície *plana*, por causa do sentido comum da raiz луб (veja-se a secção 1.3.2 *supra*). A forma não corresponde à forma atribuída por Machado, que errou na leitura da forma escrita e consequentemente na identificação da palavra que está no manuscrito.

### 2.3.4. Tratamento do termo поле боиа [poli boia], "campo de batalha".

### 2.3.4.1. Leitura.

Um exame cuidadoso da representação do termo поле боиа, [polie boia], no manuscrito, revela que houve uma modificação da figura inicial na representação da primeira letra da palavra боиа [bóia], representada em forma escrita no texto original: a letra «б», que representa [b], foi alterada, de modo que passasse para a letra «в», que representa [v]. Isto é, a forma inicial correspondia a «б» [b], enquanto a modificação resultou em «в» [v]. Não é possível, sem outros elementos, determinar quem tenha alterado a forma cursiva inicial, nem quando esta alteração possa ter ocorrido. No entanto, deve ser admitida a hipótese de que Ribeiro Sanches tenha representado a palavra com a primeira letra de forma certa: é comum o termo, Ribeiro Sanches tinha um bom conhecimento da língua russa, há poucos erros no manuscrito.[39]

O tratamento do termo поле боиа [polie boia] (número 8 na Tabela 4) evidencia outras falhas no conhecimento de Machado no que se refere à representação escrita do russo. Na interpretação de боиа (ou воиа, segundo uma possível interpretação da representação da primeira letra desta palavra no manuscrito; veja--se a nota 5, *infra*), de acordo com as práticas cursivas seguidas por Ribeiro Sanches, o trecho final da palavra боиа, constitui um dígrafo, ou seja, o uso de dois sinais para representar só uma unidade fónica, o ditongo [ia], actualmente representado pela letra я, que evolui a partir da combinação иа.[40] Machado não identifica correctamente o valor do dígrafo, por desconhecer, aperentemente, as convenções cursivas em questão (como também demonstram as suas leituras erradas do sinal ૪, representação de «у» [u] nas palavras учители, указы, палубы, e do sinal de duas linhas obliquas (semelhante a //; cf. o número 5 na Tabela 1), representação de к [k] na palavra указы (vejam-se também as secções 2.1, 2.2.2 e 2.2.3 *supra*).

Além disto, a representação da palavra na impressão, tanto do texto original em francês como na versão em português, indica a letra «ь», o sinal de brandura (ou de palatalização, em termos fonéticos mais precisos), no fim da palavra -- que Machado lê como «воиь», não obstante ser *inadmissível*, segundo as propriedades da pronúncia e de representação gráfica da língua russa, *utilizar a letra «ь»*, o sinal de "brandura" (ou de palatalização, em termos fonéticos mais precisos), *depois de uma vogal*.[41]

Na nota 29 (p. 227), Machada indica que a expressão está «escrita incorrectamente por Sanches»: mas uma vez, o que está incorrecto é a interpretação que o próprio Machado faz da representação escrita. É preciso reconhecer que, no caso da representação escrita da expressão поле боиа a grafia original do manuscrito foi modificada posteriormente, como já foi indicado anteriormente no presente estudo, sendo que a modificação não impede a identificação da forma original correcta (não obstante a afirmação crítica de Machado, sempre disposto a atribuir erros ao Autor.

Em sumo, os erros que Machado faz na leitura das palavras учители [utchiteli] (números 1, 2, 3, 6, 7 da Tabela), указы [uкazш] (número 5 da Tabela) e палубы [palubш] (número 4 da Tabela) e do termo поле боиа [polie boia] (número 8) revelam falta de conhecimento da história das convenções comuns da escrita russa.[42]

### 2.3.4.2. Tratamento do significado do termo поле боиа [poli boia], "campo de batalha".

Está correcta a identificação do significado deste termo comum.

### 2.4. Resumo das falhas no tratamento das palavras russas por Machado (2001).

Em geral, as possíveis causas das deturpações das palavras russas representadas em forma escrita do cirílico que se observam tanto no texto editado em francês e como na versão em português, resultam de dois tipos de erro: (1) falhas na leitura das formas escritas no manuscrito, e (2) falhas na identificação da palavra representada. As falhas de leitura evidenciam-se no caso de *quase todas as palavras russas* do manuscrito, enquanto a falha na identificação lexical ocorre uma vez.

Segue-se um resumo das falhas de leitura, das palavras russas do manuscrito de Ribeiro Sanches (1766), que se encontram na edição de Machado (2001).

1. d'

d'учители – omissão da leitura da primeira letra em forma cursiva: «Чители».

2. *Učitelj* (manuscript)

учители – omissão da leitura da primeira letra en forma cursiva: «Чители».

3. *Učitelj* (manuscript)

учители – omissão da leitura da primeira letra en forma cursiva: «Чители».

4. *Paluby* (manuscript)

палубы – leitura de а como о, у como з, б como ь: «ползьи».

5. *Ukazy* (manuscript)

указы – omissão da duas primeiras letras, leitura errada da última letra: «ази».

6. *Učitel* (manuscript)

учител – omissão da leitura da primeira letra: «Чител».

7. *Učitelʹ* (manuscript)

учитель – omissão da leitura da primeira letra: «Чітель».

8. *Pole voxá* (manuscript)

поле (б)оиа – leitura de б (letra emendada) como в, leitura de «а» como «ь»: «поле воиь».

Os erros de leitura das palavras russas evidenciados pelo texto de Machado, porém, é superior em número a oito, visto que no caso de algumas das palavras ocorre mais de uma falha na respectiva leitura: de acordo com o exame e os comentários anteriores, há uma dúzia de ocorrências de letras cursivas mal interpretadas e um caso em que a palavra representada no manuscrito é identificada incorrectamente.

A reprodução do texto do manuscrito da obra de Ribeiro Sanches ocupa 55 páginas do livro *Educação e Cidadania*, a impressão deste texto com uma versão em português, outras tantas, de forma que o texto introdutório de 96 páginas constitui a parte principal do livro, em termos de extensão. Não obstante as qualidades e o interesse que o texto inicial possa ter, é lamentável que Fernando Machado não tenha tratado com cuidado e com procedimentos criteriosos a edição, como anexo ao seu longo ensaio, do texto de Ribeiro Sanches, o «Plan pour l'éducation d'un Jeune Signeur».[43]

**Apêndice.**

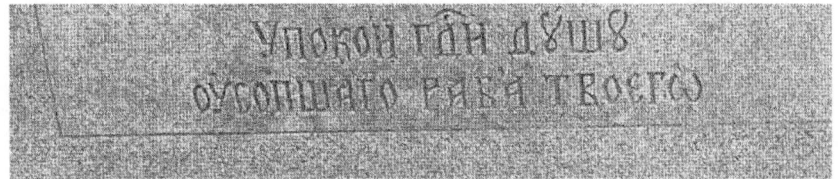

1. A palavra душу «alma» (no singular, caso acusativo) de uma lápide, com a data de 1979, que se encontra num cemitério ortodoxo. É de notar que a letra conhecida em russo como «ук», ȣ em forma cursiva, que proveio do antigo eslavónico eclesiástico e que corresponde à letra «у» [u] do russo contemporâneo, ocorre duas na palavra representada (em cópia de forma digitalizada). O contexto mais amplo é o seguinte: «Упокой, господи, душу оусопшаго раба твоего». A palavra «господи» está numa forma abreviada comum nas lápides. A frase significa «Tranquiliza, ó Deus, a alma do teu escravo falecido».

РΥССКИМЪ

2. A palavra русскимъ «russos» da frase Москва русскимъ воинам в плену, «Moscovo ajuda aos soldados russos no cativeiro», de um cartaz de 1915, por Сергей Арсеньевич Виноградов, reproduzido em Бабурина, Н. И. Россия 20 век. История страны в плакате. *Russia 20<sup>th</sup> century. History of the country in poster.* Москва: Панорама, 2000. É de notar a letra conhecida em russo como «ук», $\mathcal{Y}$ em forma cursiva, que proveio do antigo eslavónico eclesiástico e que corresponde à letra «у» [u] do russo contemporâneo. A figura «ъ» (sinal de «dureza») não é usada actualmente na língua escrita.

ПЛѢНУ

3. A palavra плену «cativeiro» (caso dativo), do mesmo cartaz referido na secção anterior. São de notar (1) o uso da letra «ять» do antigo eslavónico eclesiástico, que evoluiu para «е» (Изотов 2001: 19), sendo representada por «е» em forma impressa no russo contemporâneo, e (2) a letra conhecida em russo como «ук», $\mathcal{Y}$, em forma cursiva, que proveio do antigo eslavónico eclesiástico e que corresponde à letra «у» [u] do russo contemporâneo.

Образъ пресвтыя гжи нарицаемй прибва разума.

4. Este exemplo provém de um cartão que foi adquirido, a 12 de Julho de 2011, na livraria de um mosteiro da igreja ortodoxa russa. Embora sem data, é evidentemente uma reprodução moderna de um ícone de Nossa Senhora. A frase (em eslavónico eclesiástico) que se representa acima, em forma digitalizada, é, na escrita russa moderna, com a eliminação das abreviaturas ou formas reduzidas e das letras actualmente desusadas, a seguinte: "Образ пречистыя Богородицы нарицаемой «прибава разума»," que significa "A imagem da puríssima Mãe de Deus, chamada «aumentadora da inteligência»." De interesse gráfico especial é o emprego, na palavra разума, da

letra «ук», ȣ em forma cursiva, tal como se nota nos exemplos anteriores. O uso da letra «ук», ȣ em forma cursiva, que era comum em textos manuscritos do século XVIII, ainda se encontra actualmente, sobretudo em textos religiosos.

К

5. A letra «к» representada da forma que se encontra com frequência em textos impressos do antigo eslavónico eclesiástico, com o traço do lado direito praticamente paralelo ao traço do lado esquerdo, com a excepção de um pequeno desvio no meio do traço direito para a esquerda.

6. São de notar as características na escrita cursiva da palavra руку «mão» no texto acima e no exemplo a seguir, do mesmo autógrafo.

7. A palavra руку «mão» (penúltima palavra na segunda linha do texto acima, copiado em forma digitalizada) de um autógrafo de Lomonosov reproduzido em Белявский 1986: 17, da mesma época que o manuscrito de Ribeiro Sanches (século XVIII). São de especial relevância para as perspectivas do presente estudo (1) o emprego de duas vaiantes na representação de [u]: a letra conhecida em russo como «ук», ȣ , em forma cursiva, que proveio do antigo

eslavónico eclesiástico e que corresponde à letra «у» [u] do russo contemporâneo, assim como a própria letra «у» (sendo que o uso de ambos reflecte a alternância na escrita cursiva da época); (2) o emprego de dois traços para representar, na escrita cursiva, a letra «к», sendo que semelhante representação da referida letra também se encontra no manuscrito de Ribeiro Sanches; na representação cursiva da letra russa e o uso de formas semelhantes à letra grega ε.

O texto do autógrafo reproduzido acima é «по велению отца своего Василья Ломоносова сын его Михайло Ломоносов руку приложил» («Por ordem do próprio pai Vasili Lomonosov o seu filho Mihailo Lomonosov assinou» -- literalmente, «pôs a mão»). Na mesma página, há outra frase de Lomonosov onde também vem a palavra «руку» (acima apresentada, a seguir ao texto) com as mesmas variantes na representação de [u] e o emprego de dois traços como representação cursiva da letra к, não havendo diferenças relevantes entre as representações da letra к em forma cursiva nos autógrafos de Ribeiro Sanches e de Mihailo Lomonosov, sendo ambas típicas da escrita cursiva do século XVIII.

8. A palavra Чудотворецъ «Milagreiro», epíteto do São Nicolau, copiada (em imagem digitalizada) de um calendário de 2009 (mês de Dezembro), editado na Rússia («Русская Икона Чудотворная 2009», Москва: Издательство «Сувенир», 2008) para laicos praticantes da religião ortodoxa.

Nota-se, na palavra Чудотворецъ, , o emprego da letra conhecida em russo como «ук», ȣ , em forma cursiva (com forma semelhante na letra impressa estilizada), que proveio do antigo eslavónico eclesiástico e que corresponde à letra «у» [u] do russo contemporâneo. Semelhante imagem de São Nicolau, com o mesmo epíteto, figura num calendário de 2011 (mês de Maio), também editado na Rússia («Календарь 2011 Чудотворная Икона», Санкт-Петербург: «Новатор», 2010), para uso por laicos praticantes da religião ortodoxa. Esta imagem de São Nicolau, com o mesmo epíteto, é comum nas igrejas ortodoxas russas.

9. A palavra кваску, com a letra «ук», ૪ , num recipiente usado para servir квас [kvas], um refresco popular de centeio fermentado, vocábulo registado em Vieira (1883, q. v.) com a forma *kwas*, «bebida muito salutar e d'um uso habitual na Russia...» (*apud* Messner, 2002: 174, sem indicação de registos em outros dicionários portugueses, além de Vieira 1883). A forma indicada no presente estudo, representa algumas das palavras na pintura artesanal de uma peça típica da arte folclórica da região do rio Dvina do Norte (peça número 38, na obra de Круглова 1987), encontrada com muitas outras peças semelhantes, dos séculos XVIII a XX, numa excursão de pesquisa da história da arte realizada em 1950 pelo Museu de Arte e História de Zagorsk, na Rússia setentrional, seguida por outras investigações sobre a arte popular tradicional da região. Há outros exemplos da mesma palavra, com semelhante forma, na arte popular da região, como se encontra, por exemplo, numa caixa feita de casca de bétula para guardar квас (n.ºs 44-46, Круглова), chamada бурачок na linguagem da região, com a forma бурачекъ, da mesma palavra, escrita com a letra cursiva «ук», ૪ , na referida peça.

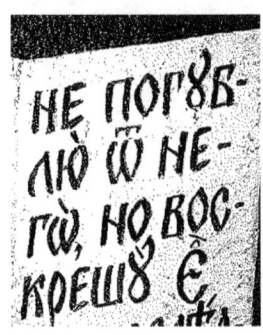

10. Este exemplo provém de um ícone de um santo mostrando um texto sagrado, que inclui o trecho не погублю... но воскрешу, com a letra у representada duas vezes pela forma cursiva «ук», ȣ, nas palavras погублю e воскрешу, dos verbos погубить, «destruir» e воскресить, «ressucitar».

Гди помилȣй, Трижды.
Слава Ѻцȣ, и Снȣ, и Стомȣ Дхȣ,

11. O início de uma oração da liturgia da igreja ortodoxa russa. «Господи помилуй. Слава Отцу, и Сыну, и Святому Духу», que significa «Senhor, perdoai-me. Glória ao Pai e ao Filho e ao Espírito Santo». Nota-se o uso da forma «ук», ȣ, nas palavras помилуй, Отцу, Сыну, Святому e Духу. Trata-se de um trecho comum nas orações, copiado de um livro de catecismo muito difundado, Законъ Божій.

Конецъ, и Бгȣ нашемȣ слава.

12. A frase final do livro Божественная Литургия (2006), «Конецъ, и Богу нашему слава», que significa «O fim, seja ao nosso Deus a glória». Nota-se o uso da forma «ук», ȣ, na flexão do dativo singular nas palavras бог ȣ, *Deus*, e нашем ȣ, *nosso*.

É frequente o emprego de ȣ em textos religiosos: por exemplo, o nome do discípulo Lucas, Л ȣ кас.

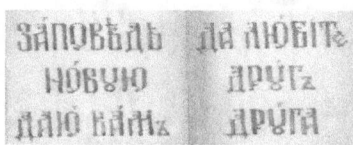

13. No Calendário Ortodoxo de 2013 (editado pela «Академия календарей», Moscovo), o mês de Janeiro traz na respectiva imagem o

texto acima indicado, com as palavras новую, другъ e друга escritas com ꙋ em vez de y. A tradução do texto é «o novo mandamento vos dou , que amem um ao outro».

*Образъ Божіей Матери «Неꙋвѧдаемый Цвѣтъ»*

14. No Calendário Ortodoxo de 2013 (editado pela «Академия календарей», Moscovo), o mês de Abril traz o título acima indicado, com a palavra Неувядаемый (com a letra я impressa no calendário na forma antiga) escrita com ꙋ em vez de y. A tradução do título é «Imagem da Mãe de Deus "Flor que eterna"».

*Воскресеніе Господа Бога и Спаса нашего Иисꙋса Христа*

*дрꙋзи изꙋченыє дꙋбравы*

15. No Calendário Ortodoxo de 2013 (editado pela «Академия календарей», Moscovo), o mês de Maio traz na respectiva imagem o título acima indicado, com a palavra escrita com ꙋ em vez de y. A tradução do título é «Resureção do Senhor Deus e o Nosso Salvador Jesus Cristo».

16. Na história da grafia eslava, vem de longa data o uso de «uk», ꙋ. Numa ilustração russa que representa uma batalha contra os tártaros, dum documento do século XIV (Сказаніє о мамаєвон побоищє, 1380), que se preserva na Biblioteca Britânica (British Library), em Londres, a legenda inclui algumas palavras, acima reproduzidas, escritas com ꙋ em vez de y.[44] No russo moderno, em letra de imprensa, as palavras são: друзи «amigos», дубравы «bosque», изученые «treinados».

Серафим Саровский Чудотворец

17. No Calendário Ortodoxo de 2013 (editado pela «Академия календарей», Moscovo), o mês de Agosto traz na respectiva imagem as palavras acima indicadas, com o termo Чудотворецъ «Milagreiro», epíteto empregado em relação a Santo Serafim Sarovski, escrito com ȣ em vez de y. No mesmo Calendário, o mês de Dezembro traz o mesmo epíteto em relação a São Nicolau, escrito com ȣ em vez de y. Os referidos usos são exemplos da vitalidade actual de «uk», ȣ, em determinados contextos discursivos.

18. Representação de um trecho do texto dum ícono, com dois exemplos da escrito com ȣ em vez de y, nas palavras Кресту твоему "teu Cristo" (caso acusativo), na frase "adoramos o teu Cristo", Кресту твоему поклояемся.

# BIBLIOGRAFIA

Академия Наук Украïнськоï РСР. Російсько-Український Словник. 3 t. Київ: Видавництво «Наукова Думка», 1968.

*American Heritage Dictionary of the English Language.* Third edition. Boston: Houghton Mifflin, 1992.

Araújo, Ana Cristina. *Medicina e utopia em Ribeiro Sanches.* 44 p., s. d., consultado em www.uc.pt/chsc/recursos.

Baburina, N. I. [Бабурина, Н. И.] Россия 20 век. История страны в плакате. *Russia 20th century. History of the country in poster.* Москва: Панорама, 2000.

Barnhart, Robert K. (ed.). *Chambers Dictionary of Etymology.* Edimburgo: Chambers Harrap Publichers, 2001.

Belyavskiy, M. T. [Белявский, М. Т.] ...Всё испытал и всё проник. Москва: Издательство Московского университета, 1986.

Божественная Литургия на церковно-славянском и английском языках. *Divine Liturgy in Church Slavonic and English.* Rochester: St. Benedict of Nursia, 2006.

Braichevckyi, Mychailo. [Брайчевський, Михайло.] Походження слов'янськоï писемності. 2-ге. Кyïв: Видавничий дім "КМ Академія", 2002.

Brückner, Aleksander. *Słownik etymologiczny języka Polskiego.* Warszawa: Wiedza Powszechna, 1957.

Buck, Carl Darling. *A Dictionary of Selected Synonyms of the Principal Indo-European Languages. A Contribution to the History of Ideas.* Chicago: University of Chicago Press, 1949.

Buescu, Victor (organizador). *Dicionário Romeno-Português.* Porto: Porto Editora, 1977.

Chantraine, Pierre. *Dictionnaire étymologique de la langue grecque. Histoire des mots.* Avec um *Supplément* sous la direction de: Alain Blanc, Charles de Lamerterie, Jean-Louis Perpillou. Paris: Klincksieck, 1999.

Coelho, F[rancisco] Adolfo. *Dicionário manual etimológico da língua portuguesa.* Lisboa: P. Plantier Editora, 1890.

Corominas, Joan e Pascoal, José A. *Diccionario Crítico Etimológico Castellano e Hispánico.* 5 volumes. Madrid: Editorial Credos, 1991-1997.

Cunha, Antônio Geraldo da. *Dicionário etimológico Nova Fronteira da língua portuguesa.* Rio de Janeiro: Nova Fronteira, 1982.

Dal', Vladimir I. [Даль, Владимир И.] Большой иллюстрированный толковый словарь русского языка: современное написание: ок. 1500 ил. Москва: Астрель: АСТ: Хранитель, 2007.

Dauzat, Albert. *Dictionnaire Étymologique de la langue française.* Paris: Larousse, 1938.

d'Hauterive, Robert Grandsaignes. *Dictionnaire des racines das langues européenes.* Paris: Larousse, 1949.

Diez, Friedrich. *Etymologisches Wörterbuch der romanischen Hauptsprachen.* Bonn: Marcus, 1858.

*Dionísio de Halicarnasso. Tratado da Imitação.* (Biblioteca de Evphrosyne – 1). Editado por Raul Miguel Fernandes. Lisboa: Instituto Nacional de Investigação Científica/Centro de Estudos Clássicos das Universidades de Lisboa, 1986.

Donkin, T. C. *An etymological dictionary of Romance Languages; chiefly from the German of Friedrich Diez.* London, Edinburgh, 1864.

Duff, Charles & Dmitri Makaroff. *Russian for Beginners.* New York: Barnes & Noble, 1962.

Dulac, Georges. «Civiliser la Russie: sept ans de travaux de Ribeiro Sanches», in Georges Dulac (ed.), *La culture française et les archives russes: une image de l'Europe au XVIIIe.* Paris: Centre internacional d'étude du XVIIIe siècle, 2004, pp. 239-283.

Dulac, Georges. «Deux réseaux au service da l'Académie des sciences de Saint-Pétersbourg: autour de Ribeiro Sanches et Johann Albrecht Euler», CAIRN Dix-Huitième siècle, 40 (2008), 40: 193-210.

Dulac, Georges. «Science et politiques: les réseaux du Dr. António Ribeiro Sanches (1699-1783)», *Cahiers du monde russe* 43, 2-3 (2002): 251-274.

Ernout, A. & A. Meillet, *Dictionnaire étymologyque de la langue latine. Histoire das mots.* Paris: Klincksieck, 1959.

Ferreira, Aurélio Buarque de Holanda. *Novo Auerélio Século XXI: o dicionário da língua portuguesa.* 3.ª edição, totalmente revista e ampliada. Rio de Janeiro: Editora Nova Fronteira, 1999.

Fourvières, Xavier de. *Lou pichot tresor, dictionnaire provençal-français [et] français-provençal.* Avignon: Aubanel, 1973.

Galvão, Ramiz. *Vocabulário Etimológico, Ortográfico das Palavras Portuguesas derivadas da Língua Grega.* Rio de Janeiro: Editora Garnier, 1994. (A *editio princeps* desta obra foi publicada no Rio de Janeiro em 1909, a segunda edição em Lisboa, pela Fundação Gulbenkian, em 1933. O Autor também escreveu um «Suplemento ao 'Vocabulário etimológico, ortográfico e prosódico das palavras portuguesas derivadas da língua grega'», *Revista de Língua Portuguesa* (Rio de Janeiro), XII 2.ª série, fasc. 2.º (1931), 25-36, fasc. 3.º (1932), 85-102, fasc. 4.º (1932), 93-101, a incluir a letra *A*).

Gomes, Álvaro. *Heúresis – por uma Geneologia das Ciências Sociais e Humanas.* Porto: Didáctica Editora, 2000.

Grevisse, Maurice. *Le bon usage.* Refondue par André Goose. Treizième édition revue. Paris: Duculot, 1994.

Halle, Morris. *The Sound Pattern of Russian. A Linguistic and Acoustical Investigation*, with an Excursus on the Contextual Variants of the Russian Vowels, by Lawrence G. Jones. The Hague: Mouton & Co., 1959.

Haudricourt, André & Alphonse Juilland, *Essai pour une histoire structural du phonétisme français.* Séconde édition révisée, avec une préface d'André Martinet. The Hague: Mouton, 1970.

Havlová, Eva. «Paluba», *Studia Minora Facultatis Philosophicae Universitatis Brunensis*, A 50 – *Linguistica Brunensia*, 2002: 61-66.

Hederici, Benjamini. *Lexicon Graeco-Latinum.* Conimbricae: Typis Academicis, 1845.

Hill, Jonathan. *Zonderman handbook to the history of Christianity: a comprehensive global survey of the growth, spread, and development of Christianity*. Oxford: Lion Publishing, 2006.

Ieromonakh, Apiniy (Gamanovich). [Иеромонах Апиний (Гаманович).] Грамматика церковно-славянского языка. Можайск: «Художественная литература», 1991. (Репритное издания 1964.)

Izotov, A. I. [Изотов, А. И.] Старославянский и церковнославянский языки: Грамматика, упражнения, тексты: Учебное пособие дпя средних и высших учебных заведений. Москва: ИОСО РАО, 2001.

Karulis, Konstantīns. *Latviešu etimoloğijas vārdnīca*. Riga: Avots, 2001.

Körting, Gustav Carl O. *Lateinisch-romanisches Wörterbuch. Etymologisches Wörterbuch der romanisches Hauptsprachen*. Reprint (da 2.ª edição, de 1901). New York: G. E. Stechert & Co., 1923. Edições anteriores: 1891, 1901, 1907 (a partir da edição de 1907, com novo subtítulo: *Etymologisches Wörterbuch der romanischen Hauptsprachen*).

Круглова, Ольга Владимировна. Народная роспись Северной Двины. *Folk Painting on the Northern Dvina*. Москва: «Изобразительное искусство». Izobrazitelnoye Iskusstvo Publishers, 1987.

Levy, Emil. *Petit Dictionnaire Provençal-Français*. Heidelberg: Carl Winter's Universitätsbuchhandlung, 1909.

Machado, Fernando. *Educação e Cidadania na Ilustração Portuguesa - RIBEIRO SANCHES*. Porto: Campo das Letras, Editores, S.A., 2001.

Machado, José Pedro. *Dicionário etimológico da língua portuguesa*. 3.ª edição. 5 volumes. Lisboa: Horizonte, 1977.

Mauro, Tullio de e Marco Mancini. *Dizionario Garzanti etimologico*. Milano: Garzanti Linguistica, 2000.

Mendes, António Rosa. *Ribeiro Sanches e o Marquês de Pombal. Intelectuais e Poder no Absolutismo Esclarecido*. Dissertação de Mestrado em História Cultural e Política, apresentado na Faculdade de Ciências Sociais e Humanas da Universidade Nova de Lisboa em 1991. Cascais: Patrimónia, Associação de Projectos Culturais e Formação Turística, 1998.

Messner, Dieter. *Dicionário dos dicionários portugueses XXXIII, K*. Bibliotheca Hispano-Luso, vol. 20. Salzburg: Institut für Romanistik des Universität, 2002.

Meyer-Lübke, Wilhelm. *Romanisches etymologisches Wörterbuch*. 5.ª edição. Heidelberg: Carl Winters Universitätsbuchhandlung, 1972. Primeira edição: 1911-1920.

Miranda, João. «A missionação portuguesa e a Rússia nos séculos XVII e XVIII», *Actas*, Congresso Internacional de História. Missionação portuguesa e encontro de culturas, vol. 3, pp. 103-122. Braga: Universidade Católica, 1993.

Moralejo Lasso, Abelardo. *Toponímia gallega y leonesa*. Santiago de Compostela: Editorial Pico Sacro, 1977.

Nabais, João-Maria. *Ribeiro Sanches. Um estrangeirado na Europa das luzes: 1699-1783*. http://www.vidaslusofonas.pt/ribeiro_sanches.htm

Nascentes, Antenor. *Dicionário etimológico da língua portuguêsa*. Com prefácio de W. Meyer-Lübke. Segunda tiragem da primeira edição. Rio de Janeiro: s. n., 1955.

Nascentes, Antenor. *Dicionário etimológico resumido*. Coleção Dicionários Especializados. Rio de Janeiro: Instituto Nacional do Livro, Ministério da Educação e Cultura, 1966.

Patrick, George Z. *Roots of the Russian Language. An Elementary Guide to Word building*. Lincolnwood IL: Passport Books, 1992.

Pokorny, Julius. *Indogermanisches etymologisches Wörterbuch*. 2 volumes. Tübingen: Francke A. Verlag, 2005.

Porru, Vicenzo Raimondo. *Nou Dizionariu universali Sardo-Italiano*. 2 vol. Nuoro: Ilisso Edizioni, 2002.

*Português Fundamental*. Volume I, *Vocabulário e Gramática*, Tomo 1, *Vocabulário*. Lisboa: Instituto Nacional de Investigação Científica, Centro de Linguística da Universidade de Lisboa, 1984.

Potapova, Nina. *Learning Russian*, Book One. Tradução de Natalie Kadisheva. Moscovo: Progress Publishers, s. d.

Puchkine, Alexandre. «A filha do capitão» em *4 Contos de Puchkine*. Tradução de José Augusto. Porto: Campo das Letras, 2002. Páginas 89-227.

Púchkine, Alexander Serguéievitch. *A filha do capitão*. Traduzido do russo por Manuel de Seabra. 2a ed. Lisboa: Novo Imbondeiro Editores, 2002.

Puşcariu, Sextil. *Etymologisches Wörterbuch der romanischen Sprachen*, I: *Lateinisches Element, mit Berücksichtigung aller romanischen Sprachen*. Heidleberg: Winter, 1905

*Relações entre Portugal e a Rússia, Séculos XVIII a XX*. Lisboa: Instituto Diplomático / Ministério de Negócios Estrangeiros / Instituto dos Arquivos Nacionais / Torre do Tombo, 1999. Veja-se especialmente p. 45, «Relatório sobre a pensão a pagar a Ribeiro Sanches, residente em Paris, por serviços prestados à corte imperial russa».

Rey, Alain (dir.). *Dictionnaire historique de la langue française*. 2 vol. Paris: Dictionnaires Le Robert, 1992.

Robert, Paul. *Le Grand Robert de la Langue Française*. Dicionnnaire alphabétique et analogique de la language française. Deuxième édition, entièrement revue et enrichchie par Alain Rey. Paris: Dictionnaires LE ROBERT, 1988.

Roberts, Edward A. y Bárbara Pastor de Arozena. *Diccionário etimológico indoeuropeu de la lengua espanhola*. Madrid: Alianza Editorial, S. A., 1994.

Rosental', Ditmar E. [Розенталь, Дитмар Эльяшевич.] Справочник по правописанию и литературной правке. Москва: Рольф, 2001.

Rougé, Jean-Louis. *Dictionnaire étymologique des créoles portugais d'Afrique, avec une préface d'Alain Kihm*. Paris: Éditions Karthala, 2002.

Sacau Rodríguez, Gerardo. *Os nomes da Terra de Vigo. Estúdio etimolóxico*. Vigo: Instituto de Estúdios Viguenses, 1996.

Sanches, António Nunes Ribeiro. *Dissertação sobre as Paixões da Alma*. Introdução, organização do texto e notas de Faustino Cordeiro. Em anexo: A reprodução da versão francesa do Séc. XVIII. Penamacor: Câmara Municipal, 1999.

Sanches, António Nunes Ribeiro. *Sobre a Agricultura, Alfândegas, Colónias e outros textos*. Introdução, organização do texto e notas de Faustino Cordeiro. Com prefácio de António Borges Coelho. Penamacor: Câmara Municipal, 2000.

Sanches, António Nunes Ribeiro. *Diário de Campanha na Guerra Russo-Turca (1735-1739) e Outros Textos*. Introdução, organização do texto e notas de Faustino Cordeiro. Penamacor: Câmara Municipal, 2006.

Saraiva, F. R. dos Santos. *Novíssimo Dicionário Latino-Português*. Rio de Janeiro: Garnier, 1993. (Com várias edições anteriores.)

Segura Munguía, Santiago. *Nuevo diccionario etimológico Latín-Español y de las voces derivados*. Cuarta edición. Bilbao: Universidad de Deusto, 2010.

Shanskii, Nicolai Maksimovich. *Russian Lexicology*, Translation by B. S. Johnson; Oxford: Pergamon Press, 1969.

Shchepkin, Viacheslav Nikolaevich. [Щепкин, Вячеслав Николаевич.] Русская Палеография. Москва: Аспрент Пресс, 1999.

Schöpflin, Johann-Daniel. *Brieflicher Verkehr*. Richard Fester, ed. Tübingen: Litterarsicher Verein in Stuttgart, 1906.

Siilin, Lea. Отражение графико-орфографичеких норм церковнославянского языка в житийной литературе второй половины XVI века на материале Жития Александра Свирского. Joensuun Yliopiston Humanistisia Julkaisuja. University of Joensuu Publications in the Humanities. Joensuu: Joensuun Yliopisto, 2001.

Silva, Amós Coêlho da & Airto Ceolin Montagner. *Dicionário Latino-Português*. Rio de Janeiro: Amós Coêlho da Silva e Airto Ceolin Montagner, 2005.

Slobodskiy, Serafim. [Серафимъ Слободской] Закóнъ Бóжій для семьи и школы. Свято-Троицкая Сергиева Лавра: 1997.

Толковая Псалтирь с краткими пояснениями Святых Отцев и указанием порядка чтения псалмов на всякую потребу. ЗАО "Тираж - 51", 1995.

Torrinha, Francisco. *Dicionário Latino-Português*. Porto: Gráficos Reunidos, 1998.

Trager, George L. «Writing and Writing Systems», in Thomas A. Sebeok (ed.), *Current Trends in Linguistics, Linguistics and the Adjacent Arts and Sciences*. The Hague, Paris: Mouton, 1974. Pp. 373-496.

Украïнка, Леся Драматичнi твори. Киïв «Наукова думка», 2008. "Slavus – sclavus" p. 39-41.

Vasmer, Max. *Russisches etymologisches Wörterbuch*. Heidelberg: Carl Winter 1953. (Foi utilizada para os fins do presente estudo a edição russa, Макс Фасмер, Этимологический Словарь Русского Языка, Москва: Прогресс, 1987).

Vieira, Fr. Domingos. *Grande Diccionario Portuguez* ou Thesouro da Lingua Portugueza pelo...; vol. 3. Porto: Editores Ernesto Chadron e Bartholomeu H. de Moraes, 1883.

Voinova, N. Ya. [Воинова, Н. Я.], С. М. Старец, В. М. Верхуша, А. Г. Здитовецкий. Русско-португальский словарь. Москва: «Русский язык», 1989.

Watkins, Calvert (ed.). *The American Heritage Dictionary of Indo-European Roots*. Third edition, revised and edited. Boston: Houghton Miffin Harcourt, 2011. (See also first edition: 1985, second edition: 2000.)

*Webster's New International Dictionary of the English Language*. Second edition, unabridged. Springfield: G. & C. Merriam, 1961.

Weekley, Ernest. *An Etymological Dictionary of Modern English*. In two volumes. New York: Dover Publications, 1967.

Wolkonsky, Catherine A. & Marianna A. Poltoratzky. *Handbook of Russian Roots*. New York: Columbia University Press, 1961.

Закóнъ Бóжій, для семьи и школы... (A Lei de Deus, para a família e a escola...). Reimpressão da edição Свято-Троицкая: Сергиева Лавра, 1997.

# NOTAS

¹ воевода é a primeira palavra russa que Ribeira Sanches emprega no manuscrito. Ao contrário da maioria das outras (representadas em letra cirílica), esta está em transliteração, em letra romana, numa forma adaptada ao francês: *vaivode*. воевода significa «chefe militar ou gouvernador de província na Rússia dos séculos XVI a XVIII».

² Na grafia cursiva empregada no manuscrito, parece ter havido interferência posterior na escrita original do referido trecho, de tal maneira que a letra inicial da segunda palavra tenha sido adulterada, passado de б [b] a в [v]. Comparem-se, por exemplo, a referida letra e a forma cursiva de б [b] na palavra палубы, número 4 na Tabela 1 (folha 68r, linha 12, no manuscrito).

³ Veja-se a secção 1.2.2 *infra*.

⁴ Não se trata de influência da forma primitiva do eslavónico eclesiástico, preservado apenas em alguns textos dos séculos IX e X, mas antes da língua litúrgica e literária que se mantém nalguns contextos até hoje (e da qual se incluem algumas amostras no Apêndice do presente estudo).

⁵ A expressão que significa «campo de batalha», comummente registada nos dicionários, é, porém, поле боиа (forma escrita anterior) ou поле боя (forma escrita actual). No entanto, verifica-se que há algumas palavras iniciadas por вои- com semelhança de significado com as com o radical би-, бой-: воин, «guerreiro», воинский, «militar, guerreiro», воинственно, «belicosamente». É possível que a modificação da letra no manuscrito tenha sido introduzida por associação com palavras com вои- do mesmo campo semântico.

⁶ Embora bastante difundida a noção de que Cirilo e Metódio criaram (ou «inventaram») o alfabeto russo, tal noção é inexacta: de modo geral, os sistemas de escrita (de todo e qualquer idioma, inclusive do russo) evoluíram ao longo dos tempos, num processo paulatino. No caso das línguas eslavas, veja-se, entre outros, Брайчевський (2002).

⁷ Embora seja plausível ter havido influência da língua grega na forma cursiva da letra «e» na grafia de Ribeiro Sanches, a resultar na forma ε, o uso desta forma pode ter sido consequência da evolução da letra «ять» do antigo eslavónico eclesiástico, que passou para «ε» (Изотов 2001: 19), sendo reapresentada, porém, por «e» em forma impressa no russo contemporâneo. É de notar que o uso da forma «ε» também ocorre no autógrafo de Lomonosov reproduzido em Белявский 1986: 17, o qual é da mesma época que o manuscrito de Ribeiro Sanches (século XVIII). No Apêndice do presente estudo há um exemplo da letra «ять», de um cartaz de 1915. O uso de «ять», na língua russa, foi oficialmente abolido em 1918.

⁸ São claras (embora de grau pequeno) as diferenças entre o russo п, л e o grego π, λ. Quanto às diferenças entre as formas cursivas do russo п e do grego π, nota-se que, na letra grega «pi», o traço horizontal se coloca por cima dos dois traços verticais, estendendo-se para além de ambos, enquanto na letra russa correspondente

o traço horizontal se coloca justamente por cima dos dois traços verticais, sem se estender para nenhum dos lados. Esta diferença significa que, nas formas cursivas, a letra grega exige três movimentos, enquanto a forma russa correspondente se faz com um movimento contínuo (sendo, portanto, uma forma gráfica verdadeiramente «cursiva»). Quanto às diferenças entre as formas cursivas do russo л e do grego λ, nota-se que a letra russa se faz com um traço contínuo, enquanto a letra grega correspondente se faz com dois traços, um maior (de cima para baixo), que define a altura da letra, outra lateral (de baixo para cima), que liga à anterior aproximadamente num ponto médio.

[9] As palavras constituídas a partir da raiz уч, com as variantes ыч, ук ou ык, representam alternâncias comuns na variação entre os radicais de palavras derivadas da mesma raiz (nas palavras mencionadas na exemplificação das derivações, as alternâncias manifestadas são entre к е ч, у е ы; cf. Patrick 1992: 12-13).

[10] Em ambas as traduções do referido conto, os textos (Seabra 2002, Augusto 2002), os textos em português incluem a transliteração que se encontra no texto original, *outchitel*, enquanto empregam palavras tais como «preceptor» e «mentor» na versão em português.

[11] Segundo Ernout e Meillet (1939: 1143), a palavra latina *uxor* resultou da combinação de *uk-, semelhante ao arménio *us-*, em *usanim*, «eu aprendo», com *-sor-* (em *uxor* [uksor]), o mesmo elemento constituinte que se encontra em *soror*, que refere uma «pessoa feminina do grupo». Ernout e Meillet notam a semelhança com o arménio *amusin* «marido, esposa», palavra composta pela preposição *am-* «com» e um reflexo da raiz *euk- «habituar-se a, aprender» presente no arménio *usanim* «aprendo».

[12] Watkins indica uma forma nasalizada no antigo irlandês, *tu-ucc* «entender, acostumar-se a» (< irlandês gaélico *tuigim* «compreendo») que, além das palavras das línguas já referidas na secção 1.3.1, também pode ser considerada entre as formas historicamente derivadas da mesma raiz, conforme indica Pokorny.

[13] O significado «carros» é evidenciado pelo texto em francês (68v. do manuscrito), que refere *chariots* («carros» ou «carruagens»). De acordo com o contexto discursivo mais amplo, trata-se, evidentemente, de veículos de guerra. É falha a leiura da palavra палубы [palubш] como "полозья [palozia]" (Machado 3002: 226), a qual provém de uma interpretação errada da forma escrita em letras cursivas -- e resulta numa interpretação errada do significado. A palavra полоз (no singular) não significa nenhum tipo de veículo, mas apenas *o patim do treinó*. Evidentemente, não se constroi tais peças como veículos, mas como partes integrantes do treinó. Com tal leitura e o respectivo comentário, Machado manifesta desconhecimento tanto em relação à grafia como em relação à cultura material.

[14] É moderno o uso de *lobby*, na linguagem política, para designar um grupo que (na ante-sala do órgão legislativo, ou alhures...) procura influenciar a votação em relação a determinada proposta de lei; tal actividade é commumente designada pela palavra *lobbying*. O termo *lobbying*, em relação à referida actividade está documentada no inglês escrito a partir de 1820, enquanto os empréstimos correspondentes em português, *lobby* (ou *lóbi*) e *lobbying*, datam só da década de '80 do século XX. Na linguagem política do inglês, o termo *lobbying* tem uma conotação negativa, sendo mais neutros alguns sinónimos, como, por exemplo, *advocacy*.

[15] Emprega-se o símbolo [ɯ] do alfabeto da Associação Internacional de Fonética para indicar o som da vogal «dura» (segundo a terminologia frequente entre foneticistas russas e professores de língua russa, como Duff & Makaroff 1962:7) representada na ortografia pela letra «ы». Trata-se de uma vogal alta posterior não arredondada, peculiar ao russo (e encontrada em poucas outras línguas), no qual ocorre tipicamente depois de consoantes «duras» (isto é, não palatalizadas).

¹⁶ A etimologia de палуба é analisada de forma ampla e profunda por Havlová 2002: 61-66, a considerar muitos dicionários etimológicos e formas historicamente afins de numerosos idiomas.

¹⁷ No verbete referente à palavra *livre*, no *Dictionnaire Historique de la Langue Française* (A. Rey, dir. 1992: 1138), encontra-se a seguinte afirmação: «L'origine du mot est inconnue [*sic*!]: le lituanien *lupù* 'j'écorce' et le vieux slave *lubū* 'écorce' sont trop isolés pour fournir des correspondences fiables». Evidenetmente a referida afirmação carece de fundamentos filológicos visto que o Autor não leva em conta a ampla documetação relevante, de diversas línguas indo-europeias, que se encontra em dicionários históricos de perspectivas mais amplas, tais como Ernout-Meillet (1959), Vasmer (1953) Pokorny (1959) e Watkins (1985), entre outros.

¹⁸ Os dicionários do latim comumente indicam diversos sentidos na entrada de *cōdēx*: assim, o dicionário de Saraiva (1898; que se tornou clássico como obra de referência para latim-português), indica «Tabuinha de escrever, registro, escripto, livro» (com a indicação de Cícero e Ulplanus, como fontes). Em comparação, na entrada correspondente, o dicionário mais moderno de Silva e Montagner (2005) indica os sentidos «códice, tabuleta de escrever, livro; livros de registro; código, colecção de leis».

¹⁹ O «Aurélio» (Ferreira 1999: *q.v.*) abona *ucasse*, com o sentido de «decreto dos antigos czares russos», e com a indicação de que provém do «russo ukase, 'edito imperial', pelo fr. *ukasse*». O *Dicionário Houaiss* regista *ucasse*, com o sentido principal de «decreto, sentença emanada do tzar, na Rússia imperial» e o sentido metafórico de «resolução autoritária, despótica», do russo «*ukaz*..., pelo francês *ukase* ou *oukase*...».

²⁰ Ernout e Meillet consideram «de relações pouco claras» as palavras do grupo latino *plancus, planta, plautus*. No entanto, as variantes das raízes IE *pelə- «plano, estender, espalhar», e *plā- (<contração de *plaə-) e *pla-, e as formas afins *plat- e *plāk- ou *plak- (extensões da raiz *pelə-) tornam evidente haver laços históricos entre as palavras *plancus* e *planta*, embora seja de outra raiz (IE *pləi-, pləu- «alagar») a palavra *plautus* (Pokorny *op. cit.* I:838).

²¹ Segundo o *Dizionario Etimológico*, de Mauro e Mancini (2000), realizada na sequência do *Grande Dizionario Italiano dell'Uso* em 6 volumes (Torino: 1999), que serviu de fonte principal do *Dizionario Etimológico*, a palavra *piano* tem quatro domínios principais de significado, enumerados com algarismos romanos de i a iv no presente estudo, e fim de facilitar a respectiva referência (e de evitar a eventual confusão devida ao uso de algarismos árabes em outros contextos na mesma secção). O exame das diferentes fontes associadas com os diversos sentidos da palavra italiana *piano* indica que se trata de quatro homónimos, de origens distintas, sendo, portanto, historicamente quatro formas convergentes de diferentes étimos.

²² Observa-se na língua russa a alternância, segundo os contextos, entre diferentes letras que representam sons afins, tais como «о» e «а», «с» e «ш», «т» e «ч» ou «щ » (veja-se Patrick 1992: 12-13).

²³ Na tabela 4, estão entre parênteses retos as transliterações segundo a leitura que Machado faz da representação cursiva das palavras russos no manuscrito; no presente estudo os parênteses retos abrangem transcrições fonéticas.

²⁴ Veja-se a nota 11, p. 226.

²⁵ Veja-se a nota 15, p. 226.

²⁶ No último exemplo da palavra учитель (número 7 da Tabela 4), o texto de Ribeiro Sanches representa o singular com a letra final ь, o "sinal de brandura", empregado para indicar que a consoante que o precede é do tipo "brando", ou palatalizado. No penúltimo exemplo da mesma palavra, esta letra está omitida, aparentemente devido a um lapso. Por sua vez, na transliteração de ambas as ocorrências da palavra no singular Machado não indica o sinal de brandura ь após a letra л com (transliteração: [-l']). Por outro lado, Machado indica, sem motivo, em

ambas as ocorrências no singular, o núcleo da última sílaba (que é átono) com a transliteração [ie] (ditongo!). Por outro lado, ainda na transliteração desta mesma palavra, Machado representa o núcleo da sílaba tónica ora por [i], exemplos (1) e (3), ora por [ie], exemplo (2).

[27] Veja-se a nota 19, p. 227.

[28] Veja-se a nota 29, p. 227. Machado lê a segunda palavra do termo, na representação de Ribeiro Sanches, como воиь (p. 195), sem notar que a primeira letra foi mudada de «б» para «в», e interpretando a última letra, «a», como o sinal de brandura «ь».

[29] Das cinco vezes que Ribeiro Sanches emprega a palavra учитель, utchitel´, escreve-a quatro vezes de forma ortograficamente correcta, com a vogal е na última sílaba, uma vez (a primeira ocorrência da palavra no manuscrito) de forma fonética, com a vogal и [i], que corresponde à pronúncia comum neste contexto. Por sua vez, F. Machado indica, entre parênteses rectas, a pronúncia [ie] para esta parte de palavra em três das representações na versão em português (vejam-se os exemplos números 2, 6 e 7 da Tabela), que corresponde a realização comum da vogal е do alfabeto russo em posição tónica, mas não na posição átona, na qual ocorre na referida palavra. Com este erro e outros de semelhante índole, F. Machado revela desconhecimento das propriedades dos sistemas gráfico e fónico da língua.

[30] Trata-se de uma palavra comum, básica no léxico do russo e de outras línguas eslavas. Não é plausível que Ribeiro Sanches tenha cometido, na representação gráfica desta palavra, erros tais como a omissão do início, indicado várias vezes (sempre sem razão) na transcrição que faz F. Machado de acordo com uma leitura defeituosa, feita ao longo da edição do texto. A vasta cultura de Ribeiro Sanches, o seu conhecimento da língua russa, e a sua longa e distinta experiência na Rússia não coadunam com tal hipótese. E, afinal, trata-se de um texto sobre o *ensino*: muito dificilmente poderia haver equívocos da natureza alegada por F. Machado, na representação de uma palavra desta natureza, mormente no referido contexto discursivo.

[31] Não há nada de especialmente estranho na evolução da letra y [u] do alfabeto russo através do dígrafo *ou*, o com *u* sobreposto, ȣ: ambas as representações estão documentadas nas práticas gráficas na história da escrita russa. Por outro lado, semelhante evolução também ocorreu na evolução da representação gráfica do francês, quando o dígrafo *ou* passou a representar [u], visto que a letra *u* havia adquirido o valor de [ü].

[32] Haveria diversas fontes de informação para superar a falha no conhecimento da representação gráfica: o conhecimento de textos religiosos ortodoxos tradicionais (mesmo de edição moderna), o conhecimento das formas de representação gráfica comuns nos túmulos dos cemitérios ortodoxos, a consulta de qualquer manual de paleografia russa (como, por exemplo, Shchepkin 1999: 143, 151) ou até mesmo a consulta de alguém com conhecimento da cultura linguística russa. (Vejam-se os materiais incluídos no Apêndice do presente estudo).

[33] É de notar que a figura ȣ ocorre em sete registos de palavras russas no manuscrito. Assim sendo, não é plausível que a figura não corresponda a nenhuma letra.

[34] A consideração das propriedades de pronúncia e de representação gráfica do francês poderiam ter ajudado Machado a identificar o início vocálico da palavra: o texto em francês (no próprio manuscrito) indica a forma reduzida da preposição *de* (*d'*), que só se emprega em casos de elisão, a qual ocorre por sua vez exclusivamente diante de palavras iniciadas por sons vocálicos. O emprego da forma reduzida *d'* diante da palavra russa indica seguramente que esta tem como letra inicial uma vogal (representada no caso pela figura ȣ, que Machado deixa de reconhecer com grafia alternativa de y [u] típica de outra época).

[35] Veja-se, entre muitos outros, Halle 1959, Potapova, s.d.

³⁶ A palavra russa указы [ukazш] foi adoptada em várias outras línguas. Está documentada no francês a palavra (com as representações gráficas ukase e oukase), como empréstimo do russo, a partir dos século XVIII. Ocorre a palavra também em outras línguas: por exemplo, no inglês, com a forma ukase (veja-se o site http://www.answers.com/topic/list-of-english-words-of-russian-origin), para referir determinados actos normativos de Pedro o Grande.

³⁷ Veja-se a nota 8, supra.

³⁸ Por exemplo, o excelente dicionário etimológico de Черных (1994; q. v. I, 618b, cf. Brückner 1957: 392b).

³⁹ Na respectiva nota (n. 29, p. 227), Machado dá a entender que Ribeiro Sanches não representa a palavra correctamente. Tal noção carece de fundamentos exactos. Parece que Machado não examinou o manuscrito com o cuidado necessário no que se refere à representação cursiva da primeira letra, visto que nem sequer menciona a evidente alteração da forma escrita inicial. (Além disto, o próprio Machado faz uma leitura errada da letra final da mesma palavra, a interpretar a letra «a» como o sinal de brandura, «ь»).

⁴⁰ Segundo Trager (1974: 414), foi só na década de 1930 que as letras latinas –ia foram substituídas definitivamente pela letra cirílica я. Segundo Shchepkin (1999: 152) a alternância entre as variantes na representação de –ia existia na escrita cursiva desde o século XVI.

⁴¹ O sinal de brandura, «ь», não representa nenhum determinado som segmental (ao contrário das letras que representam as vogais e as consoantes); indica a pronúncia palatalizada (ou «branda») da consoante que o procede na mesma palavra. O sinal de brandura, «ь», só se emprega depois de consoantes, nunca depois de vogais, ao contrário do que faz Machado na transcrição da sua leitura (errada) da respectiva palavra russa do manuscrito. O uso deste sinal na ortografia e a sua relevância fonética são propriedades essenciais da pronúncia e da representação gráfica na língua russa.

⁴² É de estranhar que, na preparação da edição de um texto de meados do século XVIII, existente só em manuscrito, Machado não se tenha informado das convenções gráficas da época. Por outro lado, é verdade que os caracteres cirílicos das palavras russas do manuscrito da referida obra de Ribeiro Sanches revelam alguma influência pelo conhecimento da escrita das letras gregas, mas tal influência, nas formas de algumas letras (por exemplo, Л [l] e П [p]), não afecta as possibilidades de leitura.

⁴³ A 21 de Novembro de 2002, realizou-se, na Universidade do Minho, um colóquio organizado pelas Dras. Aldina Marques e Aida Lemos, sobre a edição de textos, com a participação de docentes de diversas universidades portuguesas, mas sem a presença de qualquer docente de outros departamentos da Universidade do Minho além do Departamento de Estudos Portugueses. É sintomático o facto de não ter participado deste colóquio o professor que tinha em preparação uma edição que incluiria o manuscrito de Ribeiro Sanches (1766). Na ocasião, antes de apresentar uma comunicação sobre a edição de textos autógrafos, o Professor Ivo de Castro, especialista nesta área, observou que, embora seja comum dizer que há muitas edições de textos antigos em português, na sua opinião, há poucas edições de boa qualidade.

⁴⁴ Uma reprodução da referida ilustração encontra-se em Hill (2006: 220).

# COMENTÁRIOS FILOLÓGICOS SOBRE O FRANCÊS DO MANUSCRITO.

## 1. Ortografia.

No que se refere às formas gráficas típicas do manuscrito, convém fazer duas observações iniciais, quanto ao uso das marcas de acento e quanto ao uso da cedilha. No tocante aos acentos, na época representada pela linguagem do manuscrito, ainda não estava normalizado o emprego dos acentos (agudo, grave, circunflexo). Assim, não é de estranhar a alternância no emprego de tais diacríticos na escrita de Ribeiro Sanches.

Algo semelhante é relevante ao uso da cedilha. Antes do seu emprego, usava-se a vogal e entre a letra *c* depois de *s* e antes das vogais *a*, *o*, *u*, inicialmente para indicar o som [ts] ou [ć], depois [s]. Data de 1530-1531 o primeiro documento em francês com o emprego da cedilha, importada do espanhol. Não obstante alguma resistência inicial, devido ao facto de que a cedilha não era empregada em latim (por exemplo, pelo famoso gramático Estienne que pela mesma razão também rejeitava o uso da letra *z*) embora já fosse empregada a cedilha na tipografia da época (século XVI). Nicot (1606) introduziu o emprego sistemático da cedilha, sendo depois adoptado pela Academia. Evidentemente, porém, levou algum tempo para o uso chegar a ser geralmente convencional.

Durante o século XVIII, a ortografia do francês era imprecisa em vários aspectos, dando origem a algumas alternâncias no uso.

A terceira edição do *Dictionnaire de l'Académie* (1740) incluía algumas modificações na representação ortográfica que afectavam um bom número de palavras, cerca da quarta parte das formas registadas: (a) o abandono da representação das letras gregas em muitos substantivos comuns (por exemplo, *détrôner* em vez de *déthrôner*, mas não em *bibliothèque*), embora não nos nomes próprios (por exemplo, *Athènes*), nem na linguagem científica (theorie, thermometre, entre muitas outras palavras); Ribeiro Sanches emprega tanto *biblioteque* (72v 15) como *bibliotheque* (81v 17-18), mas *theatre*, *theorie* e *thermometre*, e usa a forma *Pythagore* (89v 12); (b) as consoantes «etimológicas», sem valor de representação fónica, foram eliminadas (por exemplo, *avocat* em vez de *advocat*); (c) o *s* implosivo («*s muet*»), foi sistematicamente substituído pelo acento circunflexo na vogal antecedente (por exemplo, *tête* em vez de *teste*, entre muitas outras palavras. Em relação a esta última modificação, é de notar que a palavra que actualmente se escreve plutôt (sem a consoante etimológica *s* no fim da primeira sílaba, nem o *s* implosivo no fim da segunda) era representada por diversas grafias antes de meados do século XVIII: *plustost, plus tost, plus-tost*; no manuscrito de Ribeiro Sanches este advérbio é empregado várias vezes, sempre com a forma *plutot*.

A edição do *Dictionnaire de l'Académie* de 1835 introduziu duas modificações importantes pelo número de formas atingidas: (a) o dígrafo *-ai-* [ɛ] substituiu *-oi-* (nas formas onde a correspondência fónica já era [ɛ]) e (b) os plurais das palavras em *-ant* e *-ent* passaram de *-ans* e *-ens* a *-ants* e *-ents*. Ambas as mudanças são relevantes a propriedades do francês do manuscrito, em que se encontram muitas formas com *-oi-* e com *-ans* ou *-ens* (por exemplo, *enterremens, couvens*, mas também *couvents*). No texto do manuscrito, é especialmente comum na flexão verbal o uso de *-oi-* (por exemplo, *connoit* 65f 5, *conservoit* 78v 9) mas também em palavras de outras classes gramaticais (por exemplo, o substantivo *connoissance*, empregado várias vezes, tanto no singular como no plural, sempre escrito com *-oi-*; não se nota no manuscrito alternância das flexões verbais com *-oi-*.

Quando às formas das palavras no manuscrito de Ribeiro Sanches, nota-se que a forma *elemens* é usada algumas vezes; não ocorre a palavra com a terminação *–nts*. De modo semelhante, ocorre a forma *habitans*, mas não *habitants*, *Parlemens* mas não *Parlements*. Por outro lado, o plural de *President* é dado como *Presidents*. Assim, nota se que são variáveis as formas dos plurais dos substantivos no manuscrito; parece bem fundamentado a prática introduzida pelo *Dictionnaire de l'Académie* de 1835, segundo a qual os plurais das palavras em *–ant* e *–ent* passaram a *-ants* e *–ents* (em vez de se manterem em *–ans* e *–ens*).

Nem todas as características de representação gráfica das palavras que se observam no manuscrito de Ribeiro Sanches estão abrangidas nos casos de determinadas mudanças ortográficas acima mencionadas, que resultaram das referidas edições do *Dictionnaire de l'Académie*. Há várias características que parecem ser de uso próprio.

É intrigante o uso das letras duplas que se observa no manuscrito. Alguns casos não são de fácil explicação, embora admitam algumas hipóteses. Por exemplo, Ribeiro Sanches usa as formas *ball* e *balls*, além de *bal* e *bals*, todas no sentido de «baile» ou «bailes». Em francês, não ocorrem consoantes duplas em final de palavra: qual seria o fundamento de *ball* e *balls*? Nota-se que, embora escassos, há no russo terminadas com consoantes duplas, especialmente nomes próprios (em letra romana, por exemplo, Smirnoff, Kirill). Mas há também alguns casos de substantivos comuns com terminação em letra dupla de consoante: até existe балл (em romano, *ball*), mas não no sentido de «baile».

Outro caso do uso de letras consonânticas duplas em fim de palavra ocorre com a palavra *maréchal*, que corresponde a маршал em russo. Ribeiro Sanches emprega as grafias *Marechal* (68f 13, 86f 4) e *Marechall* (66f 8, 80f 6, 86f 8), chegando a usar ambas as grafias na mesma página. Não há explicação aparente para tal alternância, mas deve se notar que não haverá diferença entre as correspondências fónicas destas duas terminações na escrita.

No que se refere às vogais pré-tónicas, Ribeiro Sanches emprega várias vezes a palavra *premier*, no masculino e no feminino, singular e plural. Sempre representa a primeira sílaba como *pri*-. Desde o século XVI, é sempre *pre*- em francês. Assim, o uso de Ribeiro Sanches neste caso não pode resultar da influência de formas anteriores. Haverá algumas hipóteses: (a) influência da palavra russa пример, com semelhança de forma [primier] ao francês *premier*, *première* [prəmje, prəmjɛːr], embora haja diferença de significado, ou, mais plausivelmente, (b) influência da forma do étimo em latim (*primariu*-). Uma terceira hipótese seria baseada na fonologia contrastiva entre o francês e o russo: (c) em termos fonéticos, a vogal [ə], que ocorre em *premier* e *première*, não é nem anterior, nem posterior, mas antes da série central, assemelhando-se (até certo ponto...) à vogal russa [ɯ], que corresponde à letra ы do russo, a qual pode ser representada por *i* em letra romana, por não haver alguma opção melhor (isto é, de representação mais exata).

Independente das alternâncias gráficas no manuscrito e das suas possíveis causas, as grafias empregadas por Ribeiro Sanches deverão ser mantidas na transliteração (de acordo com as normas das edições diplomáticas).

Além dos exemplos já referidos, há vários outros casos de representação ortográfica que devem ser comentados.

Encontra-se, na primeira metade do século XVIII, alternância na ortografia da palavra francesa *essaim* [ɛsɛ̃] (do latim exāmen, «rancho, multidão», de onde proveio também a forma divergente *examen* [egzamɛ̃], que corresponde ao português *exame*, da mesma origem). Nos dicionários do século XVIII é comum ocorrerem as duas grafias *essaim* e *essain* (sem diferença de correspondência fónica). Da primeira edição (1694) até à terceira (1791), o *Dictionnaire de l'Académie française* incluía como entrada a forma *essaim*, com *m* final (que é raro, não obstante *faim*, *daim*, etc.), seguida pela variante gráfica *essain*. É evidente que o *m* final serve para maior aproximação ao verbo derivado *essaimer* (XIII, *essamer*). A partir da quarta edição (1762), o *Dictionnaire de l'Académie* não retém mais a forma em *-m* (comparem-se *alun*, *étain*, *venin*, que não mantêm o *-m* final, em contraste com *étaim*). Não há diferença de correspondência fónica entre as formas *étain* e *étaim* (à semelhança de *essaim* e *essain*), sendo ambas representações de [etẽ].

Para o plural do adjectivo *different*, Ribeiro Sanches escreve *differents* (79f 13) e *differens* (85f 5). O valor fónico de ambas as formas é [diferã], sem diferença de pronúncia, o que pode ser um factor na falta de distinção gráfica no manuscrito.

O verbo *dompter* e as palavras afins (*dompteur*, *domptage*) contituem um caso especial da ortografia moderna. O étimo de *dompter* é o latim *domitare*, forma frequentativa do verbo *domare*, «submeter, domar». Assim, a letra *p* na forma moderna não tem fundamento etimológico: representa apenas a transição entre a nasal bilabial [m] e a oclusiva áfona [t]. Na representação do verbo, as formas empregadas no manuscrito acusam alternância entre *-t-* e *-tt-*, com duas formas sem a letra *–p-*; na representação de *indomptable*, as formas usadas tem a letra simples *–t-*, mas falta a letra *–p-*. Não há explicação simples evidente para a alternância gráfica observada.

Devido à história das convenções no uso da cedilha, não é de estranhar que no manuscrito considerado Ribeiro Sanches não empregue a cedilha de forma sistemática. É sintomático, por exemplo, o caso da palavra *françois*, que ocorre cerca de uma vintena de vezes, apenas duas vezes grafada com cedilha.

Algo semelhante ocorre em relação aos diacríticos de acento, em que o emprego que se observa no manuscrito não está de acordo com as normas actuais. A impressão é não se fazer distinção entre as diversas marcas possíveis. Até é relativamente comum não haver nenhuma indicação de acento em casos que actualmente são marcados com acento de acordo com as normas convencionais.

## 2. Fonologia e morfossintaxe.

Em relação às formas morfológicas actuais, e no que se refere também à fonologia, a diferença que se observa com maior frequência está relacionada com a evolução da correspondência fónica à sequência *-oi-*. Com a mudança para [ε], a representação escrita passou, posteriormente, ao dígrafo *ai*: na fonologia, entre *–ai-* [ε] actual e *-oi-* [wa] (por exemplo, *connoissance*, do manuscrito, e *connaissance*, do uso actual). Evidentemente, a mesma mudança constitui o fundamento entre muitas formas diferentes na flexão verbal, típicas ao texto do manuscrito, em contraste com o uso moderno.

Quanto à morfologia dos substantivos e dos adjectivos, notam-se no texto de Ribeiro Sanches algumas alternâncias na flexão do plural. Por exemplo, a palavra *loi* ocorre várias vezes. Das nove ocorrências no plural, sete têm a forma *loix*, comum nos séculos XVII e XVIII, talvez por associação com o latim *lex* (embora o étimo seja o acusativo *legem*). A forma mais moderna *lois* ocorre apenas duas vezes.[5]

Ocorrem vários casos de palavras com o singular em *–nt*, o plural em *–ns*, tais como *elemens, enterremens*. O plural de *enfant* ocorre como *enfants* e *enfans* (duas vezes cada).

Na morfologia derivacional, o manuscrito não apresenta particularidades especiais.

No que se refere à sintaxe (ou morfossintaxe, segundo uma terminologia muito comum actualmente), convém comentar uma diferença no uso dos auxiliares *avoir* e *être* entre o período representado pelo manuscrito e a época actual, na formação do *passé-composé*, visto haver, em certos casos, uma tendência que favorece cada vez mais o emprego de *avoir* em detrimento do uso de *être*, mesmo em casos onde o uso de *être* era comum antes.

Observa-se que Ribeiro Sanches emprega «est-il peri...?» (folha 79, linha 2), com o uso do auxiliar *être* de acordo com a prática comum no século XVIII. Encontra-se o uso do mesmo verbo auxiliar com o mesmo verbo principal no referido tempo verbal exemplificado numa carta da autoria de Madame de Sévigné, considerada grande estilista da época: «Ainsi EST-il péri devant nos yeux cet homme si aimable» (com ênfase na própria citação; *Lettres*, 25 août 1679), trecho referido por Grévissse (1993: 1182). É inexacto em relação ao texto do manuscrito, e anacrónico em relação ao respectivo período, representar tal trecho da autoria de Ribeiro Sanches por «a-t-il peri...» (Machado, *op. cit.* 179).

## 3. Léxico e semântica.

Entre as ocorrências das palavras, notam-se algumas diferenças quantitativas que correspondem a diferenças na frequência relativa de propriedades significativas no texto do manuscrito. Por exemplo, são bastantes numerosas a ocorrências de *Seigneur, Jeune Seigneur* e *Seigneur Russe*, por se tratar a um plano de educação para os jovens fidalgos russos.

Como seria de esperar, em face do tema do manuscrito, ocorre com frequência elevada a palavra *education*. São significativas as frequências relativas de alguns termos relacionados com *education*: são bem mais frequentes os termos *precepteur* e *maître* (de significação mais elevada) do que o termo *professeur* (mais comum na linguagem corrente, mas de significado menos elevado).

No decorrer do texto do plano, Ribeiro Sanches refere-se à educação e à sociedade da França para comparações entre a educação na Rússia e a educação francesa. Assim, são frequentes as palavras *françois* e *françoise*. Nota-se que o texto inclui algumas referências a outros países, tais como a Finlândia e a Suécia, mas não para fins de comparação dos sistemas educativos. Aliás, além das reiteradas referências à educação na França e na Rússia, a única menção da educação de âmbito nacional ou regional ocorre quando Ribeiro Sanches afirma: «La discipline militaire des Legions Romaines se perd peu a peu par la frivole education Greque & Asiatique...» (78v 15-17). (Nesta citação, como nas demais, mantêm-se as formas gráficas do manuscrito).

Como também seria de esperar, são especialmente numerosas as referências à Rússia e à respectiva sociedade, sendo frequentes no texto do manuscrito as palavras *Russe* e *Russie*.

São bastante numerosas a referências a Roma e aos romanos, muito apreciados por Ribeiro Sanches, que afirma que «Um Seigneur Russe... doit penser en Romain, agir en Romain, & se conduire en Romain» (82v 17-19).

O texto deste manuscrito não trata da imitação como método pedagógico: a única ocorrência do substantivo *imitation* (76f 6) está em relação à manutenção de um livro de receitas e despesas como um comerciante, com uma forma do verbo *imiter*, no contexto da noção de que os fidalgos russos vão imitar o uso do livro de receitas e despesas na educação dos filhos.

As únicas referências a Voltaire e a Rousseau (85v 2, 3) ocorrem no contexto de uma «grande vogue des livres de Mr de Voltaire, de Mr Rousseau...qui tachent de detruire la Religion». É sintomático o elevado número de referências à religião, sendo que o tratamento deste tema vai da página 85v até a meados da última página do manuscrito, a ocupar aproximadamente oito páginas e meio, ou seja, cerca da sexta parte do manuscrito.

A importância da religião no plano elaborado por Ribeiro Sanches, não se reflecte, porém, apenas pela extensão do tratamento no manuscrito e pelo número de ocorrências da palavra *religion* (mais de vinte), mas sobretudo pela importância atribuída explicitamente a este factor na sociedade: «... un Etat ne peut jamais subsistir sans Religion... si on la voudra anneantir du Coeur das sujets, ... Cet'Etat tomberoit en poussiere, & seroit reduit a rien» (85v 12-15). Assim, torna-se evidente que qualquer estudo sério sobre o pensamento de Ribeiro Sanches, segundo o conteúdo deste manuscrito, não poderá omitir o tratamento da religião.

Além da consideração, em termos gerais, da relativa frequência de ocorrência das palavras do manuscrito, alguns aspectos de determinadas palavras deverão ser comentados. Limitamo-nos aos seguintes exemplos.

A forma *coeur* ocorre várias vezes no texto. Durante quase todo o século XVII, a mesma forma era empregada com o significado de «coração» e com o de «coro» musical, indicado pela forma *choeur*, a partir do fim do século XVII. Neste manuscrito, Ribeiro Sanches emprega a forma *coeur* só no sentido de «coração».

Encontra-se no manuscrito duas vezes a grafia *feu*. Há um uso metafórico da palavra que significa «fogo» (72v 9, «*le feu de la jeunesse*»), que provém do latim *focus*, sinónimo de *ignis* no período imperial. No outro caso (71v 21), *feu* significa «falecido»; o étimo é o latim popular *fatutus*. Sendo assim, são duas palavras diferentes, com étimos e significados distintos, embora convergentes na evolução formal.

Nota-se que *ombre* em francês (82f 13, 21-22, 87v 20, 88f 1) corresponde a «sombra» em português, sendo de difícil explicação o «s» inicial da palavra em português. É possível que tenha resultado da evolução de um latim vulgar ***solumbra**, como redução da frase *sub illa umbra* (segundo Nascentes 1966: *q. v.*).

Encontram-se no manuscrito as palavras *designer, dessein* e *dessiner*, todas relacionadas com o mesmo étimo em latim. O verbo *dessiner* («desenhar») foi formado a partir de *dessin*, de *designer*, derivado do latim dēsignāre, através do italiano *disegnare*; *dessein* é forma deverbal de *dess(e)igner*, antiga forma de *dessiner*, também do italiano *disegnare*, provindo do latim *dēsignāre*, enquanto *désigner* (forma mais moderna) é empréstimo directo do verbo latino *dēsignāre*. Estão relacionados entre si os significados «desenhar, copiar, indicar, formar um plano, etc.» das palavras referidas. Nota-se que Ribeiro Sanches emprega a palavra *designer* no sentido de «desenhar», não de «designar».

Além da influência do italiano nas palavras *dessein* e *dessiner* do francês e da influência da cedilha do espanhol na ortografia francesa, seria possível mencionar numerosos outros exemplos de influência de outros idiomas. São de interesse especial duas palavras do texto do manuscrito que provêm de raízes indo-europeias também representadas pelas palavras russas do manuscrito: o IE **leub-** e **plat-**, extensão de **pelə**, são representados por луб (que constitui o núcleo da palavra палубы, e que significa um tipo de carro utilitário aberto, de leito plano) e поле («campo», na expressão поле боиа «campo de batalha») nas palavras russas do manuscrito, *loge* e *place* do texto em francês.

Não é de estranhar o facto de haver diferenças de significado (além das diferenças de forma) entre as palavras russas e as francesas provindas da mesma raiz do indo-europeu: afinal, as referidas línguas são de ramos diferentes da grande família das línguas indo--europeias, havendo passado muito tempo (isto é, alguns milénios) entre o antigo IE e o período de formação das línguas modernas que dela se derivam (neste caso, o russo, do ramo balto-eslavo, e o francês, do ramo itálico).

A palavra *seigneur* (com as formas divergentes *sire* e *sieur*) provém da forma comparativo *senior* do adjectivo *senex* «velho», sendo cognatos o grego antigo ενος, o gaélico *sean*, o irlandês *sen*, o sanscrito *sana*; cf. o italiano *signor*, o espanhol *señor*, o português *senhor*. Ocorre na *Bíblia* referente a Deus.

A palavra *fade*, antigo francês *fade* «insípido», provém do latim *vapidus*, com possível influência de *fatuus* «fátuo, néscio».

O termo *diable* provém do latim *diabolus*, com formas correspondentes adoptadas em vários idiomas da Europa: o antigo eslavónico eclesiástico (numa forma que deu origem ao russo дьявол e o ucraniano диявол), o alemão *Teufel*, o norueguês e o dinamarquês *djœvel*, o gaulês *diawl*, entre outros.

Quanto à forma *druides*, a palavra francesa vem do latim *druidae*, por sua vez do gaélico *draoi*, antigo irlandês *drui*. No gaulês, a palavra cognata *derwyddon* tem o sentido de «adivinho», sendo derivado de *derw* «verdadeiro», cognata do inglês *true*.

O étimo de *maison* é o latim *mansionem*, o acusativo do substantivo *mansio, mansionis*, que provém do verbo *manere* «ficar, permanecer». A forma popular *maison* exemplifica a mudança do grupo em latim -*ns*- > -*s*- [z], que foi frequente (cf. *pensare* > francês *peser*, entre vários outros exemplos) e de ocorrência relativamente cedo, como indicam as formas de numerosos inscrições e as correspondências nas línguas românicas modernas. É de notar que a palavra *maison*, derivada do latim *mansionem*, substituíu, como substantivo comum, a palavra latina *casa* «choça», de origem osca, em galo-romance (ao contrário do ibero-romance, cf. o espanhol e o português *casa*). Em francês, vestígios da forma *casa* são preservados na preposição *chez* e em componentes de alguns topónimos.

O verbo *méprendre* (século XVI), repesentado no manuscrito pelas formas *meprisé* e *meprisoit*, provém da combinação em latim do prefixo *més*- de sentido negativo, do indo-europeu \*mei- (representado em inglês por *mis*- e no antigo francês por *mes*-, do frâncico **miss**-) «mudar, alterar», com o verbo *prehendere*, na forma alternativa *prendere*, «tomar», o que torna evidente o fundamento do significado «iludir-se, enganar-se».

A palavra francesa *parapet* (XVI, Rabelais) provém do italiano *parapetto*, que significa, literalmente, o que protege o peito (italiano *petto*), em combinação com *para* do latim *parare*, «preparar, preparar-se», por extensão «proteger».

Segundo um dicionário do século XVI, a palavra *parlement* (XI) provém da combinação de *parle* com *ment*, «parce qu'on y parle et ment». É derivado de *parler*, com o sufixo substantivador *-ment*, com evolução semântica a partir das noções de «falar» e «discutir» no sentido de passar a indicar uma instituição onde se realizam tais atividades.

A origem de *patriarche* (XII) é o grego πατριάχης de πατριά «família».

O termo *patricien* (XIV) é derivado do latim *patricius*, que designava os que pertenciam aos *patres conscripti*, «senadores».

A palavra *patrie* (XVI) provém do adjectivo *patrius*, no singular do género feminino do adjectivo que corresponde ao substantivo *pater*, com o sentido «que pertence ao pai».

A palavra *perruque* (XV), representada no manuscrito por *peruque*, com o verbo derivado na forma *peruquier*, em vez de *perruquier*, com os desvios na representação gráfica devidos ao facto de não haver distinção na pronúncia correspondente a *r* e *rr* em posição intervocálica, ao contrário do português, em que ocorre a oposição entre «*r* brando» e «*r* forte». É comum considerar de origem obscura ou desconhecida o étimo de *perruque*, mas é empréstimo do italiano *parrucca* e *perrucca*. Há por vezes com a sugestão de haver uma relação de origem com o espanhol *peluca*; segundo o *Diccionario de la Lengua Española* da Real Academia Española, o espanhol *peluca* provém do fancês *perruque*, com influência do latim *pilus*, «cabelo».

É plausível haver uma relação de forma e de significado entre as palavras francesas *perruque* «cabelo postiço» e *perruche* «periquito», devido ao facto de que alguns tipos de periquito têm uma formação de penugem na cabeça semelhante ao tufo de uma peruca.

A palavra *philosophe* (XII, com formas mais antigas *filosofe* e *filosofre*) provém, via o latim *philosophu*, do grego φιλόσοφος, «amante da sabedoria».

Por via do latim, *politique* provém do grego πολιτικός, derivado de πολίτης «cidadão», com base em πόλις «cidade».

O termo *ponton* (XII) provém do latim *pontonem*, acusativo de *ponto*, «barcaça para transporte», associado com o latim *pons, pontis*, «ponte».

A palavra *poudre* (antigo francês *poldre, polre*) provém do latim *pulvis, pulveris*, «pó», sendo o verbo *poudrer* derivado do substantivo *poudre*.

O étimo de *precepteur* (XV) é o latim *praeceptor* «preceptor, mestre, professor», de *praecipere* «tomar anticipadamente, receber antes», com a raíz *capere*, «tomar».

A palavra *profane* (XIII) tem como étimo o latim *profanus*, literalmente, «diante do templo» (combinação de *pro* «diante de, fora» com *fanus* «templo»), com o sentido original de não iniciado, seguido pela evolução do significado a «não iniciado, blasfemador».

Estão relacionadas com as noções de «saber» e «sabedoria» as palavras *sage* (represeatada no manuscrito pelo advérbio *sagement*) e *savoir* (*scavoir, scavant*), com \***sapius** por *sapiens* no latim vulgar, de *sapere* «saber». O uso de *sapere* substituiu o de *scire*, do latim clássico. A raiz indoeuropeia é \***sep**- «perceber».

A origem de *saint* e o latim *sanctus*, do verbo *sancire* «consagrar», cognato com *sacer* «sagrado, consagrado», do Indo-Europeu \***sak**- «santificar». Por ser homófonos, *saint* e *sain* «são», por vezes são confundidas, como no caso de *sainfoin* «feno são», representado erradamente em inglês com a expressão «holy hay».

A palavra *seigneur*, como as formas divergentes *sire* e o seu acusativo *sieur*, provém de *seniorem*, acusativo da forma comparativa do Latim *senex* «velho», sendo cognata do grego arcaico ἔνος, o gaélico *sean*, o irlandês *sen*, o sânscrito *sana*, entre outros; cf. o italiano *signor*, o espanhol *señor* e o português *senhor*. A palavra ocorre na *Bíblia* com o sentido de «Deus».

A origem de *sénat* (XIII) é o latim *senatus*, «concelho de velhos», de senex «velho», sendo *sénateur* do derivado *senator*.

Provém do latim *sermo*, com o radical *sermon-* (no acusativo *sermonem*), o frances *serment* (X). A raiz de Indo-Europeu é ***ser**- «alinhar».

A verbo *souper* (XII, representado por *soupper* no manuscrito) e o substantivo *soupe* estão relacionados com o baixo latim *suppa*. A raiz do Indo-Europeu é ***seuə**- «tomar líquido», com vários reflexos em difrentes línguas (*e. g.*, o inglês *soup* e o alemão *Suppe*, do germânico *****sūp**-).

A palavra *souverain* (XII, *soverain* no antigo francês) provém do latim vulgar *superanus, da combinação de *super* «sobre» com *regnum*, do verbo *regere* «reinar».

Provém do latim *superstitione-* , relacionado com *superstes* «sobrevivente», a palavra *superstition* (XIV). A raiz do Indo-Europeu é ***sta**- «manter-se, durar», cuja forma com sufixo *****stə-tu**- é a mais relevante neste caso.

O étimo do francês *tolerer* (XIV) é o latim *tolerare*, do mesmo sentido, e cognato com *tollere* «levanter, tomar».

O francês *toilette* (XIV) é forma diminutiva de *toile* «toalha», que provém do frâncico thwahlja (M. Lübke, REW, 8720).

A origem de *tour* (antigo francês *turn*, *tor*) é o latim *tornare* «tornar, trabalhar com uma roda, como fazer os torneiros», do latim *tornus*, grego τόρνος. A raiz do Indo-Europeu é *****terə**- «tornar, torcer», com reflexos de diversos sentidos, em várias línguas.

O francês *traison* (XI, antigo francês *traïson*, *trahison*) provém do latim *tradition-*, de *tradere* «entregar» da combinação de *trans-* com *dare*, literalmente «dar de um lado a outro».

A origem de *trésor* (XI, representado no manuscrito por *tresor*) é, por via do latim *thesaurus*, o grego θησαυρός, do verbo τιθέναι «guardar». A forma *trésorier* (*tresorier*) é o resultado de um processo de derivação comum.

A palavra *tribuna* é empréstimo do italiano *tribuna*, derivação do latim *tribunus* «protetor», de *tribus* «triba». Por exemplo, na frase tribunus *plebis* «protetor da plebe». A palavra *tribunal* provém do latim *tribunal*.

A origem da palavra *trigonométrie* (XVII, no mansucrito *trigonometrie*) é o latim moderno *trigonometria* (século XVI), termo formado da combinação do grego τρίγωνον «triângulo» com -μετρία «medição».

A origem de *trône* (XII, também com a forma *trone* no manuscrito) é o grego θρόνος «assento elevado». A raiz do Indo-Europeu é *\*dher-* «segurar, sustentar», com reflexos em diversos ramos da família indo-europeia.

A palavra *troupe* (XII) provém do latim tardio *troppus*.

O francês *Turque* provém do latim medieval *Turcus*, grego tardio Τούρκος.

A palavra *tyranie* (XII) «tirania» é derivação do francês *tyran*, que provém, via o latim, do grego τίραννος «tirano».

O termo *université* (XIII) está relacionado com a palavra *univers*, que provém do latim *universus*, da combinação de *uni-* com *versus*, de *vertere* «tornar», que significa «tornado em um». A palavra *université* formou-se a partir de *univers*.

A palavra *usurper* (XIV, representada no manuscrito pela form *usurpent*) provém do latim *usurpare*, que representa a combinação de *usu* «para lucro» com *rapare* «captar». A respetivas raízes indoeuropeias são **\*oit-** «levar» e **\*reup-** «agarrar», com reflexos em vários idiomas.

A origem de *vice* é o latim *vitium*, com o mesmo significado.

As palavras *violent* (XIII) e *violenter* (XIV) estão relacionadas com *violer*, do latim *violare* «violar». A raiz do Indo-Europeu é **\*weiə-** «desejar, perseguir com vigor», com formas substantivadas relacionadas com a noção de «força»-

Quanto à origem das palavras que constam do léxico do manuscrito, além das palavras já referidas que vieram do latim (clássico e imperial), do italiano e do antigo indo-europeu, mas há numerosos outros casos destas origens e de outras. Tal diversidade reflecte, em parte, a riqueza do léxico do manuscrito de Ribeiro Sanches.

De origem grega, notam-se, entre outras, além das já referidas, as seguintes palavras: *astronome* (século XVI), de ἀστρονόμος via o latim *astronomu-*; *baromètre* (XVI), de βάρος «peso» e μέτρον «medida»; *bibliothèque* (XV), de βιβλιοθήκη, via o latim *bibliotheca-*; *blasphème* (blásfeme no manuscrito, XII), de βλασφεμια, via o latim *blasphemia*; *catalogue*, de κατάλογος (XIII, baseado em λέγειν «escolher») via o latim *catalogus*; *catholique* de καθολικός «universal», via o latim *catholicus*; *diable* de διάβολος (IX), do grego eclesiásico, via o latim eclesiástico *diabolus*, literalmente «caluniador», do verbo διαβολλειν, sendo que διάβολος se emprega na *Septuaginta*, para substitituir o hebraico *Satanás*; *évangile* (XII) do grego εὐαγγέλιος, por via do latim eclesiástico *evangelium*, «doutrina de Cristo» (cf. o espanhol e o italiano *evangelio*, o português *evangelho*); *mathématicien*, derivado de *mathématique* (XIII), que veio, via o latim, do grego μαθηματική, de μανθάνειν «aprender» com τέχνη «ciência»; da combinação do grego θερμός «calor» com μέτρον «medir» resultou o francês *thermomètre* (XVII, *thermometre* no manuscrito), para designar um instrumento para medir o calor, com formas cognatas em numerosas outras línguas.

www.ingramcontent.com/pod-product-compliance
Lightning Source LLC
Chambersburg PA
CBHW062006220426
43662CB00010B/1244